八閩文庫

筆精
續筆精

［明］徐𤊹 著

曾垂超 點校

要籍選刊

49

海峽出版發行集團
THE STRAITS PUBLISHING & DISTRIBUTING GROUP
福建人民出版社

八閩文庫總序

葛兆光　張　帆

一

在傳統中國的文化史上，福建算是後來居上的區域。經歷了東晉、中唐、南宋幾次大移民潮，浙、閩之間的仙霞嶺，早已不是分隔内外的屏障，而成了溝通南北的通道。歷史使得福建越來越融入華夏文明之中，唐宋兩代，特別是在「背海立國」的宋代，東南的經濟發達，海洋的地位凸顯，福建逐漸從被文明中心影響的邊緣地帶，成爲反向影響全國文明的重要區域。在七世紀的初唐，詩人駱賓王曾説「龍章徒表越，閩俗本殊華」（駱臨海集箋注卷二晚憩田家，陳熙晉箋注，上海古籍出版社一九八五年，第三六頁），前一句説的是華夏的衣冠對斷髮文身的越人没有用，後一句説的是閩地的風俗本來就與華夏不同，意思都是瞧不起東南。但是，到了十五世紀的明代中期，黄仲昭在弘治八閩通志序裏卻説，八閩雖爲東南僻壤，但自唐以來文化漸盛，「至宋，大儒君子接踵而出」，實際上它的文明程度，已經「可以不愧於鄒魯」（四庫全書存目叢書史部一七七册，齊魯書社一九九六年，第三六四頁）。

的確，自從福建在唐代出了第一個進士薛令之，而且晉江有歐陽詹，福清有王棨，莆田有徐寅、黄滔這些傑出人物之後，到了更加倚重南方的宋代，福建出現了蔡襄（一〇一二—一〇六七）、陳襄（一〇一七—一〇八〇）、游酢（一〇五三—一一二三）、楊時（一〇五三—一一三五）、鄭樵（一一〇四—一一六二）、林光朝（一一一四—一一七八）、朱熹（一一三〇—一二〇〇）、蔡元定（一一三五—一一九八）、陳淳（一一五九—一二二三）、真德秀（一一七八—一二三五）等一大批著名文人士大夫。這些出身福建或流寓福建的士人學者，大大繁榮和提升了這裏的文化，甚至使得整個中國的文化重心逐漸南移，也許，就像程頤説的那樣「吾道南矣」（宋史卷四二八道學楊時傳，中華書局一九七七年，第一二七三八頁）。也就是説宋代之後，原本偏在東南的福建，逐漸成了中國重要的文化區域。

不過，習慣於中原中心的學者，當時也許還有偏見。以來自中心的偏見視東南一隅的福建，那時福建似乎還是「邊緣」。雖然人們早已承認福建「歷宋逮今，風氣日開」

（黄虞稷閩小紀序，撰於康熙五年，續修四庫全書史部七三四册，上海古籍出版社二〇〇二年，第一二七頁），但有的中原士人還覺得福建「僻在邊地」。像北宋樂史的太平寰宇記，一面承認「此州（福州）之才子登科者甚衆」，一面仍沿襲秦漢舊説，稱閩地之人「皆蛇種」，並引十道志説福建「嗜欲、衣服，别是一方」（樂史太平寰宇記卷一〇〇江南東道一二，中華書局二〇〇七年，第一九九一頁）。所以，歷史上某些關於福建歷史、文化和風俗的著作，似乎還在以中原或者江南的眼光，特别留心福建地區與核心區域不同的特異之處，筆下一面凸顯異域風情，一面鄙夷南蠻鴃舌。但是從大的方面説，我們看到宋代以降，實際上福建與中原的精英文化越來越趨向同一，正如宋人祝穆方輿勝覽所説，「海濱幾及洙泗，百里三狀元」，前一句裏所謂「洙泗」即孔子故鄉，這是説福建沿海文風鼎盛，幾乎趕得上孔子故里；後一句裏「三狀元」是指南宋乾道年間福建登第的三個狀元，即乾道二年（一一六六）的蕭國梁、乾道五年的鄭僑和乾道八年的黄定，他們都是福建永福（今永泰）這個地方的人（祝穆新編方輿勝覽卷一〇，施和金點校，中華書局二〇〇三年，第一六三頁）。

文化漸漸發達，書籍或者文獻也就越來越多，福建文獻的撰寫者中不僅有本地人，也有流寓或任職於閩中的外地人。日積月累，這些文獻記録了這個多山臨海區域千年的文化變遷史，而八閩文庫的編纂，正是把這些文獻精選並彙集起來，爲現代人留下唐宋以來有關福建的歷史記憶。

二

福建鄉邦文獻數量龐大，用一個常見的成語説，就是「汗牛充棟」。那麽多的文獻，任何歸類或敘述都不免挂一漏萬。不過，我們這裏試圖從區域文化史的角度，談一談福建文獻或書籍史的某些特徵。

毫無疑問，中國各個區域都有文獻與書籍，秦漢之後也都大體上呈現出華夏同一思想文化的底色，但各區域畢竟有其地方特色。如果我們回溯思想文化的歷史，那麽，唐宋之後福建似乎也有一些特點。恰恰因爲是後來居上的文化區域，所以福建積累的傳統包袱不重，常常會出現一些越出常軌的新思想、新精神和新知識。這使得不少代表新思想、新精神和新知識的人物與文獻，往往先誕生在福建。衆所周知的方面之一，就是宋代儒家思想的變遷。應當説，宋代的理學或者道學，最初乃是一種批判性的新思潮，一些儒家士大夫試圖以屬於文化的「道理」鉗制屬於政治的「權力」，所以，極力强調

「天理」的絶對崇高，人們往往稱之爲道學或理學，也根據學者的出身地叫作「濂洛關閩之學」。其中，「閩」雖然排在最後，卻應當説是宋代新儒學的高峰所在，以至於後人乾脆省去濂溪和關中，直接以「洛閩」稱之（如清代張夏雒閩源流録），以凸顯道學正宗，恰在洛陽的二程與福建的朱熹，而道學最終水到渠成，也正是在福建。因爲宋代道學集大成的代表人物朱熹，雖然祖籍婺源，卻出生在福建，而且相當長時間在福建生活。他的學術前輩或精神源頭，號稱「南劍三先生」的楊時、羅從彦（一〇七二—一一三五）、李侗（一〇九三—一一六三），也都是南劍州即今福建南平一帶人，他的提攜者之一陳俊卿（一一一三—一一八六），則是興化軍即今莆田人，而他的最重要的弟子黄榦（一一五二—一二二一）是閩縣（今福州）人、陳淳是龍溪（今龍海）人。

正是在這批大學者推動下，福建逐漸成爲圖書文獻之邦。慶元元年（一一九五），朱熹在福州州學經史閣記中曾經説，一個叫常濬孫的儒家學者，在福州地方軍政長官詹體仁、趙像之、許知新等資助下，修建了福州府學用來藏書的經史閣，即「開之以古人敦學之意，而後爲之儲書，以博其問辨之趣」（朱文公文集卷八〇，朱子全書第二四册，上海古籍出版社、安徽教育出版社二〇一〇年，第三八一四頁）。宋代之後，經由近千年的日積月累，我們看到福建歷史上出現了相當多的儒家論著，也陸續出現了有關儒家思想的普及讀物。大家可以從八閩文庫中看到，這裏收錄的不僅有朱熹、真德秀、陳淳的著述，也有明清學者詮釋理學思想之作，像明人李廷機性理要選、清人雷鋐雷翠庭先生自耻録等等，應當説，這些論著構成了一個歷經宋元明清近千年的福建儒家文化史。

三

説到福建地區率先出現的新思想、新精神和新知識，當然不應僅限於儒家或理學一系。更應當記住的是，從宋代以來，中國政治、經濟和文化的重心，逐漸從西北轉向東南，一方面由於中原文化南下，被本地文化激蕩出此地異端的思想，另一方面海洋文明東來，同樣刺激出東南濱海的一些更新的知識。

我們注意到，在福建文獻或書籍史上，呈現了不少過去未曾有的新思想、新精神和新知識。比如唐宋之間，福建不僅出現過譚峭（生卒年不詳）化書這樣的道教著作，也出現過像百丈懷海（約七二〇—八一四）、溈山靈佑（七七一—八五三）、雪峰義存（八二二—九〇八）那樣充滿批判性的禪僧，還出現過禪宗史上撰於泉州的最重要禪史著作祖堂集。又如明代中後期，那個驚世駭俗而特立獨行的李贄（一五二七—一六〇二），有人説他的獨特思想，就是因爲他生在各種宗教交匯融合的泉州，傳説他曾受到伊斯蘭教之影響，當然更因爲有佛教與心學的刺激，使他成了晚明傳統思想世界的反叛者。而另一個莆田人林兆恩（一五一七—一五九八），則是乾脆開創了三一教，提倡「三教合一」，也同樣成爲正統的政治意識形態的挑戰者。再如明清時期，歐洲天主教傳教士「梯航九萬里」，也把天主教傳入福建，特别是明末著名傳教士艾儒略（一五八二—一六四九）應葉向高（一五五九—一六二七）之邀來閩傳教二十五年，從而福建才會有「三山論學」這樣的思想史事件，也産生了三山論學記這樣的文獻，無論是葉向高，還是謝肇淛，這些思想開明的福建士大夫，多多少少都受到外來思想的刺激。最後需要特别提及的是，由於宋元以來，福建成爲向東海與南海交通的起點，所以，各種有關海外的新知識，似乎都與福建相關，宋代趙汝适撰寫諸蕃志的機緣，是他在泉州市舶司任職；元代汪大淵撰寫島夷志略的原因，也是他從泉州兩度出海。由於此後福州成爲面向琉球的接待之地，泉州成爲南下西洋的航線起點，因而福建更出現了像張燮東西洋考、吴朴渡海方程、葉向高四夷考、王大海海島逸志等有關海外新知的文獻，這一有關海外新知的知識史，一直延續到著名的林則徐四洲志。老話説「草蛇灰線，伏脈千里」，歷史總有其連續處，由於近世福建成爲中國的海外貿易和海上交通的中心，所以，這裏會成爲有關海外新知識最重要的生産地，這才能讓我們深切理解，何以到了晚清，福建會率先出現沈葆楨開辦面向現代的船政學堂，出現嚴復通過翻譯引入的西方新思潮。

甚至還可以一提的是，近年來福建霞浦發現了轟動一時的摩尼教文書，這些深藏在道教科儀抄本中的摩尼教資料，説明唐宋元明清以來，福建思想、文化和宗教在構成與傳播方面的複雜性和多元性。所以，在八閩文庫中，不僅收録了譚峭化書，李贄焚書續焚書、藏書續藏書，林兆恩林子會編等富有挑戰性的文獻，也收録了張燮東西洋考、趙新續琉球國志略等關係海外知識的著作，讓我們看到唐宋以來，福建歷史上新思想、新精神和新知識的潮起潮落。

四

在八閩文庫收録的大量文獻中，除了福建的思想文化與宗教之外，也留存了有關福建政治、文學和藝術的歷史。如果我們看明人鄧原岳編閩中正聲、清人鄭杰編全閩詩録收録的福建歷代詩歌，看清人馮登府編閩中金石志、葉大莊編閩中石刻記、陳棨仁編閩中金石略中收録的福建各地石刻，看清人黄錫蕃編閩中書畫録中收録的唐宋以來福建書畫，那麼，我們完全可以同意歷史上福建的後來居上。這正如陳衍（一八五六—一九三七）在閩詩録的序文中所説「余維文教之開，吾閩最晚，至唐始有詩人，至唐末五代中土詩人時有流寓入閩者，詩教乃漸昌，至宋而日益盛」（續修四庫全書集部一六八七册，第四一一頁）。可見，宋史地理志五所説福建人「多向學，喜講誦，好爲文辭，登科第者尤多」，「今雖閭閻賤品處力役之際，吟詠不輟」（杜佑通典州郡十二），真是一點兒不假。

清代學者朱彝尊（一六二九—一七〇九）曾説「閩中多藏書家」（曝書亭集卷四四淳熙三山志跋，四部叢刊初編集部二七九册，上海書店一九八九年，第六〇一頁）。千年以來的人文日盛，使得現存的福建傳統鄉邦文獻，經史子集四部之書都很豐富，翻檢八閩文庫，就可以感覺到這一點，這裏不必一一敘説。需要特别指出的是，福建歷史上不僅有衆多的文獻留存，也是各種書籍刊刻與發售的中心之一。福建多山，林木葱蘢，具備造紙與刻書的有利條件，從宋元時代起，福建就成爲中國書籍出版的中心之一。宋元時代福建的所謂「建本」或「麻沙本」曾經「幾遍天下」（葉夢得石林燕語卷八，侯忠義點校，中華書局一九八四年，第一一六頁），更有所謂「麻沙、崇安兩坊産書，號稱『圖書之府』」的説法（新編方輿勝覽卷一一，第一八一頁）。版本學家也許將它與蜀本、浙本對比，覺得它並不精緻，但是，從書籍流通與文化貿易的角度看，正是這些廉價圖書，使得很多文化知識迅速傳向中國四方，也深入了社會下層。淳熙六年（一一七九），朱熹在建寧府建陽縣學藏書記中曾說到，「建陽版本書籍行四方，無遠不至」，可當時嘉禾縣學居然藏書很少，「學於縣之學者，乃以無書可讀爲恨」，於是一個叫姚耆寅的知縣，就「鬻書於市，上自六經，下及訓傳、史記、子、集，凡若干卷以充入之」。當地刊刻的書籍，豐富了當地學者的知識，也增加了當地文獻的積累，甚至扭轉了當地僅僅重視「世儒所誦科舉之業」的風氣（朱文公文集卷七八，朱子全書第二四册，第三七四五頁），這就是一例。到了清代，汀州府成爲又一個書籍刊刻基地，近年特別受到中外學者注意的四堡，就是一個圖書出版和發行中心，文獻記載這裏「以書版爲産業，刷就發販，幾半天下」（咸豐長汀縣志卷三一物産）。所以，美國學者包筠雅（Cynthia J. Brokaw）文化貿易：清代至民國時期四堡的書籍交易（劉永華、饒佳榮等譯，北京大學出版社二〇一五年）就深入研究了這個位於汀州府長汀、清流、寧化、連城四縣交界地區的客家聚集區的書籍事業，繼承宋元時代建陽地區（如麻沙）刻書業，這裏再一次出現中國書籍出版史上佔據重要位置的福建書商群體。

可以順便提及的是，福建刻書業也傳至海外。福建莆田人俞良甫，元末到日本，由九州的博多上岸，寓居在京都附近的嵯峨，由他刻印的書籍被稱爲「博多版」。據説，俞氏一面協助京都五山之天龍寺雕印典籍，一面自己刻印各種圖書，由於所刊雕書籍在日本多爲精品，所以被日本學者稱爲「俞良甫版」。

從建陽到汀州，福建不僅刊刻了精英文化中的儒家九經三傳、諸子百家以及文選、文獻通考、賈誼新書、唐律疏議之類的典籍，也刊刻了很多大衆文化讀本，諸如西廂記、花鳥爭奇和話本小説。特别在明清兩代書籍流行的趨勢和作爲商品的書籍市場的影響下，蒙學、文範、詩選等教育讀物，風水、星相、類書等實用讀物，小説、戲曲等文藝讀物，在福建大量刊刻。如果我們不是從版本學家的角度，而是從區域文化史的角度去看，這種「易成而速售」（石林燕語卷八，第一一六頁）的書籍生産方式，使得各種文獻從福建走向全國甚至海外，特别是這些既有精英的、經典的，也有普及的、實用的各種知識的傳播，是否正是使得華夏文明逐漸趨向各地同一，同時也日益滲透到上下日常生活世界的一個重要因素呢？

五

八閩文庫的編纂，當然是爲福建保存鄉邦文獻，前面我們説到，保存鄉邦文獻，就是爲了留住歷史記憶。

這次編纂的八閩文庫，擬分爲三個部分。第一部分是「文獻集成」，計劃選擇與收録唐宋以來直到晚清民初的閩人各種著述，以及有關福建的文獻，共一千餘種，這部分採取影印方式，以保存文獻原貌。這是八閩文庫的基礎部分，按傳統的經史子集四部分類，這是爲了便於呈現傳統時代福建書籍面貌，因而數量最多；第二部分是「要籍選刊」，精選一百三十餘種最具代表性的閩人著述及相關文獻，以深度整理的方式點校出版，不僅爲了呈現歷代福建文獻中的精華，也爲了便於一般讀者閲讀；第三部分則爲「專題彙編」，初步擬定若干類，除了文獻總目之外，還將包括書目提要、碑傳集、宗教碑銘、官員奏折、契約文書、科舉文獻、名人尺牘、古地圖等，我們認爲，這是以現代觀念重新彙集與整理歷史資料的一個新方式，它將無法納入傳統的四部分類，卻是對理解福建文化與歷史至關重要的文獻，進行整理彙集，必將爲研究與理解福建，提供更多更系統的資料。

經歷幾年討論與幾年籌備，八閩文庫即將從二〇二〇年起陸續出版，力爭用十年時間，經過一番努力，打下一個比較完備的福建文獻的基礎。

當然，不能說八閩文庫編纂過後，對於福建文獻的發掘與整理就已完成。八閩文庫僅僅是我們這一兩代人的工作，還有更多或更深入的工作，在等待著未來的幾代人去努力。無論從舊材料中發現新問題，還是以新眼光發現新材料，都是建立在前人的基礎上，而又對前人的工作不斷修正完善的過程。還是朱熹寫給陸九齡的那句廣爲流傳的老話：「舊學商量加邃密，新知培養轉深沉。」用舊的傳統融會新的觀念，整理這些縱貫千年的歷史文獻，也就無論「人間有古今」了。

八閩文庫要籍選刊出版説明

福建自唐代以降，名家輩出，著述繁興，流傳千載，聲光燦然。遺存之文獻，多可彰顯福建歷史發展脈絡，展示前賢思想學術及文學藝術成就，爲研究福建區域文化之基本典籍。八閩文庫「要籍選刊」擇取重要之閩人著作及相關福建文獻百數十種，予以點校。其中具備條件者，將採用編年、箋注、校證等方式整理。諸書略依經史子集分部編次，陸續出版。

二〇二一年八月

整理前言

徐氏筆精八卷，作者徐𤊹，字惟起，又字興公，號鼇峰居士、筠雪道人、石農，自稱竹窗病叟、讀易主人、筆耕惰農、天竺山人、天竺居士，又稱東海徐惟起、東海徐𤊹興公，明代閩縣（今福州）人。從曾祖起，世居九仙山鼇峰坊。父棉，字子瞻，永寧令，能詩及書，又喜藏異書。隆庆四年（一五七〇）七月初二日，徐𤊹出生於父當時就職地江西南康。幼從平野先生學，就童試，見唱名擁擠，即棄舉子業。曾客游福建、浙江、廣東、江西、湖南、江蘇、山東等地，與黃道周、何喬遠、葉向高、林古度、冒辟疆、錢謙益等名流有交往。與謝肇淛、鄧原岳、曹學佺、徐熥、林宏衍、陈荐夫吟咏錦溪竹林精舍，時稱「竹林後七賢」。與趙世顯等結芝山社；與謝肇淛等結紅雲社、泊臺社；晚年又與曹學佺等結耆社。崇禎十五年（一六四二）十一月，徐𤊹卒於鼇峰家中，享年七十三岁。

徐𤊹是閩中著名的藏書家、詩人、文人，與他過從甚密的謝肇淛在五雜俎徐興公藏書條言「合二家（謝伯元、徐興公）架上之藏，富侔敵國矣」，與他有過交往的錢謙益在列朝詩集小傳中也稱：「興公博學工文，善草隸書，萬曆間與曹能始狎，主閩中詞盟，後進皆稱興公詩派。嗜古學，家多藏書，著筆精、榕陰新檢等書，以博洽稱於時。」康熙間陳學夔輯榕城景物録稱「興公聚書萬卷，居鰲峰，客從竹間入，環堵蕭然，而牙籤四圍，縹緗之富，卿相不相敵也。」嘉慶間黄錫蕃著閩雜紀，卷上何泓山水條也稱「閩中人才輩出，能詩能書能畫，各有名家，惟各有派别。詩自徐𤊹與曹能始狎主詞盟，後進奉爲金科玉律，至今猶稱興公詩派」；卷下徐𤊹條稱其「博學，工詩文，善草隸書，所著有筆精、榕陰新檢、閩畫記、鰲峰集、紅雨樓集，以布衣終」。清末施鴻保輯閩雜記也稱「福州徐興公汗竹齋、宛羽樓，皆有書目行世」，是「閩中藏書家最著稱者」之一；又稱黄莘田創開化寺宛在堂，「祀明林子羽、王孟敭、鄭少谷、高宗吕、傅木虚、葉文忠、曹節愍、謝在杭、徐幔亭、興公，凡十人」。

徐𤊹著述或參撰的作品，除前所述外，還有田园雅興、荔枝通譜、徐氏紅雨樓書目、少谷小谷雜著、客惠紀聞、鼓山志、蔡端明别記、永陽縣志、武夷茶考、福州府志、古文短篇、福安縣志、巴陵游譜、雪峰寺志、續筆精、閩南唐雅、武夷志等。福建通志藝文志著録筆精、續筆精。福建通志文苑傳有徐𤊹傳：

𤊹字惟起，一字興公，博雅多聞，善草隸書。所居鼇峰之麓，藏書七萬餘卷，曹學佺爲搆宛羽樓庋之。又搆數椽於山園，環視三山之勝，名曰綠玉齋。平生遊交廣，足跡所至，遍攬四方豪俊，簡札往來無虚歲，爲人畫事及遊揚名譽，惟力是視。當是時，福建首郡，人才極盛，葉向高、翁正春、曹學佺、陳价夫、薦夫、謝肇淛之倫，莫不宏奬風流，飛染文藻，而皆與𤊹親厚，价夫其姻而肇淛其甥也。其於同時諸子著作，無問存殁，靡弗惓惓贊其傳布。然嘗言能始爲狡親所鼓弄，散財治鹽筴，幾糜萬金，未免戒得之訾。又言能始勁節淩霜，其初日娱聲伎，亦與文山相近。及宦粤西，𤊹貽書援陶淵明「三徑就荒，賦歸去來」諷之。又言在杭心地極良，淹博可師，但於睦族、結客、布施三事，錙銖未能割捨，故所爲行狀，獨於此未敢曲筆。𤊹與曹、謝情好尤贄，而責備不少恕如此。他如答鄧某書責其因分産之薄，有所甘心，大類喪心病狂。與周章甫書責其兄弟垂暮參商，儆之以藏怒宿怨之非。與王元壽書責其與鄭氏昆季抅訟，動之以先人交誼之舊。答吴汝鳴書責其託名承繼，奪情莅官，刺之以食稻衣錦之安。口誅筆伐，所争在綱常，足砭薄俗。𤊹善鈎稽古籍訛舛，如辨嚴滄浪集序之誤以咸淳元年進士爲四年，黄秋聲集之增危素墓碑、鄧潛跋補雜文三十餘篇，蔡君謨集序之誤以忠惠爲熙寧、慶曆間人，林和靖集之誤收省心録，及採詩之誤以天台陳孚爲閩清陳剛中、黄鎮成爲薩天錫、陳黼爲夏時正，福州郡志之誤以陳用之爲祐之、閩清之陳剛中誤爲侯官陳剛中、黄師雍宋史有傳而志不詳；辨永樂、天順、正德、天啓改元皆襲亂賊年號也，咸考證精覈。其言傳體與行狀不同，又修志者於省會人物之盛，載筆不得不嚴，在一州一邑惟恨文獻不足，不可一概嚴削，皆曉悉文章之體。老而貧甚，伯兄既逝，從子不肖蕩敗，囂然至挾其母誣訟。於是餬口四方，鬻史爲饔飧資。數數削牘於鄰郡守令，小有請託，雖所操不能如閔仲叔、梁伯鸞之爲人，亦足悲已。

徐𤊹「異聞必識，秘簡必搜」，「當其意所賞會，或胸有獨照，往往劄記掌録，紛紛綸綸，績久成帙」，約於明崇禎丁卯年（一六二七）完成筆精書稿，并託好友鄧道協帶至金陵，交給黃居中審校編定。黃居中，字明立，也是明代一位著名的藏書家。黃居中在審校編定筆精的過程中，加入了不少内容，在書中以「黃增」「黃參」「黃云」作爲標識，約有四五萬字，約占全書三分之一，主要有黃旂山、魏竹溪、彭閣老、鄭養晦、黃孔昭、顧仲韓、米君夢秋柳詩、黃氏芍藥詩、張夫人母女倡和詩、小青詩、秦淮四美、梁玉姬、薛素素王修微諸條。後來得到兩浙觀察使邵捷春的捐助，徐氏筆精終於在崇禎壬申年（一六三二）刻成，是爲崇禎刊本。崇禎刊本每卷題署爲「晉安徐𤊹興公譔輯，同里邵捷春肇復訂定，温陵黃居中明立編次」，篇首有崇禎四年（一六三一）黃居中序和崇禎五年（一六三二）邵捷春序。徐氏筆精有稱江户初抄本者，即抄録崇禎刊本而成，但無目録，現有日本國立公文書館電子版。

清代雍正、康熙間林正青輯榕海舊聞，將徐𤊹筆精、閩畫記、鰲峰集三書列入「引用書目」，明確引用筆精白馬三郎、沈崧、徐範、洞中紅荔枝、唐閩遷新社記、雪峰檀越、雪峰僧詩、西禪暹老、寺額名書、石敢當、中元大鵬年號、唐文皇像、宋硯、刺桐、鮫魚皮、墨紗燈諸條。其中徐範條内容與筆精徐彝甫詩條不同，志此存疑。

乾隆四十三年（一七七八），四庫全書收入徐𤊹徐氏筆精，榕陰新檢，其前者卷首提要如下：

臣等謹案：徐氏筆精八卷，明徐𤊹撰。𤊹字維起，更字興公，閩縣人。是編分易通、經臆、詩談、文字、雜記五門。其曰筆精，則取江淹别賦語也。𤊹以博洽名一時，朱彝尊静志居詩話謂「見其遺書，大半施鉛點墨，題端跋尾」。然是書踳駁之處乃復不少，如以乾象「陽在下」爲老子之「猶龍」，以坤卦「黄中」、艮卦「行其庭」爲皆指道家之「黄庭」，以繫辭「遊魂爲變」爲釋氏之「四生六道」，皆不免好爲異説，援儒入墨。從王柏之説，謂野有死麕爲淫詩；從焦竑之説，謂洛書出佛經；從陳元齡之説，謂周實建漢郊祀歌「寧」字當增入庚、青韻，不知齊、梁以前本無四聲；謂杜詩「郫筒」本李商隱，不知商隱在杜甫後；謂冬青引唐珏、林景熙二集并載，不知景熙有集、珏無集；謂「溶溶」爲水貌，晏殊詩不應借以詠月，當改爲雨，不知「月穆穆以金波」以水比月，漢郊祀歌已然；謂一東二冬爲沈約所分，不知約之詩賦二韻實皆同用，據李涪刊誤，分用者乃陸法言；謂蒙齋筆談爲鄭景望作，沿商濬之誤，不知乃葉夢得書；謂李清照爲趙抃子婦，不知趙明誠乃挺之之子；謂琵琶故事皆婦人而男子無聞，不知賀懷智、康崑崙、羅黑黑、紀孩孩皆著名唐代，亦多涉疏舛。至謂杜牧語多猥澀，羅隱詩極淺俗，而稱高啓梅詩「詩隨十里尋春路，愁在三更挂月村」之句爲在林逋「疏影」「暗香」一聯之上，尤爲鹵莽。甚至謂孟子不深於易理，周公之作金縢爲不能以命自安，尤明人恣縱之習。特其采摭既富，可資考証者頗多，亦有不可遽廢者。衡其品題，蓋焦竑筆乘之流亞也。乾隆四十三年八月恭校上。

總纂官臣紀昀、臣陸錫熊、臣孫士毅

總校官臣陸費墀

與崇禎刊本相較，徐氏筆精四庫全書本每卷題署僅爲「明徐𤊹撰」，卷首無黄居中序、邵捷春序、全書目録；卷一無易通序；卷二無對鳳垂龍、春畫、破瓜、緑沈、三彭、衣夜襞帷畫空、雲箛枸簾、略彴、串眉、狄香、玉衡、雲母箱、單情諸條；卷三無天子氣象、池上篇、僧聯、王元之詩、燕子樓、洪陸翁、陳剛中諸條；卷四無恭靖王、聽潮軒、黄旂山、贈道士詩、樵林居士、魏竹溪、彭閣老、鄭養晦、謝司農詩、黄孔昭、梅子馬寄情詩、顧仲韓、米君夢秋柳詩諸條；卷五無端禪師、中峰淨土詩、出家偈語、王婉容、薊州温泉詩、朱静庵、鄧氏女、青蛾居士、姑蘇陸氏、黄氏芍藥詩、張夫人母女倡和詩、黄門淑媛、小青詩、賽濤、秦淮四美、梁玉姬、薛素素王修微、素帶、朝鮮詩、朝鮮許氏、朝鮮李媛、倭詩、蠻歌、花狀元、陳殿元、王無留諸條；卷六無警世語、廣廈、六如小調、枝山小調、簡澹齋約、表文觸忌、田子藝磬銘、悦生篇、警世格言諸條；卷七無讀書飲酒、唐文皇像、宋太祖像、祭文、龜字諱、潘陳同母辯、崔鶯鶯墓誌、眇倡啞倡、許由冢、扁鵲墓、徐君墓、郭璞墓、李白墓、朝雲琴操墓、兩世史官、八龍五馬諸條；卷八無罷官蓋棺、裸葬、好給沙門、郡吏碎生卒葬地、杜甫卒年、杜甫卒葬、李賀生卒、元微之卒葬、白傅葬地、梅花道人墓、李空同玉、鬱林石、避嫌、妒婦、惡婦、同干支、客酬主、睡丞、君臣無鬚、判語諧謔、國朝事勝前代、國朝禦寶、積惡公忿、大姨夫、太祖御像、喉閉藥、稀痘方、人異、鼉蟒、犬異諸條。

崇禎刊本分八卷，各卷下標題分別爲：卷一易通、經臆，卷二詩原、詩詁、詩訂、詩砭，卷三至卷五爲詩評，卷六爲詩話、詞品、文訂、字正解、事物解，卷七爲文事、文人、人物考、名人生卒葬地、人倫盛事，卷八人事、雅事、天象地輿、國憲、核疑、博聞、占驗、醫學、靈異、珍玩、花卉果木。四庫全書本亦分八卷，由於内容大幅減少，各卷標題作了調整：卷一易通，卷二經臆，卷三至卷五詩談，卷六文字，卷七至卷八雜記。

凡有違礙字眼，四庫全書本作了删改，如六朝詩似唐條删去了「胡風吹朔雪，千里度龍山」，杜律虞注條删去了「胡語不知有老子」，長吉儁語條删去了「鬈髮胡兒眼睛綠，高樓夜静吹横竹」「一聲似向天上來，月下美人望鄉哭」，松雪畫馬條删去了黄澤詩「黑髮王孫舊宋人，汴京回首已成塵。傷心忍見胡兒馬，何事臨池又寫真」和沈周詩「隅目晶熒耳竹披，江南流落乘黄姿。千金千里無人識，笑看胡兒買去騎」，將趙子昂題陶詩條中的「虜朝」改作「異姓」，將宋徽宗畫條中的「胡」字改作「邊」字，將鄭松窗條中的「虜」字改作「遼」字。四庫館臣另作了諸多文字校改，本書多有采用，并作了校注，於此不一一贅述。

光緒七年（一八八一），巴陵方功惠以徐氏筆精崇禎刊本爲底本，進行编校，并重新排版刊行，每卷末有卷「終」標識，并署「光緒七年秋七月巴陵方功惠校刊」。方功惠將徐氏筆精列入碧琳琅館叢書，是爲徐氏筆精碧琳琅館叢書本。方功惠校改了底本不少異體字、錯字，如改「芙容」爲「芙蓉」，改「隺」爲「鶴」，改「粧」爲「妝」，改「牀」爲「牀」，改「洗夫人」爲「冼夫人」，改「僧悟往發」爲「僧寤往發」，等等，不一而足。同時也存在誤改情況，如誤改「縝密」爲「慎密」，誤改「詩話」爲「詩詁」，誤改「笭箵」爲「笿箵」，誤改「單情」爲「單清」，誤改「裴談」爲「斐談」，誤改「易水」爲「易冰」，誤改「朱箔」爲「未箔」，誤改「流下」爲「流不」，誤改「祇樹」爲「紙樹」，誤改「藤花」爲「滕花」，誤改「花間」爲「花開」，誤改「海榴」爲「梅榴」，等等。

民國時期，南海黄肇沂原樣翻刻徐氏筆精碧琳琅館叢書本，將其列入芋園叢書，是爲徐氏筆精芋園叢書本。

一九九七年，福建人民出版社出版徐𤊹筆精，由沈文倬校注、陈心榕標點。「校勘以崇禎刊本爲底本，主要與影印四庫文淵閣本和四庫文瀾閣丁氏補抄本對校，詳録其分卷異同以至文字的衍脱誤訛，而兩叢書刊本只作參校。書中引文盡可能核對原書，改正其寫誤之字。凡改動崇禎刊本異文者，均作校記。」

此次有幸參與校點八閩文庫「要籍選刊」徐氏筆精、續筆精，收集到徐氏筆精上述各版本和續筆精福建師範大學圖書館所藏手鈔本，經綜合考量，決定徐氏筆精以碧琳琅館叢書本爲底本，主要與崇禎刊本、江户初抄本、四庫全書本對校。由於原目録卷八部分，缺少積善之家、智岩警語、罷官蓋棺、殺人欠債、裸葬、好給沙門、郡吏碎玉、鬱林石、避嫌、延師舫、交友、死友、通財、温公僕，另有小數條目與正文有異，現依正文條目重新整理了新目録。而續筆精僅手鈔本，即以此爲底本。需要説明的是，續筆精部分條目已有無名氏紅筆批註校訂，在校勘記中以「紅筆」二字爲標識。「續筆精卷之一」原題「續筆精」，署「三山徐𤊹興公著」，而「續筆精卷之二」原題卽如此，署「閩縣徐𤊹興公」，二者原目録皆爲「續筆精目録」。

本次整理中底本有訛錯衍倒者，改正並出校勘記説明依據和理由。底本不誤而他本誤者，不出校勘記。底本與對照本之間有異文，文意兩通無法判定是非者，出校勘記説明。凡因誤刻而誤者、因避諱而誤者，徑改，不出校記。標點主要使用頓號、逗號、分號、句號、冒號、問號、感歎號、引號、書名綫、專名綫等十種。書名綫用以標明書名、篇名、樂舞名等。專名綫用以標明人名、地名、朝代名、民族名、國名、神名、星宿名等，凡字號、封號、謚號和尊稱意在專指者，亦標專名綫。點校本正文以繁體字豎排。校勘記采用注釋形式。爲方便讀者閱讀，整理本依據底本所用字體、字形，將較爲生僻的異體字改爲古籍印刷通用字，將簡化字通改爲常用繁體字。

在校點過程中，參考了沈文倬、陳心榕、陈慶元諸先生學術研究成果，特此説明并致謝！限於水平，難免有誤，敬請讀者批評指正。

曾垂超

二〇二三年六月十六日

目録

經臆凡三十三則

徐氏筆精卷之二

詩原凡十七則……五二

詩詁凡四十則……五八

詩訂凡三十七則……七〇

徐氏筆精卷之五

徐氏筆精卷之六……二二四

詞品十則

字正解八則

徐氏筆精卷之七

文人二十四則

人物攷二十七則　男十九則　女八則

名人生卒葬地十四則　名姬附……三三七

人倫盛事十二則……三四三

徐氏筆精卷之八……三四九

續筆精

續筆精卷之二……四七五

徐氏筆精序

予友徐興公所著筆精，殫列窔奥，剖析同異，多擴前哲所未發，允爲後進指南。丁卯歲，友人鄧道協參軍事於陪京，篋笥以行，爲温陵黄明立先生所編定，俾之剞劂，纔繕寫而道協已溘朝露矣，遂不克竟云。予浪跡金陵，獲從明立游，談及其事，亟搜舊稾，得之梓人，恐其日久湮滅也，捐金以成之。會工竣，明立令予爲弁數言。余謝曰：「有先生在，安事詹詹者爲興公玄晏？」明立曰：「不然，聊以志吾兩人之苦心云爾。」予惟古今騷人韻士，嘯咏之餘，有所著述，要以原本於經史，發揮其義例。間有獨得，足破千古之疑，不妨躬自翻駁，揭以示人，卽起漢、晉、唐、宋諸儒商榷一堂，未嘗不首服心折。乃邊見小儒，横口雌張，輒謂遵王之制，日抱訓詁，沾沾不脱，不知國家功令未嘗錮人於問學之途，奈何哉！童習白紛，達則迷藏乎天下，窮亦矇瞽其子孫，其若風教運會何？予識不逮興公，而鈎異之癖則同；學不逮明立，而慕古之心不遠。謬意博士家不得於朝，而日取古人陳迹講求而折衷之，未必無補於盛明之萬一也。興公一布衣，名譟天下，予安足取重？倘附明立之後，庶幾藉以不朽也夫。

崇禎壬申歲冬月，前進士行人尚書文部郎參知西川行省、兩浙觀察使友弟邵捷春撰

徐氏筆精序

文家四部曰經、史、子、集，而總之以經爲的。易、書、詩、儀禮、周禮、語、孟、孝經，經而經者也。春秋，史而經者也。曲禮、左氏、公、穀，傳而經者也。爾雅，訓而經者也。道德、南華，子而經。離騷，賦而經。子，經之餘也。騷，詩之餘也。九流十家、稗官瑣語、偏記小部，子與史之餘也。經載道，史紀事，子之理遜經，而事或因史。若夫理外之乾坤、事中之今古，則集間益其未備。故釋經與傳註參體，辯史與贊評齊行，詮文與叙引共紀。班氏所謂使遇明主，折衷輔拂，悉股肱之材。此徐興公筆精之所爲作也。興公箎伯氏惟和，狎主三山社，筆耕心織，盡抽二酉之藏；竹夕花時，足當四面之敵。而書淫至老不衰，異聞必識，秘簡必搜，卽破産典衣不恡。當其意所賞會，或胸有獨照，往往劄記掌録，紛紛綸綸，績久成帙。因友人鄧道協函寄留都，余得授而卒業焉，復爲排纘倫次，臚列區分，爲卷者十，爲類者三十有八。義例略倣葉嗣忠海録、孫季昭示兒編，以便觀覽。蓋是編出經入史，而獨詳於詩。詩自三百篇以迨我明，亡不品題而櫛比之，而記載後先，一以世代爲序。其闡繹聖真，可訂注疏之謬；其揚扢韻語，可維風雅之衰；其摘幽隱，可備丹陽之鈔；其蒐遺佚，可補河東之篋；其剖析疑訛，可決石渠之同異。其知古知今，識大識小，可膏菁藻，可扶風教，可廣咨諏，可長意智，允矣學海之津梁、藝林之芳潤。豈與夫六官五略，忽近遺遠，齊諧、夷堅，弄詠弔詭者哉？余竊怪今之詞人，不宗六經而乞靈於僞子，不信正史而拾瀋於野譚，不考古博物而餖飣於流俗惡札。小才偏見，其所爲詩文集，亦解裙襦，掇含珠，安所得五經笥而腹之，第七車行秘書而問之。余次兹編，必首易通，蓋亦尊經之意。且以垂老之年，獲此瓌寶，手持口誦，喜荷共并，亦何忍爲帳中秘？亟授道協，以公同好。道協倏捐賓客，而邵觀察肇復授之梓。興公它著述甚富，有鼇峰集，南思受司徒序而傳之。兹編以筆精名，則本江文通别賦中語，亦子類云。

崇禎四年，歲在重光協洽一陽月中澣，白門寓公黄居中書於朝爽閣

筆精

徐氏筆精卷之一

易通凡九十一則

夫易廣矣大矣，泥章句不可言易。考亭夫子作本義，後世説易者，鏤於肺腸而不能蕩滌，局於識也。余世學易，專其門，獨余偃蹇，不售其所學。間有臆見，及覽諸書有同異、不符朱氏旨者，輒筆之，以資談柄，弗敢聞於人。兒子陸欲取觀，余笑而匿之，且戒曰：「而翁之易，非世儒之易也。」余之笑且匿者，有深思焉，童子何知？萬曆甲辰夏日，書於鼇峰之讀易園。

潛龍勿用

徐氏曰：乾初一畫，有初九「潛龍勿用」之象，故聖人係之以「潛龍勿用」之辭。朱子分「潛龍」爲象，「勿用」爲占，似支離決裂。如九二「見龍在田」，亦是一氣語。坤之六二有占無象，是其證也。

天行健

胡安定曰：天形蒼然，一晝一夜行九十餘萬里，故曰天行健。人身小天地，上有天關，下有地軸，若能迴天關，轉地軸，上下往來，一息一周天矣。君子自强不息，欲吾身內運轉，如天之行健耳。

潛龍勿用陽在下也

婁東張元蒙曰：孔子發明曰陽在下也。陽氣潛藏在下者，非有時而在上也，即在上者常在下也。潛藏者，非有時而發用也，即發用者常潛藏也。此聖人「退藏於密」，老子書皆主此，故曰「猶龍」。

雲從龍風從虎

楊氏慎曰：張璠：「從，音隨從之從，去聲。雲出則龍必從之，風出則虎必從之，猶曰龍從雲、虎從風也。」今按此説，甚異諸家而理至。凡龍起必雲，而謂龍能致雲〔一〕，非也。虎出必風，而謂虎能致風〔二〕，非也。猶蟻徙必雨，乃雨氣感蟻；蜥蜴聚必雹，乃雹氣感蜥蜴。謂蟻能作雨〔三〕、蜥蜴能作雹，可乎？古人多倒語成文，後人不達，便成滯義。古樂府云：「虎嘯谷風起，龍興景雲浮。」無怪乎今之誤也。

校勘記

〔一〕「而」，四庫全書本作「生」，則此兩句當斷作「凡龍起必雲生，謂龍能致雲」。

〔二〕「而」，四庫全書本作「生」，則此兩句當斷作「虎出必風生，謂虎能致風」。

〔三〕「作」，原脱，據四庫全書本補。

至哉坤元萬物資生

徐氏曰：「至哉坤元，萬物資生，乃承順天。」夫人之元氣藏於腹，猶萬物之藏於坤。神入氣中，猶天氣降而至地。氣與神合，猶地上而承天〔一〕。天地以此而生物，吾身以此而生育〔二〕。太玄經云「藏心於淵，美厥靈根」，參同契云「恆順地理，承天布宣」，本易旨也。

校勘記

〔一〕「上」，原作「道」，據四庫全書本改。
〔二〕「育」，原作「藥」，據四庫全書本改。

必有餘慶

黄氏震曰：慶，當作平聲，與下文「殃」字協韻。上文「乃終有慶」亦與「應地無疆」平聲相協。暌卦「志行也，往有慶也」，亦協韻。益卦「其道大光，中正有慶」，亦協韻。他如井、困、豐、兑，凡易中「慶」字，無不與平聲協韻者。

黄中

徐氏曰：「坤爲腹」，故太玄以坤爲黄宫，黄宫即黄庭也。黄屬土而在中，又曰黄中。艮卦「行其庭」，即黄庭也。道書解極玄奥，宋儒釋之淺矣。

九五屯其膏小貞吉大貞凶

楊氏曰：漢書谷永傳引此文，孟康注云：「膏者，所以入潤肌膚，爵禄亦所以養人也。小貞，臣也。大貞，君也。遭屯難饑荒，君當開倉廩，振百姓，而反吝則凶，臣吝嗇則吉也。」

利用刑人

張氏鼎思曰：「初六發蒙，利用刑人，用説桎梏，以往吝。」三原王氏曰：「利用刑人，刑卽書所謂扑作教刑，學記稱夏楚二物是也。責之以警其怠惰，使之從教。」程傳：「威之以刑者，所以説去昏蒙之桎梏也。」若痛懲有甚於擊蒙似拷訊罪者，非發蒙之道也。

需于沙衍在中也

楊氏曰：衍，寬平之地也。左傳地名有昌衍，漢書地名有鄗衍。衍之文亦承需沙爲義也。孟喜易文辭作「需于沙衍」。

天與水違行

張氏曰：象曰：「天與水違行，訟。」先儒謂天在上，水在下，其行相違，故訟。或謂上下體也，非行也。違者，天西旋，水東注，有相左之義，故取此象訟也。

或錫之鞶帶

張氏曰：鞶帶，命服之飾。草廬吴氏以爲革帶，所以繫韠繫佩。凡命服，先束革帶，乃加大帶。禮曰「男鞶革」，卽此帶也。先儒就以鞶帶爲大帶，蓋未詳耳。

丈人

黃氏曰：程云「尊嚴之稱」，朱云「長老之稱」。丈者，黍龠尺引之積。王充論衡云：「人形以一丈爲正，故名男子爲丈夫，尊翁嫗爲丈人。」此説亦可補諸説。淮南子謂「老者杖於人爲丈人」。

毒天下之民

徐氏曰：師卦「以此毒天下之民，而民從之」，朱子注：「毒，害也。凡有害於民，則民弗從。」許慎説文：「毒，音篤，訓生厚也，從生母，會意。」「毒，音獨，傷害也，從屮毒，諧音。」二字聲音、訓義皆有分別。

風行天上

陳潛室曰：風行天上，似無蓄聚之理，何以謂之小畜？風者，披揚解散之意。今爲風矣，而止行于天之上，是猶有物止蓄，而未得解散，所以成畜之小。

輿脱輻〔一〕

吴草廬曰「輿説輻」與大畜九二「輿説輹」同，殊不知大畜、小畜義異，安得以爲同一輹哉？蓋輹，伏菟也，在軸之上承輿者，車不行則脱之。大畜陽能自止，欲不行則説輹也，小畜則陽與陰争，有傷於輻而説之不得行也，則輹主於不欲行，亦有辨耳。

校勘記

〔一〕「脱」，原作「説」，據本書原目録改。

有所疑

張氏曰：「君子征，凶，有所疑也。」疑，舊作「礙」，謂畜道已成，抗陽之時也。陰抗陽，如小人害君子，其徑路必爲布置阻礙，動則不利，君子安得行乎？礙且與韻叶。

其旋元吉

黃氏曰：「旋」字上連「視履」，恐是旋踵之旋。

苞桑

張氏曰：「其亡其亡，繫于苞桑。」今之解者，以苞桑爲固結之喻，非也。苞桑，豈固結之物乎？蓋古人朽索、六馬、虎尾、春冰之類也。陸宣公收復河北後請罷兵狀云：「邦國之杌隉，綿綿聯聯，若苞桑綴旒〔二〕，幸而不殊者屢矣。」此得其解。

校勘記

〔一〕「旒」，原作「蔬」，據江户初抄本、四庫全書本改。

簪

猗覺寮曰：豫之九四「朋盍簪」，王弼云「盍，合也。簪，集也」，謂朋來之速。子美云「盍簪喧櫪馬，列炬散林鴉」，以簪爲冠簪之簪。古冠有笄，不謂之簪。簪，後人所名。弼言爲是。

澤中有雷

臨川鄒氏曰：澤中有雷，此收聲于兑之時也。

不事王侯

焦氏竑曰：蠱之五爻皆言「幹父之蠱」，至上九則曰「不事王侯，高尚其事」，象曰「不事王侯，志可則也」。後人往往引四皓、子陵解此一爻，誤矣。出則事公卿，入則事父兄，不事王侯，此索隱行怪之爲，聖人不取也。禮曰：「八十者一子不從政，九十者其家不從政。」上九處卦之終，當父母耄期之日，不出從政，非所以要譽鄉黨朋友，非惡干祿而然，蓋知尊尚孝德者也。曾子居魯，齊欲聘爲卿，曾子曰：「吾父母老，不忍違親，以爲人役。」斯人也，其百世之師歟，故曰志可則也。

雷電噬嗑

黃氏曰：程朱諸家皆言于卦合云電雷，今云雷電者，字相類而誤。惟鄒氏謂：「象亦云『雷電合而章』，不必以是疑經文。此卦雖離上震下，然陽氣將震發，乃閃然成火，故雷與電止一氣，而雷爲主。電者，雷之精光，如爆杖，火一出而聲即透，亦主在聲。雷電非其他判然二象之比。象言『雷電合而章』，語意絶好，經文未必誤也。」

噬乾胏得金矢

徐氏曰：王肅注易十卷，今不傳。其注「噬乾胏，得金矢」曰：「四體離陰卦，骨之象。骨在乾，肉脯之象。金矢所以獲野禽，故食之反得金矢。君子于味必思其毒，于利必備其難。」見太平御覽。

賁于丘園束帛戔戔〔一〕

張氏鳳翼曰：「賁于丘園，束帛戔戔，吝，終吉。」是言人君禮聘賢才，令光生丘園也。宋王敬宏奏云：「宜加旌聘，賁于丘園，以彰止遜之美。」卽是此意。但聘賢之禮貴其厚，而戔戔其薄者，以陰性吝嗇故耳。然禮賢自是盛典，故終可以得吉。

校勘記

〔一〕「戔戔」，原作「箋箋」，據四庫全書本改，本条下同。

以杞苞瓜

蔡節齋曰：五與初無相遇之道，猶以高大之杞苞、在地之瓜，惟當自畜其德以待之。其有隕墜，乃出於天，非人所能爲也。楊氏曰：太玄：「蒼木維流，厥美可以達于瓜苞。」

先王以至日閉關商旅不行后不省方

慈溪黄氏曰：「商旅，至賤也。后，至貴也。上自后，下至商旅，皆以安静爲事。」此説諸家未之及也。蓋若不如此兩下總提，則先王與后分爲兩主人矣。

何天之衢

長洲張氏曰：何，負也。王延壽魯靈光殿賦云：「直荷天衢以元亨。」程子曰：「天之衢，亨，誤加『何』字。」朱子曰：「何天之衢，何其通達之甚也。讚之也。」俞玉吾集説引晦叔王氏曰：「荷，當作『行』。」以上四説，均于易有裨，而晦叔王氏似尤簡明。

過涉滅頂凶無咎

張氏鳳翼曰：大過辭云「過涉滅頂，凶，無咎。」趙温與李榷書謂：「一爲過，再爲涉，三而弗改，則滅其頂，凶可見。」無咎云者，蓋言無所歸咎，如易所謂「又誰咎也」。本義與此義殊。

遇坎有酒

徐氏曰：坎之六四「樽酒簋貳用缶」，需九五「需于酒食」，未濟上九「有孚于飲酒」，困九二「困于酒食」，卦皆有坎。文王、周公以酒告戒，其象見于易，三爻皆陽剛制之之意也。

坎不盈祇既平

張氏曰：「祇既平」，祇，鄭作「坻」，水渚也，詩「宛在水中坻」，説文云「小渚」，坎之象也。澤水盈科而後進，九五坎之陽，流而不盈，適平于坻而已，蓋陽剛中正而能出險之象。

離麗也

黄氏曰：古説皆以爲附，愚恐亦兼文明之意。如「日月麗乎天」「百穀草木麗乎土」「重明以麗乎正」，皆有華麗氣象，不特言附着而已。

咸其脢

徐氏曰：古注云：「脢，心之上，口之下。進不能大感，退亦不爲無志，其志淺末，故無悔而已。」背肉之説，起于程朱。

肥遯

焦氏竑曰：「遯卦『肥遯，無不利』，『肥』字，古作『巼』，與古『蜚』字相似，後世同譌爲『肥』字。」九師道訓云「遁而能飛，吉孰大焉」，張平子思玄賦云「欲飛遁以保名」，曹子建七啓云「飛遁離俗」，金陵攝山碑「緬懷飛遁」，皆可證焦氏之説。本姚西溪叢語。

大壯則止

大壯則止，遯則退也。熊氏曰：「大壯剛以動，而曰止，非其象矣。止，蓋上字之誤。大壯之勢，陽上而不已，遯則陽退。諸家之説紛紛，多牽合，無取也。」

晉如鼫鼠

鼫鼠，子夏、康成皆作「碩」。碩，大也。二三四互艮，象鼠，九陽爲大鼠。本草指爲螻蛄，項本菴以土狗言，皆非。

箕子

陸氏深曰：明夷「箕子以之」，漢趙賓訓：「箕子者，陰陽之氣，萬物方荄滋，非商箕子也。」賓，蜀人。

晉晝明夷昧

「晉晝明夷誅」也。誅，孫奕作「昧」。明出地上爲晝，明入地中爲昧，得反對之義。關子明曰：「蒙昧者，厥道求乎明。明夷亦昧也，昧不明，蓋傷之也。」孫奕本此。

風自火出

潛室陳氏曰：「風自火出」，何以謂之「家人」？猶言風化自内出也。火，文明之德。夫夫婦婦、父父子子、兄兄弟弟，卽內文明之象。一家之風化由嚴明中來，所以一卦多尚嚴明。

馬爲曳

「其于馬也爲曳」，邵氏雍曰：「『馬』字誤，當作『其于輿也爲曳』。易曰『見輿曳』，又曰『曳其輪』，輿有曳而馬無曳也。」

位正當也

毛晃曰：易當位、不當位，皆作平聲讀，俗作去聲讀，誤。

蹇利西南不利東北

劉子新論：利西南，就土順也。不利東北，登山逆也。

龜弗克違

徐氏曰：程傳云：「或益之一句，十朋之一句。」「龜弗克違」，卽書云龜從之意。

莧陸夬夬

徐氏曰：夬卦九五「莧陸夬夬」，稽攷，莧誤作莧，朱子注「莧即馬齒莧」。按許氏說文「莧，音還，山羊細角者」，象山羊蝸角，形寬字，諧其音。易傳「澤天夬爲兑，兑爲羊。」見關朗易傳。

莧陸〔一〕

顔氏玩詞曰〔二〕：「莧〔三〕，音丸，山羊也。陸，其所行之路也，猶『鴻漸于陸』之陸。兑爲羊，在上卦，有山羊之象。」爋按說文：「莧，山羊細角也，從兔足，苜聲〔四〕，讀若丸。」莧字從此〔五〕。徐鍇按本草注：「莧羊似鹿，羊角有文，俗作羱。」學齋呫嗶曰：「莧陸，草之柔脆者也，決之至易，故曰夬夬。」以莧陸爲一草。至馬、鄭曰：「莧陸，商陸也。」以莧陸爲一物。宋衷云：「莧，莧菜也。陸，商陸也。」虞云：「莧，蕢也。陸，商也。」然後別而爲二。至注疏、正義乃引子夏傳云：「莧陸，木根草莖，剛下柔上。」馬融、鄭玄、王肅皆云：「莧陸，一名商陸。」皆以莧陸爲一。惟董遇云：「莧，人莧也。陸，商陸也。」以莧陸爲二。終不訂其或一或二異名之說。余因謂釋經莫若爾雅爲正且祖，因証之爾雅疏草部，云「蕢，赤莧」，釋曰：「赤莧，一名蕢，今莧菜之赤莖者也。」又曰「遂薚」，釋曰：「藥草，商陸也，一名當陸。」初無「莧陸一名商陸」之説，則莧自莧，陸自陸，莧爲菜，陸爲草，其爲二物明甚。宋謂之菜，虞謂之蕢，董謂之人莧，三家之説得之矣〔六〕。

校勘記

〔一〕「莧」，四庫全書本作「莧」。
〔二〕「顔」，當作「項」。顔氏玩詞當指項安世周易玩辭。
〔三〕「莧」，四庫全書本作「莧」。
〔四〕「苜」，四庫全書本作「莧」、崇禎本作「莧」。
〔五〕「莧」，四庫全書本作「莧」。
〔六〕「三」，原作「二」，據四庫全書本改。

萃亨

徐氏曰：萃，聚也，民富物阜、財力有餘之時也。萃則亨矣。經文原有亨字，解之未嘗不通。本義以亨字衍文，豈以象文不及亨字乎？太拘矣。

用大牲

太倉陸氏曰：萃卦「用大牲，吉」，大牲者「坤爲衆，爲牛」，牛乃牲之大者，以萃時而有此象，如其象而用之，可也。

困于酒食朱紱方來

徐氏曰：二以剛處困，無酒食以施惠，困于酒食之少也。乃朱紱之貴，卒然而來，困吝不足可知已。利用亨祀，乃利用禴之意。薄祭，只可羞鬼神而已，豈可以奉王公也哉？

困于赤紱

徐氏曰：困之九五「劓刖，困于赤紱」，乾鑿度曰：「文王在諸侯之位，上困于紂也。天子、三公、九卿朱紱，諸侯赤紱。」

利用祭祀

徐氏曰：困九五曰「利用祭祀」，謂明雖困于人，而幽可感于神，豈以人不能知而鬼獨知之乎？孔子曰：「知我者，其天乎！」韓子云：「惟乖于時，乃與天通。」不求人知而求天知，處困之道也。

木上有水井君子以勞民勸相

張元蒙曰：以木爲器，汲水而上，井之象。君子法井之象，制爲井田，使民服田力穡，勤勞于下，供給乎上，勸其相助，不敢惰農自安，亦井養而不窮也。卦以養人爲義，象以使民交相養爲義。

井收勿幕

徐氏曰：井收者，井口之臼，亦一井之體收于此也。掘井及泉，渫之使清，甃之使固，自下而上，至于井收，則井之功畢矣。井甃者，所以禦惡于内。井收者，所以禦惡于外。收以禦惡，非杜人之汲也，故禁之使勿幕。

巳日乃孚

張氏曰：經典義理之説，最爲無窮，以故解釋傳疏，自漢至今，不可概舉，至有一字而數説者。姑以周易革卦言之。「巳日乃孚，革而信之」，自王輔嗣以降，大抵謂「即日不孚，巳日乃孚」。巳字讀如音矣，蓋其義亦止是耳，唯朱子發讀爲戊己之己。洪适曰：「昔與易僧曇瑩論及此，曰：『或誤作己音紀。日，何如？』瑩曰：『豈惟此也，雖作巳日，亦有義。』乃言曰：『天元十干，自甲至己，然後庚，庚者，革也。故己日乃孚，猶云從此而革也。十二辰，自子至巳，六陽數極，則變之而陰〔一〕，于是爲午。故巳日乃孚，猶云從此而變也。』」用是知好奇者欲穿鑿附會，固各有説云。

校勘記

〔一〕「之而」，四庫全書本作「而之」。

豹變

「君子豹變」，言變而爲豹也。揚子曰：「貍變則豹，所謂豹變。」「大人虎變」，言變而爲虎也。揚子曰：「豹變則虎，所謂虎變。」

厲薰心

學齋佔嗶曰：唐李鼎祚所集易傳，李巽齋序引頗取之〔一〕。予近詳觀，則皆漢、晉諸儒之解，虞翻一家頗多，而稍的切于玄、弼之上，宜乎自詭以夢吞三畫也。其在艮卦之九三「艮其限，列其夤，厲薰心」，今易作薰心，而李本作閽心，且引虞翻注曰：「限，腰帶處也。坎爲腰。五來之三，坎爲心。厲，危也。艮爲閽。閽，守門人。坎盜動門，故厲閽心。」古閽作薰字，馬因言熏灼其心，未聞以坎水熏灼人也。荀氏以熏爲勳，或又誤作動，皆非也。大率鼎祚六十四卦，皆指動爻互體卦爲說，非後人之所及。又于鼎卦「鼎，象也」注，引虞翻曰：「六十四卦皆觀繫辭而獨于鼎言象，何也？象事知器，故獨言象也。」尤爲有理。余又按「艮爲閽寺」，乃易、繫辭、説卦虞翻援引，非曲學也。

校勘記

〔一〕「齋」，崇禎刊本、江户初抄本、四庫全書本作「巖」。

上九鴻漸于陸

徐氏曰：注疏皆言于陸，漢儒無釋逵字之説。唐陸羽筮得此爻，因以爲名爲字，何程子臆改之？後朱子依之，後人習而不察也。若謂以韻讀之，則「鴻漸于干，小子厲」，亦謂之協韻，可乎？

歸妹以須

本義曰：「須，女之賤者。」未竟其説。嘗考之天官書「須女四星」，陸氏震云：「織女三星貴，須女賤。」此取象之意也。漢上之説亦然。

帝乙歸妹

王氏應麟曰：「帝乙歸妹」，子夏傳謂「湯之歸妹也」。京房載湯嫁妹之詞曰：「無以天子之尊而乘諸侯，無以天子之貴而驕諸侯。陰之從陽，女之順夫，本天地之義也。往事爾夫，必以禮義。」荀爽對策，引「帝乙歸妹」，言「湯以娶禮歸其妹于諸侯也」。張説鄎國公主銘亦曰：「帝唐降女，天乙歸妹。」若左傳筮遇泰之需曰：「微子啓，帝乙之元子也。」虞翻亦云紂父。二説不同，正義皆略之。楊愼曰：「帝乙，殷之賢君，尚書所謂「成湯至于帝乙，罔不明德愼刑」是也〔一〕。史記云：「帝乙時，殷道益衰。」此皆經之説也。后世注易者，因史記之言〔二〕，遂以帝乙爲成湯，則易與尚書又相矛盾矣。信史而疑經，其弊有如此者。嗚呼！一代之君，聲迹豈微乎？其善惡之名，傳信傳疑，一彼一此，况史之紀録一人一事之得失，可盡信乎？徐氏曰：「㶿按乾鑿度云：「歸妹，八月卦也。陽氣歸下，陰氣方盛，故復以見湯妹之嫁，以天子貴妹而能自卑順從變節也。孔子曰『自成湯至帝乙』，帝乙，湯之玄孫之孫也，此帝乙卽湯也。殷尚質〔三〕，以生日爲名，順天性也。玄孫之孫，外恩絶矣。同以乙日生，疏可同名。」乾鑿度與京氏合。湯名帝乙，無疑矣。

校勘記

〔一〕「愼刑」，四庫全書本作「恤祀」。

〔二〕「史」，原作「二」，據崇禎刊本、江户初抄本、四庫全書本改。

〔三〕「尚」，原作「録」，據四庫全書本改。

君子以居賢德善俗

徐氏曰：王弼注：「賢德以止巽則居，風俗以止巽乃善。」此説既不失經旨，且明徹。本義疑賢字衍。釋經經亡，視漢儒爲烈矣。唐郭京周易舉正云「俗字上脱一風字」，良是。

史巫紛若

徐氏曰：史巫皆善口舌，紛若丁寧煩悉也。巽在牀下，卑之極矣，惟用于史巫則吉。祝史之言，紛然而多，故巽「其究爲躁卦」。

涣王居

黄氏曰：此爻「涣汗大號」之下又曰「涣王居」者，故再提卦名涣字，言九五涣之君位也，故象曰「王居無咎，正位也」。似無散積聚之意。

豚魚吉

張氏曰：中孚「豚魚吉」，豚魚，先儒皆以爲二物。朱子以爲無知之物，則一物耳。按吳草廬曰：「豚魚，澤中之物，似猪，俗謂江豚。澤將風則浮出水面，有南風則口南向，有北風則口北向，舟人稱爲風信。」其説是也。言誠信能如豚魚，則誠能動物，吉之道也。

我有好爵

徐氏曰：中孚九二「好爵」，當是好雀。孟子「爲叢敺爵」，漢改元神爵，可證古之爵字。中孚卦爻皆取象于禽獸，「豚魚吉」「有他不燕」「鳴鶴在陰」「我有好爵」「馬匹亡」「翰音登于天」。

我有好爵吾與爾縻之

焦氏曰：「鳴鶴在陰，其子和之。我有好爵，吾與爾縻之。」相觀而善謂之縻，鳴鶴以相和成聲，好爵以相摩成德。子夏易説如此。今本作縻，縻，牛縻也，取繫戀之義，然不如摩厲之説爲長，以韻讀之又叶也。或作劘，劘與摩通。漢賈山傳「自下劘上」注：「音摩，厲也，剴切之也。」與易爻摩義合。

禴祭

王氏曰：漢郊祀志引「西鄰之禴祭」，顔師古注：「瀹，煮新菜以祭。」蓋以瀹爲禴。王輔嗣云：「禴，祭之薄者也。沼沚之毛，蘋蘩之菜，可羞于鬼神。」亦與顔注同。鄭康成謂：「禴，夏祭之名。」

曳其輪濡其尾

徐氏曰：乾鑿度「文王下吕，九尾見」注云：「文王師吕尚，遂致九尾狐瑞渭濱，俱載而歸。」既濟初九「曳其輪，濡其尾」，當是文王事也。三爻則引高宗伐鬼方事。

濡其首

徐氏曰：未濟上九以剛明處天下之事，可以濟矣，雖飲酒宴樂，信乎其無災咎也，故曰「有孚于飲酒，無咎」。若懷其宴安，沈湎無度，則又將入于未濟，而飲酒之樂，信乎其失之也，故曰「濡其首，有孚失是」。本義「如狐之涉水」，本爻無狐字。

剝牀

徐氏曰：剝卦初六「剝牀以足」，六二「剝牀以辨」，朱子注：「辨，牀幹也。」不知出何故典〔一〕。稽攷，牀乃牀字之誤。按爾雅：「革中絕，謂之辨。」

校勘記

〔一〕「不知」，原脱，據四庫全書本補。

日月運行一寒一暑

楊氏曰：日在牽牛則寒，東井則暑。牽牛，水宿，遠人，故寒。東井，火宿，近人，故温也。

君子所居而安者易之序也

今文作「序」，陸德明曰：「虞翻本『序』作『象』。」呂東萊曰：「作『象』乃與下義合。象者，立象成器，以爲天下利也。」

悔吝者憂虞之象也

楊氏曰：或曰「虞，度也」，非也。憂則悔矣，度何以吝乎？古字虞與娛同。孟子曰：「霸者之民，驩虞如也。」戰國策：「顔蠋云：『晚食以當肉，安步以當車，無罪以當貴，清静寧固以自虞。』」注：「虞娛同。」毛詩小序：「以禮自虞。」漢書郊祀歌：「神嘉虞。」又：「合好效歡虞太乙。」魏相傳：「君安虞而民和睦。」

闔闢往來

徐氏曰：一闔一闢謂之變，往來不窮謂之通。蓋人身之陰陽，與天地之陰陽相似，若能御呼吸于上下，使之周流不息，則闔闢往來之妙，盡在吾身中矣。通，則通吾身之關竅也。

游魂爲變

林子曰：自太虚中來者，元神也。智慮日長，而元神遂化爲識神矣。故其夢也，都從識神而變。釋氏四生六道，亦從遊魂而變，故孔子曰游魂爲變。

鬼神情狀

徐氏曰：神氣聚則物生，神氣散則物死。又曰：陰精陽氣聚而成物，神之伸也。魂遊魄降，散而爲變，鬼之歸也。

冶容誨淫

楊氏曰：冶，銷也。遇熱則流，遇冷則合，與冰同志，故冶字從冰。女之艶媚，亦令人銷神流志，故美色曰冶也。

坤爲柄

俞氏曰：柄，當作枘。乾性圜，轉而曲，坤性枘，方而直，故乾圜坤枘，相反也。

震爲龍

張氏曰：説卦「震爲龍」，與乾同，故虞翻、干寶本作龍。荀爽九家集解兑后有二曰「爲常、爲輔頰」，注云：「常，西方神也。」

寡髮

洪景盧曰：考工記「車人之事半矩，謂之宣」注：「頭髮顥落曰宣，易：『巽爲宣髮。』」宣字本或作寡，周易「巽爲寡髮」，釋文云：「本又作宣，黑白雜爲宣髮。」

君不密

徐氏曰：「君不密，臣不密，幾事不密」，密者，周密也，非隱秘也。大抵君臣相謀，須周詳縝密〔一〕，毋至疏略滲漏，致臣下議其短長也。若作隱密，則君臣相語之際，如神出鬼没之狀矣，豈聖人立教之意哉？聖人用心光明，無不可對人言、與天知者也。

校勘記

〔一〕「縝」，原作「慎」，據崇禎刊本、江户初抄本、四庫全書本改。

潤之以風雨

張氏曰：潤之以風雨，風未嘗潤也。烜之以日月，月未嘗烜也。楊用修曰：「古人之文，有因此而援彼者，有從此而省彼者。如『沽酒市脯不食』，酒非可食也，『大夫不得造車馬』，馬不可言造也，如此類者皆是。」

乾乾夬夬

王氏曰：乾乾、夬夬，皆九三重剛也。謙謙，初六居下卦之下也。坎坎，六三居重險之間也。蹇蹇，六二陰居陰也。

龍飛虎變

何孟春曰：乾九五，龍飛之大人。龍飛虎變，惟有聖德而在天位者當之。龍飛，堯、舜當之。虎變，湯、武當之。

九四得金矢六二得黃金

黃氏曰：傳云：「金，取剛，矢，取直，以九四陽德而言也；黃，中色，金，剛物，以六五居中處剛而言也。」諸家皆從其說，惟晦菴主周禮「獄訟入鈞金束矢而後聽之」之說。以經説經，固尤有據，但恐周禮出于王莽之世，未必盡皆周公之真。若先要取其金而後與之聽訟，雖昏亂之世不爲，况成周之治哉？或者劉歆輩欲假此爲取貨張本，已而卽激天下之亂，不及施行也耶？金矢、黃金皆象也，非真也。

洛書方位

焦氏曰：佛典云：「戴九履一〔一〕，左三右七，二四爲肩，六八爲膝，縱横皆十五，而五居其室。」今所傳膝誤作足，亦無「五居其室」一句，獨見于佛書耳。

校勘記

〔一〕「戴」，原作「載」，據四庫全書本改。

終朝三拖

楊氏曰：鄭康成古注「褫作拖」，晁以道謂如拖紳之拖。蓋上剛之極，本以訟而得鞶帶，不勝其矜，而終朝三拖之，以誇于人。本義作「奪」，非是。象曰「以訟受服」，而今以奪解之，可乎？

渙奔其机

徐氏曰：机與几同，有所憑依之象。俗誤爲机，非也。

公用亨于天子

蘇氏曰：亨字不必作享字。亨，通也。大有之世，廟堂之上通爲一體，四海之衆通爲一家。爲公者，豈無所以上通于君乎？古稱：「群后肆朝，敷奏以言，嘉謀嘉猷，入告爾后。」此則人臣所以通于君者也。

除戎器戒不虞

蘇氏濬曰：萃之時，任武不可，忘武亦不可。故曰「除戎器」，偃武也，其櫜弓歸馬之風乎。曰「戒不虞」，不忘武也，其重門擊柝之備乎。朱子以除爲修治，竊所未解。

好遯

蘇氏曰：好遯，言有所好而遯，如論語所謂「從吾所好」也。世人之所好者在富貴功名，君子之所好者在性天真境。世人逐逐乎世味之内，君子悠悠乎世味之外，此之謂好遯也。此惟君子能之，而小人不能也。如曰「有所好而能絶之以遯」，未免添足。

鼎折足覆公餗其形渥凶

蘇氏曰：九四一爻，當依本文，不宜妄改。九四不中不正而處高位，如繫辭所云者。折足，失其所以行也。覆公餗，所謂敗乃公事也。形渥，王弼曰「渥，沾濡之貌」，程子曰「赧汗也」，極是。大臣以凉德取充位，至天下之事敗壞而不可爲，何面目立于朝廷？宜其汗出沾背也。朱子以形渥如刑剭，且曰重刑。按周禮，剭誅謂夷三族。大臣誤國，不應處之極刑，非之非矣。

利用賓于王

蘇氏曰：用賓，非朝覲仕進也。必有所不召之臣，然後成其大有爲之君，故利在自重而尚賓。

易取象

易重取象。「龍血玄黄」，雨于何地？「日中見斗」，災于何世？「載鬼一車」，見于何人？然衆人不以爲誣，君子不以爲怪，何也？取象也，非實也。

經臆凡三十三則

賢賢易色

「賢賢易色」，注訓「易其好色之心」是矣，然與下文「事父母能竭其力」語意不類。蓋遇賢人，必極其禮貌以敬之。色，指禮貌而言。論語云「其次避色」，亦指禮貌衰也。

色力身信，皆自己身上事。一説謂「輕易女色而不以爲重」，亦通。

晏平仲

晏嬰，謚平仲，朱注未詳。

儺

「鄉人儺」，朱注：「儺，雖古禮，而近于戲。」非也。按月令十二月紀曰「命有司大儺」，高誘注曰：「大儺，逐盡陰氣，爲陽導也。」與土牛同義。今不戲擊土牛送寒氣，而戲儺之導陽氣，可乎？若以爲戲，則周公所制之禮、孔子所行之事皆背戾矣。孔子「朝服而立于阼階」，正信而好古、上律天時者也。

負版

鄉黨「式負版者」，注云：「持邦國圖籍者。」儀禮注曰：「前有衰，後有負版，左右有辟領。孝子哀戚之心，無所不在。」三者惟子爲父母用之。夫子「凶服者式之，式負版者」，俱哀有喪也。若曰周禮重民數，殊附會矣。

賢者七人

「賢者辟世」與「作者七人」，注疏原作一章，朱子分爲兩章，注云：「七人者，儀封人、荷蕢、晨門、楚狂接輿、長沮、桀溺、荷蓧丈人也。」陶潛聖賢群輔録本漢儒之注而列之。朱子云：「不知其誰何，求其人以實之則鑿矣。」豈漢、晉諸賢之説盡謬耶？且接辟世章旨，尤有原委。另作一章，未敢爲然。

深厲淺揭

「深則厲，淺則揭。」爾雅曰：「帶以上爲厲，帶以下爲揭。」襄子晉陽之師，亦有「帶上」「帶下」之説。朱子云「以衣涉水」，則本注疏，不遵爾雅。

蒲盧

爾雅云：「蒲盧，蟲也。」唐敬括蒲盧賦云：「究政化之所歸，于蒲盧而可見；負夭麽之異族云云。」全篇以爲蟲屬也。韓致堯詩云：「窗裏日光飛野馬，案頭筠管長蒲盧。」亦言蟲也。朱子引沈存中「蒲葦」，與爾雅、唐賦大異。

多助寡助

鴻門舞劍，項伯自蔽沛公。此所謂「多助之至，天下順之；寡助之至，親戚叛之」者也。武帝遣李陵屬貳師軍，陵願得自當一隊，帝遣路博德迎李陵，博德亦羞爲陵後，武帝所以覆軍敗將。此所謂「長子帥師，弟子輿尸，凶」者也。

仲尼亟稱於水

徐子曰：「仲尼亟稱於水。」論語川上之歎，或指此歟，其他經傳不復再見。惟荀子宥坐篇及劉向説苑子貢問大水必觀之説，孔子答之極詳，亦可證「亟稱」之義。

焚廩浚井

萬章述舜完廩浚井一段，當時必書載其事。觀其措辭命句，非春秋、戰國之文也。萬章引書以問孟子，必先代相傳，非臆説也。

孟子

孟子七篇，不曾引易一句，似不深於易理者也。

帝力

擊壤歌：「日出而作，日入而息。鑿井而飲，耕田而食。帝何力於我哉？」古本作「帝於我有何力哉」，力字合韻。

乖居

陳貞鉉語予云：朱注引列女傳「關雎未嘗見其乘居而匹處者」，誤也。淮南子：「關雎興於鳥而君子美之，爲其雌雄不乖居也。」乘居，宜作「乖居」，於義尤得。

芑杞有三種

「薄言采芑」，菜也；「豐水有芑」，草也；「維糜維芑」，白粱粟也。「無折我樹杞」，柳屬也；「南山有杞」「在彼杞棘」，梓杞也；「集于苞杞」「隰有杞桋」，枸檵也。

荼有三種

「誰謂荼苦」，苦菜也；「有女如荼」，茅莠也；「以薅荼蓼」，陸草也。

百穀

楊泉物理論曰：「稻、粱、菽各二十種爲六十，蔬、果之實助穀各二十爲四十，共名百穀。」詩曰「播厥百穀」，非漫無所指也。

淫奔詩

「有女懷春，吉士誘之」，又云「毋使尨也吠」，儼然寫出淫奔之態，小序乃曰「惡無禮也」，而詩意愈晦矣。淫奔之詩，何處無之，寧獨鄭、衛哉？

笙詩

詩南陔以下六篇，有其聲而亡其辭。亡，非亡失之亡，乃無也。宋人辯之不啻數千百言，總之於亡字未嘗深味也。

相鼠

埤雅云：「有一種鼠，見人則交其前足而拱，謂之禮鼠，亦謂拱鼠。」詩曰「相鼠有體，人而無禮」，正謂此也。今有人家見鼠作拱揖狀，遂以爲妖，是未識相鼠之性耳。

鳧雁

鳧雁常以晨飛，故詩曰「明星有爛，弋鳧與雁」。

宗法不行

詩大雅公劉篇「君之宗之」，注云：「爲之君，爲之宗。上則皆統于君，下則各統于宗。」春秋哀公四年：「晉人執戎蠻子赤，歸于楚。」左傳云：「楚司馬致邑立宗，以誘其遺民。」宗法自夏、商至周末猶行，秦、漢而下無聞矣，不知廢于何時也。

文質

「商尚質，周尚文」，古語也，然商頌繁而周頌簡，何也？

周正辯

古今周正之辯，紛紛不一。温陵陳玄齡引六經、語、孟最爲明白，辯曰：如周正建子，六經闕如也，其紛紛藉藉以爲三正遞建者〔一〕，皆漢以後諸儒之記傳也。如尚書大傳，如史記，如獨斷，如元命苞，如孔叢子，如後漢書，皆穿鑿附會，以周十一月爲正、夜半爲朔、八寸爲尺〔二〕律中黄鍾是也。若其他，則承訛而襲舛者也，如晉董巴，如宋邵堯夫、朱元晦，以十一月斗指於子，至十二月斗雖指丑，而日、月、五星迺會於子，故商正、周正皆取於此是也。又其他，則隨聲而附和者也，如程伊川「春王正月，孔子自行天子之事」，胡文定「夏時冠周月」，劉和夫「王正迭建，不止三代」是也。皆於口授之餘以疑傳疑，而未嘗於載籍之中以信考信，日懸遠而日支離，故竟千古而莫決也。吾以爲詳周之故者，莫備於六經，六經今犂然在也。當商、周之際，而未嘗一及改朔之事，卽細搜博攷，而無從一徵建子之實，其非建子可知也。且不特此也，六經之中，其記時日月者亦不爲少，然徵之建子而無所可徵，至按之建寅則無一而非夏正，其非建子而爲建寅又可知也。

夫六經，莫先於書。書之陳範曰「日月之行，則有冬有夏」，謂二至也。建子而春冬而秋夏矣，二至其何以稱之？金縢曰「秋大熟，未穫，天大雷電以風，禾盡偃〔三〕」，言夏令也。周之秋五、六月，禾方出土，安得大熟而盡偃之？此書證也。

繼書莫若詩。詩之陳豳風也，七月終篇，無一而非夏時。朱元晦以爲追述公劉、后稷，似也。然詩作於周，亦周時之云耳，强而附於夏，無論周公不出此，其如生今反古何也？小雅采薇諸詩，勞還卒還役之詩也。今年春暮行，而其詩曰「昔我往矣，楊柳依依」，又曰「采薇采薇，薇亦剛止」，其非建子之春暮矣。明年夏，代者至，復留備秋，故其詩曰「有杕之杜，有睆其實〔四〕，日月陽止」，至過十一月而歸，又明年中春至，故其詩曰「今我來歸，雨雪霏霏」「今我來思，雨雪載途」，又曰「卉木萋止，女心悲止，征夫歸止」，其非建子之秋春與十一月矣。此詩證也。

六月詩曰「六月棲棲，戎車既飭」，十月詩曰「爗爗震電，不寧不令」，皆以建寅言也。不然，周之六月，何以犯司馬法而曰當夏興師？且八月雷未收聲，何不寧而不令也？又如四月之「四月維夏，六月徂暑。秋日萋萋，百卉具腓。冬日烈烈，飄風發發」，小明之「二月初吉，載離寒暑」，臣工之「維暮之春」，亦又何求節節參看？其爲建寅，皆無容置一喙者。此又詩證也。

詩亡而後春秋作。春秋，魯史。魯之曆，周曆也。隱三年左氏傳云「夏，四月，鄭祭足率師取溫之麥。秋，又取成周之禾」，明乎其夏時之夏秋也。以爲周之四月〔五〕、夏之二月，周七八月〔六〕、夏之五六月，麥禾其何從取之？九年「三月庚辰，大雨雪」，傳云「書失時也」，必夏之三月而後建，辰月而後雨雪，以爲大異也。莊七年「秋大水，無麥苗」，周之秋而麥未及下種，可云無麥耶？此春秋證也。

僖五年「八月甲午，晉圍上陽，問於卜偃，對曰：『童謠云：丙之晨，龍尾伏辰。鶉之賁賁，天策焞焞。火中成軍，虢公其奔』，其九月、十月之交乎？丙子旦，日在尾，月在畢，鶉火中，必是時也。』」旦而鶉火中，夏之九、十月交，非建子之九、十月交也。甲午至丙子四十三日，正十月朔日也。十五年「秦伐晉，卜徒父筮曰：『歲云秋矣，我落其實而取其才。』」實落才亡，其爲夏之令也徵矣。二十一年「夏大旱，焚巫尫」，杜當陽注云：「周之夏二、三、四月，旱不爲災。焚巫尫，災極也。」周不災而夏災也。成二年「二月無冰」，傳云〔七〕「啓而無也」，建子而二之日鑿冰沖沖，何以無冰耶〔八〕？十六年「正月，雨，木冰」，傳云「寒過節也」，以爲過節，則夏之正而非周之正，又明矣。此又春秋證也。

大戴禮之夏小正，夫子之所謂「吾得夏時」者也。戴記之月令，所謂周時者也。今觀月令之歲月日時星中辰次，與小正有以異乎？無以異，而以爲夏寅而周子，何也？周禮五官俱以「正月之吉，始和，布令於邦國都鄙」，非寅正而正月之吉，其安能以始和？迺若遂大夫「正歲而簡稼器，修稼政」也，媒氏「中春而令會男女」也，黨正「四時孟月之吉而讀法」也，其何非夏令也？又如旅師「用粟而春頒而秋斂〔九〕」也，山虞而「仲冬斬陽木，仲夏斬陰木」也，籥章「中春擊土鼓以迎暑，中秋迎寒亦如之」，司爟「季春出火，季秋納火」也，挈壺氏「及冬則火爨鼎水而沸之，而沃之」也，又何時而爲周令也？此又禮證也。

曾點曰：「暮春者，春服既成。」孟子曰：「春省耕而補不足，秋省斂而助不給。」非夏正也而暮春，何以春服既成而浴沂風舞雩，當秋而斂可省而助不給也？又曰：「七、八月之間旱則苗槁矣。」夏之七、八月之間，苗豈其盡穫而無可槁，而元晦必以爲夏五六也〔十〕。豳風云：「十月穫稻。」又云：「十月納禾稼。」稼以十月登場，去前七、八月之間尚有兩月，此時苗正望雨之時，一不雨而槁甚矣，而必强而附之五、六月，何也？「歲十一月徒杠成，十二月輿梁成」，正於農隙之時，以平治道塗，而必以爲周之十一、十二月，信如所言，則築場圃、納禾稼之時，而勞之以修造橋梁，不知病民而虐用之〔十二〕，豈所爲先王之制耶？

凡此皆載在六經、語、孟。當時朝廷之所以作事，民間之所以興作，與夫聖賢之所以删定，里巷之所以歌謡，自上及下，自周初至戰國，人經數十代，書傳數百年，細細搜索，無一不合於夏正。不知何故而爲三正之説，而後人隨聲逐影。至於夫子修春秋，如「春王正月」，正叔、康侯求之而不得其説，而一以爲「夏時冠周月」，一以爲「夫子自行天子之事」，支離穿鑿，遂至厚誣吾夫子也。

或曰：胡文定曰：「前乎周者，改年而不改月，如伊訓『元祀冬十有二月』，『三祀冬十有二月』。」此何以稱也？曰：商之十二月，厪見此二年耳，他無所考也。彼凡事書年，而偶及月，若必以此爲建丑定案，則周書中之惟三月亦再見，二月、五月、十有二年六月亦數見，幾何不以周之建二、三、五、六月爲歲首耶？

曰：左氏僖五年「正月日南至」，昭二十年「二月日南至」，此又何説也？曰：此與襄二十一年九月、十月，二十四年七月、八月日頻食，所謂司曆過也，失置閏之故也。日月無連月頻食之理，以失閏亂書，夫子因而筆之，而無從正定。左氏「正月南至」之説，正爲是也。至二十年二月則益荒矣。今用夏正，未有十二月冬至者，即以爲建子，而二月迺南至，此其爲失閏無疑。然亦左氏傳之，夫子未嘗筆之經也。左氏出於西漢之末，其爲魯魚附會不可知。然以左質左，而爲夏正十之九，獨二至以失閏而偶不合耳。夫吾何知周正？吾知有六經、語、孟而已。

校勘記

〔一〕「藉藉」，原脱一「藉」，據四庫全書本補。
〔二〕「尺」，原脱，按周禮正義「周以八寸爲尺」，今據補。
〔三〕「禾」，原脱，據四庫全書本補。
〔四〕「皖」，當作「晥」。
〔五〕「之」，原作「而」，據四庫全書本改。
〔六〕「周」，原作「秋」，據四庫全書本改。
〔七〕「傳」，四庫全書本作「注」。

〔八〕「無」，原作「啓」，據四庫全書本改。
〔九〕「用」，原作「周」，據四庫全書本改。
〔十〕「夏」，原作「周」，據四庫全書本改。
〔十一〕「知」，原作「其」，據四庫全書本改。

徐氏筆精卷之一終

光緒七年秋七月巴陵方功惠校刊

徐氏筆精卷之二

詩原凡十七則

古詞有本

古樂府「巴東三峽猿鳴悲，夜鳴三聲淚沾衣」，杜甫「聽猿實下三聲淚」本此。梁簡文「採蓮渡頭擬黄河，郎今欲渡畏風波」，李白「郎今欲渡緣何事，如此風波不可行」本此。古辭「白石郎，臨江居，前導江伯後從魚」，李賀「沙浦走魚白石郎」本此。古辭「陳孔驕赭白，陸郎乘斑騅」，李賀「陸郎去矣乘斑騅」本此。唐人作詩，必熟讀樂府諸作，能化舊爲新，時時見筆端，不爲蹈襲。

對鳳垂龍

賈充妻李氏，名婉，字淑文，有「對鳳垂龍玉鏡臺」。謝朓咏鏡臺詩云：「對鏡懸清冰，垂龍挂明月。」事實本此。

風雅

屈、宋之文出于風，韓、柳之文出于雅。風者動也，雅者常也。如曾點之言志似風，三子之言志似雅。伯奇之履霜操似風，閔子之失紖語似雅。柳詩多似風，韓詩多似雅。太白風多于雅，子美雅多于風。至于義山、飛卿，雖本國風，然篇篇入鄭、衛之響矣。

繐帳馬策

魏武命銅雀臺施六尺牀，下繐帳，陸機文曰「悼繐帳之溟漠」，至謝朓詩云「繐帷飄井幹」，張正見詩云「曲罷繐帷空」，乃易帳爲帷。左傳「秦繞朝贈士會以策」，李白詩云「臨行將贈繞朝鞭」，乃易策爲鞭。蓋帳卽帷，策卽鞭，古今更端用之，不嫌杜撰。

阿𩎟回

樂府有阿濫堆，名曰阿𩎟回，李白司馬將軍歌「羌笛橫吹阿𩎟回」是也。

釣竿

古今注云：「釣竿者，伯常子避仇河濱爲漁者，其妻思之而作也，每至河側輒歌之。」後司馬相如作釣竿詩，故卓文君白頭吟云：「竹竿何嫋嫋，魚尾何簁簁。」正引伯常子事以諷相如，非漫無所指也。

如花似乳

梁張率對酒詩云「如花良可貴，似乳更甘珍〔一〕」，言酒之香如花、色如乳也。孝經緯曰「酒者，乳也」，乳字本此。

校勘記

〔一〕「甘」，四庫全書本作「堪」。

春畫

春畫之設，其來久矣。張衡詩云：「衣解巾粉御，列圖陳枕張。素女爲我師，儀態盈萬方。衆夫所希見，天老教軒皇。」儼然閨房秘戲之像。徐陵與周弘讓書云：「歸來天日，得肆閒居，差有弄玉之俱仙，非無孟光之同隱。優游俯仰，極素女之經文；升降盈虛，盡軒皇之圖勢。雖復『考槃在阿』，不爲獨宿。」全用張語。至于「俯仰」「升降」，則逼真房中之術矣，豈曰「列圖」已哉？

東鄰棗

庾肩吾云：「池通西舍之流，窗映東鄰之棗。」杜子美詩「堂前剝棗任西鄰」用庾語耳。

别賦

鮑照升天行云：「暫遊越萬里，近别數千齡。」江淹别賦「暫遊萬里，少别千年」襲其語也。

祖陶句

陶詩云：「雖無紀曆志，四時自成歲。」唐詩云「山中無曆日，寒盡不知年」，又云「山僧不解數甲子，一葉落知天下秋」，王百谷云「此地人家無玉曆，梅花開處是新年」，皆從陶詩變化也。

茅山僧林和靖

茅山老僧詩云：「一池荷葉衣無盡，數畝松花食有餘。剛被傍人相問訊，老僧今日又移居。」林和靖詩云：「山水未深猿鳥少，此生猶擬别移居。直過天竺溪流上，獨樹爲橋小結廬。」二作頗相類，然皆蹈襲唐陳羽、吴融二絶也。羽詩云：「雖有柴門長不關，古烟高木共身閒。猶嫌住近人知處，現欲移居入遠山。」吴融云：「石臼山頭有一僧，朝無香積夜無燈。近嫌俗客知踪跡，擬向中峰斷石層。」

宿酲中酒

詩云：「憂心如酲。」徐幹情詩云「憂思連相屬，中心如宿酲」，唐人下第詩云「氣味如中酒，情懷似別人」，本此。

六朝詩似唐

六朝人詩與唐迥別，然有句法類唐者，如「朔風動秋草，邊馬有歸心」「亂流趨正絶，孤嶼媚中川」「野曠沙岸静，天高秋月明」「銅陵映碧澗，石竇瀉紅泉」「歸華先委露，别葉早辭風」「胡風吹朔雪，千里度龍山」「秋河曙耿耿，寒渚夜蒼蒼」「雲去蒼梧野，水還江漢流」，實開盛唐之門户也。

蹈襲古句

晉羊球西樓賦「畫棟浮細細之輕雲，朱栱濕濛濛之飛雨」，王勃滕王閣則襲爲「畫棟朝飛南浦雲，珠簾暮捲西山雨」也，杜甫陽城郡王新樓又襲爲「碧窗宿霧濛濛濕，朱栱浮雲細細輕」也。唐人多讀古賦，往往變化而用之。若勃序一篇，蹈襲甚多，前人拔出，不獨「落霞」「秋水」而已。

唐詩蹈襲

唐詩往往蹈襲六朝人語句。戴叔倫「一年將盡夜，萬里未歸人」，則梁武帝「一年漏將盡，萬里人未歸」也。郎士元「暮蟬不可聽，秋葉豈堪聞」，則吳均「落葉思紛紛，蟬聲猶可聞」也。高適「功名萬里外，心事一杯中」，則庾信「悲生萬里外，恨起一杯中」也。杜甫「薄雲巖際宿，孤月浪中翻」，則何遜「薄雲巖際出，孤月波中上」也。

滕王閣序

王勃滕王閣序云「層臺聳翠，上出重霄；飛閣流丹，下臨無地」，乃襲王巾頭陀寺碑云「層軒延袤，上出雲霓；飛閣逶迤，下臨無地」，又不獨「落霞」「秋水」襲庾信也。

詩詁凡四十則

犀渠

鮑照白紵歌：「象牀瑤席鎮犀渠。」鎮，壓席之物，卽今之鎮子也。古者坐必席地，以鎮石壓其四角，恐捲動不安。犀渠，即硨磲也。梁昭明將進酒：「宜城溢渠盌，中山浮羽卮。」渠盌，亦車渠也。

獨漉

傅玄有獨漉篇，注云：「一作『獨祿』，晉歌爲『鹿』字，古通用也。」不知何義。汲冢周書王命篇有「獨鹿」，是獸名。

歲腴

梁武帝江南弄：「舞春心，臨歲腴。」歲腴，未詳所出，似指豐年而言。

博山爐

古詞楊叛兒：「歡作沈水香，儂作博山爐。」博山爐，上有蓋，如山形，香烟纏繞不相離也。

鐵鹿

古詞「長檣鐵鹿子」，鐵鹿者，以鐵爲轆轤而拘帆者，故下句云「布帆阿那起」。阿那二字，又狀布帆因轆轤而動之意。

破瓜

古詞：「碧玉破瓜時，郎爲情顛倒。芙蓉凌霜榮，秋容故尚好。」夫破瓜時，春也，芙蓉凌霜，秋也。春時色美，故使郎顛倒矣，而秋時亦不見其不美也。

望羊

文王操：「五神運精，合謀房兮。興我之業，望羊來兮。」按竹書紀年：「武王駢齒望羊。」望羊，言目如羊之望視。五星聚房，亦是當時事。此文王望武王克商之意。孔子學琴於師襄，有曰：「黮而黑，頎而長，曠如望羊，奄有四方。非文王，孰能爲此？」鄭侯升秕言解曰：「按釋名，望佯，陽也，言陽氣在上，舉頭高似若望之然也。」

綠沈

綠沈，本于杜詩，古今辯之多矣。筆叢引援極詳，曰：「綠沈者，綠色深也。或用鐵，或用竹，或用瓜，或用漆，或用筆，或用弓弦，或用屏風，或用扇，非專指一物也。」

三彭

道家說三尸卽三彭，謂彭琚、彭質、彭矯也。唐詩守庚申之說，本此。

輞川詩

摩詰輞川詩：「來者復爲誰，空悲昔人有。」注皆未分明。蓋輞川舊爲宋之問別業，摩詰後改爲莊。此兩句蓋指之問而言，「昔人」卽之問也。余嘗質陳幼孺，深然之。

艇板

古樂府：「暫泊牛渚磯〔一〕，歡不下艇板。」艇板，卽今上岸透板也。刻本誤作「廷板」，非。

校勘記

〔一〕「牛」，原作「千」，據四庫全書本改。

弓蛇弩蛇

漢應彬爲汲縣令，請主簿杜宣賜酒。壁上有懸赤弩，照于杯中，形如蛇。宣惡之，謂蛇入腹，遂病。後至其故處，知弩影，遂解。晉樂廣嘗有親客曰：「前蒙賜酒，杯中有蛇，即飲而疾。」于時河南廳事有角弓，畫作蛇，廣復置酒，曰：「復有所見否？」客曰：「如初。」廣告之故，沈痾頓愈。二事絶相類。梁簡文詩云「沈痾類弩影」，杜子美詩云「弩影落杯中」，皆用宣事。

金盌

南史：「沈炯行經漢武通天臺，爲表奏之曰：『甲帳朱簾，一朝零落，茂陵玉盌，遂出人間。』」杜詩「早時金盌出人間」，注杜者謂欲避玉魚，故改作金，曲爲掩護耳。金、玉兩物，安可通用耶？焦氏筆乘載盧充金盌事，足破諸注之妄。

柿蒂綾

杭州古有柿蒂綾，白樂天杭州春望詩云「紅袖織綾誇柿蒂」，元張翥詩云「爲織春袍柿蒂綾」。樂天自注云「柿蒂花者尤佳」。施肩吾詩云「朝織葡萄綾」，不知出於何地。

鶴雲

易緯「立春雲如白鶴」，唐魏徵郊祀樂章云「鶴雲旦起」，言青帝也。

衣夜襞帷晝空

王勃臨高臺云：「錦衣夜不襞，羅帷晝未空。」意謂衣夜當襞而不襞，帷晝當空而不空，其淫樂反易晝夜也。今本作「晝不襞」「夜未空」，澹然無味矣。

走竿丸劍

走竿、丸劍之戲，古已有之，至宋、齊尤盛。何承天詩云：「脩標多巧捷，丸劍亦入神。」標，竿也。丸劍，能縮劍成丸，而復伸之也。今倭國有軟刀，亦丸劍之遺制。

馬飾

鐵裲襠、鐵鉦鉾、鏤渠鞍，皆馬上飾鞍之具。苻融云「齊着鐵裲襠」，又云「齊着鐵鉦鉡」，徐陵云「雕鞍名鏤渠」。渠，卽車渠也。

雲箛栒簴

梁雅樂歌云：「雲箛清引，栒簴高懸。」皆樂器也。

略彴

略彴，横木橋也。陸龜蒙詩：「頭經略彴冠微亞，腰插笭箵帶轟頻〔一〕。」蘇子瞻詩：「略彴横秋水，浮屠插暮烟。」

校勘記

〔一〕「笭」，原作「答」，據崇禎刊本、江户初抄本改。

鱗

風吹水上，紋如魚鱗。郭璞詩：「閶闔西南來，潛波渙鱗起。」言兑爲閶闔風，水波渙然，如魚鱗之起也。若認鱗爲魚，則索然無味矣。

撲朔撲渥

撲朔，兔走也，木蘭辭「雄兔脚撲朔」。又作撲渥，東坡詩「寒窗暖足來撲渥」。

日三竿

今作詩者用「日三竿」。按齊書天文志：「永明五年十一月丁亥，日出三竿，其色黄赤暈。」三竿之説本此。

串眉

美女顰眉，額痕成串。梁簡文詩云：「長嚬串翠眉。」

僑裝

客裝，一曰僑裝。鮑照云：「僑裝多闕絶，旅服少裁縫。」

井如六博

楊用修云：「二十八宿井星，形似六博，乃詩人北斗挹酒漿之意。」余按陳謝燮詩云「井公能六箸，玉女解投壺」，周王褒詩云「誰能攬六博，還當訪井公」，按神異經云「穆天子東征，與井公博，三日不決」，井公指人也。用修語，想別有據。

狄香

外國香曰狄香。張衡詩云：「灑掃清枕席，鞮分以狄香。」

玉衡

張正見雞詩云：「蜀郡隨金馬，天津應玉衡。」按春秋緯：「玉衡星精散爲雞。」

雲母箱

周王褒詩：「高箱照雲母。」

勞劍

劍屨殺人曰「勞劍」。唐鮑溶詩云：「閒弓失月影，勞劍無龍光。」勞劍，卽勞薪之例。

軒帆

謝惠連詩：「軒帆遡遥路。」軒帆，卽車舟也。

羅塵

羅塵，羅襪之塵也。顧野王艷歌行「羅塵笑洛妃」，又云「豈知洛渚羅塵步」，新奇可愛。

單情

今人有「單相思」「雙相思」之語。不知梁宮人包明月者，作前溪歌云「單情何時雙」，古人已先得矣。

薤葉簟

薤葉簟，紋之細如薤葉也。陸龜蒙詩云：「小簟風來薤葉涼。」

砂牀

陸龜蒙云：「自拂烟霞安筆格，獨開封檢試砂牀。」按，五溪蠻地產丹砂，石之不碎而砂附其上者，名砂床。見宋輔溪蠻叢咲。

委蛇

詩羔羊曰「委蛇」，離騷曰「載雲旗之委蛇」，一本作逶迤，一本作逶移，劉向九嘆曰「遵江曲之逶移〔二〕」，張衡西京賦曰「聲清暢而蜲蛇」，孫綽天台賦曰「路威夷而脩通」，潘安仁金谷詩曰「峻坂路威夷」，漢書作逶蛇，樂郊詩「有水出逶夷」。蓋聲同而字屢變，不妨通用。惟韓退之石鼓歌蛇字叶陀。

校勘記

〔一〕「曲」，原脱，據四庫全書本補。

昔耶

蒼苔，一曰昔耶。梁王僧孺詩云：「夜風吹熠燿，朝光照昔耶。」又南方草木狀：「素馨花，一名昔耶茗。」

烽

唐邊塞未嘗置驛，以烽計程，張説云「黑山烽外陣雲開，迴樂烽前沙似雪」可證。岑參云「苜蓿烽邊逢立春」，戎昱云「山頭烽子聲聲叫」。烽子，守烽卒也。

外獎

謝靈運詩云「沮漳自可美，客心非外獎」，江淹詩云「得失非外獎」，言内有所樂，非外人所能勸獎也。

噫嘻吁

蜀人見物驚異，必曰噫嘻吁。李白蜀道難用方言也。古文未見此三語耳。

更點

唐更漏二十五點，故云「二十五聲秋點長」，宋減初更二點、五更二點，本朝依之。

詩訂凡三十七則

南叶心韻

南字古叶心韻。詩經：「凱風自南，吹彼棘心。」漢鐃歌：「美人歸以南，駕車馳馬，美人傷我心。」蘇頲幼稱捷悟，避裴談諱〔一〕，誦枯樹賦，易其韻，曰：「昔年移柳，依依漢陰。」何不押心字韻以誦之，以叶「江潯」之句乎？

校勘記

〔一〕「裴」，原作「斐」，據崇禎刊本、江户初抄本、四庫全書本改。

甯音

甯，古韻叶平聲，與沈韻庚青通用。漢郊祀歌云：「穰穰復正直往甯，馮觽切和疏寫平。」

疆場

疆場，左傳讀易韻。陳後主「馬草報疆場」，叶陽韻。唐人多叶陽，亦失攷耳。

車字叶韻

車叶魚，又叶麻。韋昭曰：「古無居音，自漢以來始有也。」然易睽卦「先張之弧，後脱之弧，見豕負塗，載鬼一車」，已協居韻矣。

櫓字誤

古詞「張罾不得魚，不櫓罾不歸」，櫓字恐是魚字之誤。各本俱作櫓，于義不暢。

岫

爾雅曰「山有穴曰岫」，陶淵明云「雲無心以出岫」是也。謝玄暉云「窗中列遠岫」，徐季海云「孤岫龜形在」，皆誤用耳。後世盡以岫爲峰，去爾雅遠矣。

白苧舞

古辭晉白苧舞歌分作三首，首章用兩韻，至「晉世方昌樂未央」意盡矣，「質如輕雲色如銀」另是一首。豈當初編次之誤，遂相沿襲耶？

伯奇稱考

尹伯奇履霜操：「履朝霜兮採晨寒，考不明其心兮聽讒言。」按，父没則稱考，子奇投河而死，吉甫尚在，此必後人述之之作也。

騎吹鼓吹

古樂府騎吹、鼓吹曲有分别，列殿廷者名鼓吹，從行者名騎吹。

木蘭辭

木蘭辭，女子代父從征之作也，中有「可汗大點兵」之句。按，後魏太武帝時，蠕蠕始自號伊利可汗，則是辭當是晉以後人所作也。或者疑「萬里赴戎機，關山度若飛。朔氣傳金柝，寒光照鐵衣」四句如唐人詩，遂以爲唐人僞爲之者，不知齊、梁如此句甚多也。如「玉珂鳴戰馬，金距鬥場雞」「蓮花穿劍鍔，秋月掩刀環」「絶漠衝風急，交河夜月明」等句，不類唐人句法耶？如「當窗理雲鬢，對鏡貼花黄〔一〕」，大類齊、梁口吻。予謂此辭出齊、梁作者無疑。

校勘記

〔一〕「對」，原作「挂」，據四庫全書本改。

崔顥李白

崔顥黄鶴樓詩，古今絶倡，首起四句，渾然短歌句法也。李白鳳凰臺效之，聲調亦似歌行。今人概收入律，恐未必當。唐人律格甚嚴，「漢陽樹」對「鸚鵡洲」，「青天外」對「白鷺洲」，謂之歌體則自然，謂之律體則遷就矣。

匡山

子美憶李白詩：「匡山讀書處，頭白好歸來。」趙子常及諸注，皆謂其指廬山五老峰而言也。唯修可引白墓在蜀之彰明，有大、小匡山，白讀書于大匡山，有讀書臺尚存，非潯陽之廬山也。余謂以指蜀之匡山爲是，蓋甫時在蜀，而憶白之在夜郎，故云歸來。若是廬山，則來字無着落，而「讀書處」又無實事矣。

高適學詩

史言「高適五十始學爲詩」，辯者以爲不然。予觀子美云「歎息高生老，新詩日又多」，曰老曰新，則適學詩之遲可見矣。

樊川別集

杜牧樊川集語多猥澀，惟別集句調新清。宋姚西溪以別集爲許渾詩，言之有據。且今世許集傳本多鬱林詩，蓋渾曾至鬱林也。杜牧未有粵西之行，而别集忽有「松牌出象州」之句，似可證非牧詩。然其中又有寄許渾并「華堂今日綺筵開」詩，乃牧之作。然疑信相半，千載而下，莫能爲之分别也。

天馬歌

李白天馬歌，馬之形態悉備，儼然相馬經也。中云「白雲在天丘陵遠，崔巍鹽車上峻坂」，諸本天字上增一青字，遂失句讀。

相思子

筆叢謂：「唐人骰子近方寸，凡四點當加緋者，或嵌相思子其中。温庭筠詩云：『玲瓏骰子安紅豆，入骨相思知也無。』相思子，卽今紅豆也。」愚按，嶺南、閩中有相思木，歲久結子，色紅如大豆，故名相思子。每一樹結子數斛，非卽紅豆也。惟和兄子夜歌云「紅豆落深坑，到底相思子」，亦沿襲温語之誤。

糺

卿雲歌「卿雲爛兮，禮漫漫兮」，禮字乃糺字之誤。糺似礼，又誤作禮，失之遠矣。糺，紛也，注云「郁郁紛紛」，卽糺字之義。見宋書樂志，人皆未攷耳。

康浪

甯戚歌「滄浪之水白石粲」，滄當作康。齊有康浪水，見一統志。滄浪，楚水也。

剔齒纖

仙人鄭思遠常騎彪，故人許隱齒痛求治，鄭拔彪鬚，及熱插齒間，卽愈。陸雲與兄機書曰：「有剔齒纖一枚以寄兄。」所謂纖者，疑是此類。趙子昂老態詩云：「食肉先尋剔齒纖。」今皆作籤。

詩題誤

郎士元送南史云：「雨餘深巷静，獨酌送殘春。車馬雖嫌僻，鶯花不厭貧。蟲聲粘户網，鼠跡印牀塵。借問山陽會，如今有幾人？」通篇全非送別語，諸選本俱相仍，未有考其本題者。

葉想衣裳

太白清平調「雲想衣裳花想容」，蔡端明曾書此詩作「葉想衣裳」，劉后村以爲落筆之誤，非也。蓋端明書不苟作，况首字安得有誤？然細味之，「葉想衣裳」固自與牡丹穩帖，差勝雲字。豈端明得正本而後世反誤耶？

雲霄一羽毛

杜甫詠諸葛云：「三分割據紆籌策，萬古雲霄一羽毛。」虞伯生注云：「三分鼎立之計，可謂屈曲而費心思矣。然此籌策，無以復加，獨見之，超出萬古之上。雲霄之間見一羽毛，無與儔匹也。」鄉先輩謝大司農漢甫詹言云：「雖三分割據，未伸其籌策，而萬古雲霄長瞻其羽毛。羽毛，猶言羽儀也。」二説予猶有疑焉。予謂武侯三分割據之籌策，其功甚大，然以武侯視之，不過萬古雲霄之上一羽毛耳。言視如此大功，輕若鴻毛也。

歸期無奈何

子美遊何將軍山林六首，末首起句云：「幽意忽不愜，歸期無奈何。」趙注云：「自敘客懷，謂所以忽不愜者，由未有歸期也。」真類説夢耳。蓋子美前五首，俱述何氏山林之勝，故末首云「幽意忽不愜」，將别何氏而歸，真無奈何耳，故頭聯云〔一〕「出門流水住，回首白雲多」，尚有戀戀之意，結句云「祇應與朋好，風雨亦來過」，全首俱是眷戀山林之想。若作「自敘客懷」，思歸故鄉，大無意味矣。

校勘記

〔一〕「頭」，四庫全書本作「頸」，當作「頷」。

杜律虞注

杜律虞注，楊文貞作序，疑其不出伯生之手，然實京口張性伯成所著也。性亦元進士，後世借伯生之名以行。予家有張刻古本，名杜律演義，世所罕知也〔二〕。謝司農公嘗言：

「使琉球時，見彼國讀書無經，而以杜律虞註當之，是以燕石寶少陵也。」今其註具存，若「鶯啼修竹」不知爲梁孝之園，「犬吠白雲」不知爲淮南之宅。「宗臣之贊」不知爲蕭何，「頻繁之表」不知爲庾亮。「如意」不知爲王戎，「下鞲」不知爲桓虞，「仗鉞」不知爲宗資，「褰帷」不知爲賈琮。「斷石」不知爲峽，「長流」不知爲江。「胡語」不知有老子，「自寬」不知有榮期，「息機」不知有馬援，「如泥」不知有周澤，「高門」不知有鮑宣，「郫筒」不知有李商隱。「行路難」不知有袁山松，「烏皮几」不知有謝玄暉。「與夫窮愁」之本於史記〔二〕，「獨夜」之本於七哀，「糺紛」之本於賈誼，「幽側」之本于沈約，「真源」之本於昭明，「青龍」之本於葛陂，「朱栱」之本于西樓，「伯仲」之本於典論，「指揮」之本於漢書，「莫打鴉」之本於古曲，「欲教鋤」之本于卜居，「芰荷」之本于離騷，「蕙葉」之本於孔雀賦，「悲壯」之本于漁陽摻撾，「奉引」之本于聖公傳，「袈裟」之本于四分律。甚者「金盌」泥于「玉盌」，「步檐」訛爲「步蟾」。軍儲自供，未稽府兵之制；洞門對雪，莫詧掖垣之規。高葉忽雲石之光，打鼓昧發船之節。芋栗忘其橡實，諸天遺乎内典。柑黄三寸，莫憶義康之豪；鵬礙九天，弗紀楚文之異。則其涉於蕪陋也滋甚，曾謂聞人之注，有是乎？㶷按張本編次與虞本大異，其中訓詁，張簡而虞繁，必後人以張之舊稿，稍增益之，僞爲伯生所註。蓋伯生位極人臣，而張宦不達，故耳。元吴伯慶有挽張伯成詩云：「何處重逢説别時，斯文千載盡交期。學憐知己先登早，生愧同庚後死遲。箋疏空令傳杜律，誌銘誰與繼唐碑？寡妻弱子將焉託，節傳遺文只益悲。」楊文貞素以博洽聞，又去元季未遠，序文猶未能決其非虞筆，宜乎愈久而愈誤也。

校勘記

〔一〕「所」，原脱，據四庫全書本補。

〔二〕「史記」，原作「四離」，據四庫全書本改。

冬青行

楊真伽發諸陵骨，義士唐珏、林景熙收而葬之。後人紛紛，不知爲唐爲林。李西涯云：「唐義士，林義士，千載傳疑定誰是。」陶九成輟耕録云：「唐收者諸陵骨，林收者高、孝兩陵骨，故林詩中有雙匣之語。」皆拘方之見也。夫當時發掘陵寢，二義士協力收瘞，共賦冬青行三首以紀其事，是以唐、林二集俱載。九成謂林詩誤入於唐集，尤拘泥也。今諸誌以冬青行三首分爲兩人所作，予未敢謂信史耳。

華清宮詩

杜常華清宮詩云：「行盡江南數十程，曉風殘月入華清。朝元閣上西風急，都入長楊作雨聲。」連用二風字。瞿宗吉詩話云：「向見一善本，作『曉乘殘月入華清』，殊覺氣味深長。」

驅雁

謝曰可廷讚云：「王右丞出塞第三句『暮雲空磧時驅馬』，又句『玉靶角弓珠勒馬』，重一馬字。按鮑照詩『秋霜曉驅雁』，又『北風驅雁天雨霜』，又洛陽伽藍記『北風驅雁，千里飛雲』，然則右丞句爲驅雁無疑矣。」曰可此辯，足破千古之疑。

郎士元詩

每讀郎士元「月在上方諸品靜，心持半偈萬緣空」，末句又云「此心期與故人同」，重一心字，且費解。偶見馮元成秋海洞酌云：「於朱太史家見宋本，此心作他時，於義了然。」

是以書貴古本也。

鼉鼓

鼉鳴如鼓，其數應更，江淮人以鼉鼓爲鼉更。夏小正：「剝鼉爲鼓。」鼉，介屬，皮不可冒鼓，漢儒傅會其説耳。鼉鼓，即蛙鼓之例。唐李賀詩云「吹龍笛，擊鼉鼓」，後人皆襲用之。然詩曰「鼉鼓逢逢，矇瞍奏公」，則又似可爲鼓者。

木葉城

木葉城，在今遼東之地，沈雲卿古意「九月寒風催木葉」是也，後人改爲「下葉」，誤矣。

右丞詩

右丞詩「迸水定侵香案濕」，魏禹卿辯云「定水迸侵」。又「桃源面面絶風塵」，陳可棟辯云「桃源西面」，對「柳市南頭」。皆破千古疑案。

面皮鬛

賀知章回鄉詩云：「少小離鄉老大回，鄉音難改面皮鬛。兒童相見不相識，笑問客從何處來。」今本俱作「鬢毛衰」，非唐韻矣。近睹侯鯖録，始知是「面皮鬛」。鬛，多鬚也。

唐詩誤字

鄧泰素語予曰：「嘗見古本唐詩，『滿樹枇杷冬着花』滿樹作滿寺，『近與單車向洛陽』近與作匹馬，『昨夜微霜初度河』昨夜作乍夜，『驛路西連漢畤平』驛路作驛樹，『二水中分白鷺洲』二水作一水，細味自得也。」焦弱侯筆乘云：「『疏松影落空壇静，細草春香小洞幽』，春香作香生，的對，况又有『砧聲近報漢宫秋』之句，豈當復着春字耶？」

溶溶雨

黄云：北西廂「月色溶溶夜」，豈亦雨耶？

世傳晏元獻詩「梨花院落溶溶月，柳絮池塘淡淡風」爲警句。然溶溶，水流貌，月不得名溶溶，予嘗病之。近閲吴處厚青箱雜記云「梨花院落溶溶雨」，始知月者後人改之，雨字自妙。

淵明采菊詩

沈啓南咏淵明采菊云：「典午河山已不支，先生歸去自嫌遲。寄奴蔓草無容地，慳剩黄花一兩籬。」見石田集。陳眉公秘笈以爲王行作，誤也。

銅鞮伯氏

鄭繼之野興詩末云：「年來混迹漁樵下，况有銅鞮伯氏風。」按春秋：「晉叔向其兄銅鞮伯華，匿德藏光，不與叔向游者，罕知伯華。」仲尼稱之曰「多聞内植，進退兩尊」。繼之「銅鞮」句，用伯華事耳。向見鄭詩刻本，疑其用白銅鞮故事，改爲習氏。夫題曰野興，用伯氏固宜，改曰習氏，不惟失作者本意，而于題旨句法不相符矣。板本未更，因筆而出之，以俟知者。

草堂詩餘

宋人選詩餘，名曰草堂，楊用修强爲之解曰：「李白有草堂集，詩餘中有憶秦娥、菩薩蠻二闋，爲百代詞曲之祖，故名草堂。」殊牽合附會。今世此書盛行，人人傳誦，然知其説者蓋寡矣。胡元瑞稱博洽，亦未釋然于此。

詩砭凡六則

西園詩麈

張維誠西園詩麈云：「易象幽微，法鄰比興。書辭旉暢，式用賦物。春秋借儆，義本風刺。三禮莊鴻，體類雅頌。匪謂六籍同歸於詩，祇緣六義觸處皆是。不先窮經，而以别才别趣之説自蓋者，究竟與此道何涉？」又云：「五言古莫工於漢、魏，莫盛於晉。七言古莫工於初唐，莫盛於盛唐。五言律莫工於盛唐，亦莫盛於盛唐。絶句莫工於盛唐，莫盛於晚唐。獨七言律自盛唐而工〔一〕，至我明而始盛。」又云：「世謂作詩勿入唐以後事。自五代入明，事物人群之變，不知幾許，而謂盡不堪入詩料，此詞家習談，實藝林之積蠹。」又云：「宋三百年間，名卿碩儒高士踔絶諸代，製作纍纍，豈無篇句可追踪往昔、流布來兹者？一稱宋詩，竟從抹殺，既未目睹，且不耳聆，相率唾棄，真可涕可怪。」右數段，皆發前哲之所未發，實論詩之金針也。今人乍占四聲，卽自負曰詩有别才，不窺四部，而欲橫行藝苑，試取維誠詩麈讀之。

校勘記

〔一〕「自盛唐而工」，原作「自盛而工」，今據改。

詩道之敝

屠田叔詩談云：近時崇尚，甫解之乎，輒便咿啞；稍習聲偶，遽壽棗梨。人靡不握管城以摛詩，詩無不丐玄晏而爲序。詩道崇尚，無過今日；清風輟響，亦無過此時。

沈韻

屠緯真云：天下事有最僥倖而不可解者，沈約韻書是也。一東與二冬、六魚與七虞之屬，前此諸韻並通。孔子作經及漢、魏古詩，班班可攷，豈盡僞謬，至約始改正耶？約，吴興人，局於方言鑾俗，不審宫羽，而敢背越聖賢，變亂千古。後世遵之如聖經，百代而不敢易，此甚不可曉也。約本齊臣，更事梁武，禪代之詔出約手。後夢齊和帝，引刀斷舌，乃上章于天，謂禪代之事不由己出。天可欺乎？古文人最濫得名者，此人也。

賀鑑湖

賀知章乞鑑湖歸老，時年八十餘矣。其詩曰：「少小離鄉老大回，鄉音難改鬢毛衰。兒童相見不相識，笑問客從何處來。」夫少小仕宦，至於兒童不相識，貪戀祿位亦已久矣。及將歸，又問明皇乞鑑湖一曲，占故鄉之水利。推知章之心，無一事一息放過，後世侈爲賢達高尚，不已過乎？蓋當時明皇有詩送之，在朝各有贈言，後世遂因之而重，亦知章之幸也。

趙子昂題陶詩

趙子昂題陶潛歸去來圖云：「生世各有時，出處非偶然。淵明賦歸來，佳處未易言。後人多慕之，效顰惑媸妍。終然不能去，俯仰塵埃間。斯人真有道，名與日月懸。青松卓然操，黃花霜中鮮。棄官亦易耳，忍窮北窗眠。撫卷嘗三嘆，世久無此賢。」觀此詩，子昂之慕淵明至矣，然身事虜朝〔二〕，貽譏後世，信能言而行不逮也。

校勘記

〔一〕「虜朝」，四庫全書本作「異姓」。

王李劉詩文

屠緯真云：讀元美詩，如入武庫，不勝利鈍。讀元美文，如覽江海，終成大觀。讀于鱗詩，初喜其雄俊，多則厭其雷同。若雜一首于衆作之中，則矯然特出，不翅衆鳥中一蒼隼矣。劉子威文，深古艱澀，驚心聱牙。文章如是，不妨自成一家，詩道必不可爾，所謂本性情、中宮商、被管絃，相距萬里矣。

徐氏筆精卷之二終

光緒七年秋七月巴陵方功惠校刊

徐氏筆精卷之三

詩評一 魏唐 凡三十七例

劉徐贈答

劉楨贈徐幹云：「思子沈心曲，長嘆不能言。起坐失次第。一日三四遷。」幹答云：「與子別無幾，所經未一旬。我思一何篤，其愁如三春。雖路在咫尺，難涉如九關。」皆情至之語。顔、謝以降，華藻勝而情語稍漓矣。

覓句

古今詩人摹寫覓句景象，有極工者，如「吟安五箇字，撚斷數莖鬚」，如「險覓天應悶，狂搜海亦枯」，如「竟日覓不得，有時還自來」，如「句向夜深得，心從天外歸」，如「是事精皆易，惟詩會却難」，如「窮理多瞑目，含毫静倚松」，如「終篇渾不寐，危坐到晨鐘」，如「兩句三年得，一吟雙淚流」，如「夜吟曉不休，苦吟神鬼愁」，如「生應無輟日，死是不吟時」，如「五七字中苦，百千年後清」，如「宿客嫌吟苦，乖童恨睡遲」。宋林逋云：「只緣吟有味，不覺坐勞神。」此非深於詩者不能道也。

天子氣象

唐太宗：「秋露凝高掌，朝光上翠微。勞歌大風曲，威加四海清。」便有天子氣象。

唐詩温厚

「豈不惜賢達，其如高尚心」，唐玄宗不逆其臣；「得罪風霜苦，全生天地仁」，劉長卿不怨其君；「家貧僮僕慢，官罷友朋疏」，耿湋不罪其友，見詩人温厚之意。

磨笄戴斗

唐張易之出塞曲云：「轉戰磨笄地，横行戴斗鄉。」磨笄，見戰國策；戴斗，見爾雅。又云：「將軍占太白，小婦怨流黄」「腰裊青絲騎，娉婷紅粉妝」「一春鶯度曲，八月雁成行」，皆佳句也。是故君子不以人廢言。

乾坤

杜少陵喜用乾坤字，曰「乾坤萬里眼」「乾坤一草亭」「乾坤一腐儒」「無力正乾坤」「納納乾坤大」「乾坤水上萍」「乾坤一戰收」「乾坤繞漢宮」「開闢乾坤正」，皆鄙俗可厭，惟「乾坤日夜浮」一句頗佳。

岳陽樓詩

杜甫岳陽樓詩，大都與浩然伯仲。杜起首句「昔聞洞庭水，今上岳陽樓」，孟云「八月湖水平，涵虚混太清」；杜首聯「吴楚東南坼，乾坤日夜浮」，孟云「氣蒸雲夢澤，波撼岳陽城」，皆渾雄警策。至于杜次聯「親朋無一字」，孟云「端居耻聖明」，覺無謂，而結句各不稱矣。

霜雨雪雲

唐張謂餞田尚書還兖州云：「别路逢霜雨，行營對雪雲。」霜雨、雪雲，原非連綿之字，張合用之，亦新，不似盛唐人句。

塞上四時

張敬忠：「五原春色舊來遲，二月垂楊未挂絲。即今河畔冰開日，正是長安花落時。」蓋言春之氣候異也。盧弼：「盧龍塞外草初肥，燕乳平蕪曉不飛。鄉國近來音信斷，至今猶自着寒衣。」蓋言夏之氣候異也。王縉：「莫將邊地比京都，八月秋風草已枯。今日登高尊酒裏，不知能有菊花無。」蓋言秋之氣候異也。李頻：「關門南北雜戎夷，草木秋來卽出師。落日風沙長暝早，窮冬雨雪轉春遲。」蓋言冬之氣候異也。四詩摹寫邊塞光景極肖。

任華長篇

盛唐任華寄李白、寄杜甫、懷素草書歌三長篇，信口狂叫，不遵紀律，亦是怪體。盧仝飲茶、月食詩效之耳〔一〕。

校勘記

〔一〕「食」，四庫全書本作「蝕」。

贈鄰

錢起贈鄰居齊六詩云：「雞聲共林巷，燭影隔茅茨。」于鵠題鄰居云：「蒸藜常共竈，澆薤亦同渠。傳履朝尋藥，分燈夜讀書。」高季迪贈鄰友云：「林近書燈露，溪迴酒舫通。放鳧長合隊，移竹每分叢。」傅木虛贈鄰人馬水莆云：「樓迴常分月，牆低不隔花。」陳軒伯贈鄰友云：「夜泉皆屋後，曉塔共窗中。」趙仁甫題鄰舍云：「户外分垂柳，牆頭過落花。」又徐鎧喜李少保卜鄰云：「井泉分地脉，砧杵共秋聲。」梅堯臣贈鄰居云：「籬根分井口，壁隙透燈光。」皆能摹寫真切者也。予與鄰友吴元化交最密，戲贈十韻云：「草舍相鄰並，幽居隔短垣。山光齊到屋，樹蔭兩遮園。碧露篝燈影，香聞壓酒尊。花分黏户片，苔長過籬痕。碩鼠均偷果，驕尨互守門。秇蔬先得種，蒔竹易移根。蛛網牽簷近，雞群鬥栅繁。不窺家室好，時聽笑聲喧。賽社輪僮僕，搏沙狎子孫。杜華與王翰，朝夕往來煩。」

言詩

今之爲官者，皆諱言詩，蓋言詩往往不利于官也。不惟今時爲然，卽唐以詩取士，詩高者官多不達。錢起有云「微官是何物，許可廢言詩」，其意遠矣。

日斜人去

賈誼鵩鳥賦云：「四月孟夏，庚子日斜。野鳥入室，主人將去。」劉長卿過賈誼宅首聯云：「秋草獨尋人去後，寒林空見日斜時」，用其語，略無痕迹。

劉方平銅雀臺詩

劉方平銅雀臺詩云：「遺令奉君王，顰蛾强一妝。歲移陵樹色，恩在舞衣香。玉座生秋氣，銅臺下夕陽。淚痕沾井幹，舞袖爲誰長？」此詩較「昔年分鼎地」之作，可相伯仲。

殺風景

松間喝道，甚殺風景。嚴維遊雲門寺云「深木鳴騶馭，晴山耀武賁」，實不雅也。蔡襄云「欲望喬松却飛蓋，爲聽山鳥歇鳴騶」，庶幾免俗。

馬汗驚濤

李益云「馬汗凍成霜」，孫魴云「驚濤濺佛身」，人謂「冬月豈有汗馬？驚濤不入佛寺」，然奇妙處正在此。以理論詩，失之遠矣。

印文硯匣

柳子厚柳州詩云：「印文生綠經旬合，硯匣留塵盡日封。」印文生綠，公事絶少。硯匣留塵，私事亦稀。投荒情況，不盡凄涼，况十二年之久乎？李、杜、韓、柳輒遭放逐，往往文生於情。信夫富貴之言難工也。

在官種樹

柳子厚貶柳州，種木槲花，詩云：「上苑年年占物華，飄零今日在天涯。祇因長作龍城守，剩種庭前木槲花。」白樂天守忠州，種荔支，詩云：「紅顆珍珠誠可羨，白鬚太守亦何癡。十年結子知誰在，自向庭前種荔枝。」程師孟守福州，種榕樹，詩云：「三樓相望枕城隅，臨去頻栽木萬株。試問國人來往處，不知還憶使君無？」柳詩近怨，白詩近達，程詩近誇。

新竹

昌黎新竹詩云：「稀生巧補林，併出疑争地。」深得體物之妙。

幘峰寺三絶

劉禹錫玄都先後二絶，世人傳誦，而不知任翻幘峰寺三絶，尤委宛可詠也。初遊云：「絶頂清秋生夜涼，鶴翻松露滴衣裳。前峰月照半江水，僧在翠微開竹房。」再遊云：「靈江江上幘峰寺，三十年來兩度登。老鶴尚存松露滴，竹房不見舊時僧。」三遊云：「清秋絶頂竹房開，松鶴何年去不迴。惟有前峰明月在，夜深猶過半江來。」

咏草

白樂天咏草云：「野火燒不盡，春風吹又生。」已傳播今昔矣。又唐僧云：「時平生戰地，農惰入春田。」又元楊基云：「六朝舊恨斜陽外，南浦新愁細雨中。」風調情境俱不在樂天之下。唐僧句見山谷集，或云是蔡襄詩，非也。

池上篇

白樂天池上篇云：「十畝之宅，五畝之園。有水一池，有竹千竿。勿謂土狹，勿謂地偏。足以容膝，足以息肩。有堂有庭，有橋有船。有書有酒，有歌有絃。有叟在中，白鬚飄然〔二〕。識分知足，外無求焉。如鳥擇木，姑務巢安。如鼃居坎，不知海寬。靈鶴怪石，紫菱白蓮。皆我所好，盡在吾前。時飲一杯，或吟一篇。妻孥熙熙，雞犬閒閒。優哉游哉，吾將終老乎其間。」此篇可當一首園記，讀之灑然，不獨仲長樂志論擅名千古矣。

校勘記

〔一〕「鬚」，原作「髮」，據崇禎刊本、江户初抄本改。

長吉雋語

長吉詩，評者以爲牛鬼蛇神，二百三十餘篇頗難解説，然其佳處固不在于詭怪也。如「花臺欲暮春辭去，落花起作迴風舞」，又「半捲紅旗臨易水，霜重鼓寒聲不起」，又「王子吹笙鵝管長，呼龍耕烟種瑶草」，又「空將漢月出宫門，憶君清淚如鉛水」，又「樓頭曲宴仙人語，帳底吹笙香霧濃」，又「終南日色低平灣，神兮長在有無間」，又「樓前流水江陵道，鯉魚風起芙蓉老」，又「况是青春日將暮，桃花亂落如紅雨」，又「一編香絲雲撒地，玉釵落處無聲膩」，又「春風爛熳惱嬌慵，十八鬟多無氣力」，又「天授秦封祚未終，衮龍衣染荆卿血」，又「有時半醉百花前，背把金丸落飛鳥」，又「春羅書字邀王母，共宴紅樓最深處」「鶴羽衝風過海遲，不如却使青龍去」，又「鬖髮胡兒眼睛綠，高樓夜静吹横竹」「一聲似向天上來，月下美人望鄉哭」，如此工煉，卽少陵、太白未必能道也。

下第咏燕

元和中，章孝標下第，賦燕詩，上主司庾承宣，云：「舊壘危巢泥已落，今年故向社前歸。連雲大厦無棲處，更傍誰家門户飛？」又歐陽澥下第，亦賦燕詩，上主司鄭愚，云：「翩翩雙燕畫堂開，送古迎新幾萬回。長向春秋社前後，爲誰歸去爲誰來？」託諷微婉，得風人之體。

詩用之字

盧仝詩喜用「之」字，「青樓朱箔天之涯」「林花撩亂心之愁」「此心復在天之側」「相逢之處花茸茸」，皆不俗。

切夢繫腸繫悶割愁

施肩吾云：「三更風作切夢刀，萬轉愁成繫腸線。」蘇子瞻云：「繫悶豈無羅帶水，割愁還有劍鋩山。」皆有苦思。

陳陶步虛引

劍浦陳陶，唐末隱西山，步虛引云：「小隱山人十洲客，莓苔爲衣雙耳白。青編爲我忽降書，暮雨虹蜺一千尺。赤城門閉六丁直，曉日已燒東海色。朝天半夜聞玉雞，星斗離離礙龍翼。」奇峭不減李賀。

輕薄

温飛卿聞車駕西遊因而有作云：「宣曲長楊瑞氣凝，上林狐兔待秋鷹。誰將詞賦陪雕輦，寂寞相如臥茂陵。」輕薄之意，溢于言外。

蘇武故事

温飛卿蘇武廟詩：「迴日樓臺非甲帳，去時冠劍是丁年。」甲帳是武帝事，丁年用李陵書中語，極痛切有味，不獨對偶之工也。

梨岳廟

唐李頻四皓廟云：「東西南北人，高跡自相親。天下已歸漢，山中猶避秦。龍樓曾作客，鶴氅不稱臣。獨有千年後，青青廟木春。」頻詩寫出四皓心事，而頻心事亦自可見。後爲建州刺史，卒于官，民懷其德，立廟梨岳，至今血食不絶，可謂千年廟木春矣。

僧聯

方干詩云：「慣采藥苗資素饌，每書蕉葉寄新題。」予嘗書爲詩僧房中聯。

羅隱詩

羅隱詩極淺俗，有江南曲云：「江烟濕雨鮫綃軟，漠漠遠山眉黛淺。水國多愁又有晴，夜槽壓酒銀船滿。綳絲採怨凝曉空，吴王臺榭春夢中。鴛鴦鸂鶒喚不起，平鋪綠水眠東風。西陵路邊月悄悄，油壁輕車嫁蘇小。」奇麗可比温、李，然亦不多得也。

江湖漁隱

韓偓：「萬里清江萬里天，一村桑柘一村烟。漁翁醉着無人喚，近午醒來雪滿船〔一〕。」杜荀鶴：「山雨溪風捲釣絲，瓦甌蓬底獨斟時。醉來睡着無人喚，流下前灘也不知〔二〕。」司空曙：「釣罷歸來不繫船，江村月落正堪眠。縱然一夜風吹却〔三〕，只在蘆花淺水邊。」陸龜蒙：「雨後沙虛古岸崩，魚梁攙入亂雲層。歸時月墜汀洲暗，認得妻兒結網燈。」四作寫江湖漁隱，境界如畫，自是一家語也。

校勘記

〔一〕「近」，崇禎刊本、江户初抄本、四庫全書本作「過」。

〔二〕「下」，原作「不」，據崇禎刊本、江户初抄本、四庫全書本改。

〔三〕「却」，四庫全書本作「去」。

洞賓詩

世傳呂洞賓詩：「朗吟飛過洞庭湖」，一絶耳。嘗題河南錦屏山云：「半空豁然雷雨收，洗出一片瀟湘秋。長虹倒挂碧天外，白雲走上青山頭。誰家緑樹正啼鳥，何處夕陽斜倚樓。道人醉卧巖下石，不管人間萬事愁。」又云：「時當海晏河清日，白鹿閒騎下翠臺。本爲君平川裏去，不妨却到錦屏來。」自是仙人風骨。

漁山神女祠〔一〕

唐王叡漁山神女祠云：「蕙草頭花椰葉裙，蒲葵樹下舞蠻雲。引領望江遥滴酒，白蘋風起水生紋。」迎神也。「棖棖山響答琵琶，酒滴青莎肉飼鴉。樹葉無聲神去後，紙錢飛出木棉花。」送神也。真可泣鬼神矣。

校勘記

〔一〕「女」，原脱，據四庫全書本補。

陸羽詩

陸羽著書甚富，今所傳者茶經一種耳。至于詩，惟六羡歌最膾炙人口，他作鮮有收者。嘗題會稽剡溪詩云：「月色寒潮入剡溪，青猿叫斷綠林西。昔人已入東流去，空見年年江草齊。」可備選唐絶者。

柳

古人咏柳必比美人，咏美人必比柳，不獨以其態相似，亦柔曼兩相宜也。若松檜竹柏，用之于美人，則乏婉媚耳。唐牛嶠柳枝詞云：「吴王宫裏色偏深，一簇纖條萬縷金。不憤錢塘蘇小小，與郎松下結同心。」亦謂美人不宜松下也，譽柳貶松，殊有深興。

詩評二　宋　凡二十八則

曹娥廟潘閬詩

李文正公題曹娥廟云：「死隨枯骨葬江濱，報德真憐女子身。千載斷碑空過眼，當時亦有姓曹人。」用事真切，亦堪膾炙，然不及宋潘逍遥一絶云：「曹娥廟前秋草平，曹娥廟裏秋月明。扁舟一宿都無寐，近聽江聲似哭聲。」尤含蓄有味。

王元之詩

王禹偁過張處士溪居云：「雲裏寒溪竹裏橋，野人居處絶塵囂。病來芳草生漁艇，睡起殘花落酒瓢。閒把道衣尋晚照，静攜茶鼎洗春潮。長洲懶吏頻過此，爲愛山園有藥苗。」宋詩之絶佳者。全集少見，謝在杭近抄之内府。

響屧廊

王元之題響屧廊云：「廊壞空留響屧名，爲因西子繞廊行。可憐伍相終朝諫，誰記當時曳履聲。」

落花

落花詩始於二宋：「漢皐佩冷臨江失，金谷樓危到地香。將飛更作迴風舞，已落猶存半面妝。」誠絶唱也。余襄公云：「金谷已空新步障，馬嵬徒見舊香囊。」至國朝，作者愈盛，多至三十首矣。文徵仲云：「丹葩漂泊明妃淚，綠葉差池杜牧情。」沈啓南云：「錦里門前溪好浣，黄陵廟裏鳥還啼。」近歲滇中馬弢叔云：「武陵路別迴漁艇，金谷春深落妓釵。」「影摇團扇愁班女，艷逐微波度洛妃。」山東于文若云：「紅樓白日憐珠墜，青冢黄昏痛玉埋。」吾鄉董叔允云：「拂地霓裳迴妙舞，凌波羅襪泠香魂。」「楚妃腰細難勝雨，漢女身輕合避風。」建溪丘文舉云：「撩亂隋宫拋剪綵，漂流秦苑棄餘脂。」建溪魏君屏云：「馬嵬妃死香猶在，垓下人亡血未乾。」余少時亦曾賦十首，有云：「麗華魂散胭脂井，關盼香消燕子樓。」雖皆效法二宋，然比興之體亦自俊麗可傳也。

西崑

宋楊文公億、錢思公惟演、李宗諤、劉子儀，號西崑體，組織華麗。楊南朝詩云：「五鼓端門漏滴稀，夜籤聲斷翠華飛。繁星曉埭聞雞度，細雨春場射雉歸。步試金蓮波濺襪，歌翻玉樹涕沾衣。龍盤王氣終三百，猶得澄瀾對敞扉。」錢和云：「結綺臨春映夕扉，景陽鐘動曙星稀。潘妃寶釧光如晝，江令花箋落似飛。舴艋凌波朱火度，觚稜拂漢紫烟微。自從飲馬秦淮水，蜀柳無因對殿幃。」李和云：「仙華玉壽曉沈沈，三閣齊雲複道深。平昔金鋪空廢苑，于今瓊樹有遺音。珠簾映寢方成夢，麝壁飄香未稱心。惆悵雷塘都幾日，吟魂醉魄已相尋。」劉和云：「華林酒滿勸長星，青漆樓高未稱情。麝壁燈迴偏照畫，雀航波漲欲浮城。鍾聲但恐嚴妝晚，衣帶那知敵國輕。千古風流佳麗地，盡供哀思與蘭城。」楊咏始皇云：「滄波沃日虛鞭石，白刃凝霜枉鑄金。」錢云：「金椎漫築甘泉道，匕首還隨督亢圖。」楊咏成都云：「漫傳西漢祠神馬，已見南陽起臥龍。」錢云：「雨經蜀市應和酒，琴到臨邛别寄情。」楊咏漢武云：「力通青海求龍種，死諱文成食馬肝。」錢云：「立候東溟邀鶴駕〔一〕，窮兵西極待龍媒。」劉云：「桑田欲看千年變，瓠子先成此日歌。」皆用事精確，對偶森嚴，卽義山、丁卯不是過也，豈可概目宋詩爲陳腐哉？

校勘記

〔一〕「溟」，原作「冥」，據四庫全書本改。

咏梅

林和靖「暗香」「疏影」一聯，歐陽公極賞之，黄山谷以爲不如「雪後園林纔半樹，水邊籬落忽横枝」爲佳，我朝高季迪咏梅云「詩隨十里尋春路，愁在三更挂月村」，似勝。

瓊林苑

唐宴進士於慈恩寺，宋宴進士於瓊林苑。苑中松栢森列，百花芬郁，樓觀層列，金碧相射。韓琦詩云：「春光濃簇寶津樓，樓下新波漲鴨頭。嘉節難逢真上巳，賜筵贏入小瀛洲。仙園雨過花遺靨，御陌風長絮滚毬。禊飲不須辭巨白，清明來日尚歸休。」其繁盛光景可見。

荆公詩

荆公謝公墩詩云：「我名公字偶相同，我屋公墩在眼中。公去我來墩屬我，不應墩姓尚隨公。」又戲贈段約之云：「竹柏相望數十楹，藕花多處復開亭。如何更欲通南埭，割我鍾山一半青。」雖曰戲謔之詞，而人我之相見於筆端矣。

燕子樓

白樂天生平風流，獨以絶句逼死盼盼，稍爲缺陷。宋陳薦彦升賦燕子樓云：「僕射新阡狐兔遊，侍兒猶在水邊頭。樂天才思如春雨，斷送芳花一夜休。」似不能無恨于白公也。

石湖夜步

范石湖夜步詩云：「人家簾幕夜香飄，燈火蕭疏照市橋。滿院月明春意好，小樓吹笛近元宵。」清婉可詠。

蔡持正鸚鵡詩

蔡持正人品最汙，人羞稱之。其安置英州日，賦侍兒琵琶鸚鵡一絶：「鸚鵡言猶在，琵琶事已非。傷心瘴江水，同渡不同歸。」卽唐人莫是過也。

山静日長

唐子西「山静似太古，日長如小年」，自羅景綸引之，世無不知者，但未見其全篇耳。其題乃醉眠也，詩云：「山静似太古，日長如小年。餘花猶可醉，好鳥不妨眠。世味門常掩，時光簟已便。夢中頻得句，拈筆又忘筌。」如「水裁偏岸直，雲截亂山平」「翻泥逢暗筍，汲井得飛梅」「橘林香處飯，杉木翠邊程」「硯田無惡歲，酒國有長春」「破窗燈焰走，凍硯筆鋒遲」，皆警句也，不獨「山静」「日長」兩句耳。

琴臺

蜀中有相如琴臺，古今題咏多本琴心事，惟宋少傅田況一絶云：「西漢文章世所知，相如閎麗冠當時。游人不賞淩雲賦，只説琴臺是故基。」亦善爲相如解嘲者。

龜山詩

楊龜山爲吾閩道學之祖，世人但知其語録，而不知龜山之詩亦有可誦者。如含雲寺詩云：「山前咫尺市朝賒，垣屋蕭條似隱家。過客不須攜鼓吹，野塘終日有鳴蛙。」又云：「竹間幽徑草成圍，藜杖穿雲翠滿衣。石上坐忘驚覺晚，山前明月伴人歸。」又如岳陽樓長歌，宛然唐響，絶無宋人習氣。

宋詩工麗

宋洪咨夔直玉堂詩云：「寶鴨炷雲朝太紫，玉蜍浥露校鉛黄〔一〕。」又云：「雲收翠戟龍文潤，日透金鋪獸面明。」楊萬里云：「雲翻孔雀金花碧，日射鴛鴦玉瓦紅。」皆工麗可誦。

校勘記

〔一〕「校」，原作「較」，據四庫全書本改。

委羽居士

宋左緯，號委羽居士，宣和間以詩名，隱黄巖。有詩云：「騎馬出門三月暮，楊花無賴雪漫天。客情惟有夜難過，宿處先尋無杜鵑。」可謂深于旅况矣。

東皐子

宋戴敏，號東皐子，浙之黄巖人。小園詩云：「小園無事日徘徊，頻報家僮送酒來。惜樹不磨修月斧，愛花須築避風臺。引些渠水添池滿，移個柴門傍竹開。多謝有情雙白鷺，暫時飛去又飛回。」雖調不離宋，而清淡閒適，亦可喜也。

范香溪

宋香溪范浚，南渡後，隱居不仕，詩有奇思。春融融云：「天喧地媚春融融，化工點染分花容。東風夜半入香陌，雜樹曉繁争白紅。蘭叢蕙根芳翠滴，柳艷明眉輕冪䍥〔一〕。紅顔綠鬢青春客，壺中新醅鴨頭色。殘絲冉冉愁如織，日暮低迷草萋碧。」又云：「海棠紅歇鶯停歌，麥風時候猶清和。簾垂箓簌深院静，赤闌細柳陰婆娑。池塘正覺幽事好，萍葉藻蔓涵清波。一雙胡燕薇叢外，銜得芹泥來補窠。」世人所知者心箴而已，不知浚之深於詩也。

校勘記

〔一〕「羃䍥」，原作「寞歷」，據崇禎本、江户本、四庫全書本改。

岳忠武詩

世傳岳忠武滿江紅詞，激烈悲壯，溢於言外。而忠武詩句有絶閒静者，如池州齊山翠微亭云：「經年塵土滿征衣，得得尋芳上翠微。好水好山看不足，馬蹄催趁月明歸。」又如：「潭水寒生月，松風夜帶秋。」何必減唐人語。

玉堂陪祀二絶

宋趙汝談直玉堂詩云：「宫井城鴉欲動時，春猿夢斷北山移。攬衣擬草歸田賦，猶是金蓮燭半枝。」潘牥陪祀詩云：「玉天無滓月光寒，霽色分明在露盤。一夜九重全不寐，時教中使捲簾看。」雋永有味，不似宋格。

千巖警句

宋蕭德藻，號千巖，閩清人，以詩名於時。采蓮曲云：「清曉去采蓮，蓮花帶露鮮。溪長須急槳，不是趁前船。」又云：「相隨不覺遠，直到暮烟中。恐嗔歸得晚，今日打頭風。」絶似玉臺，劉後村酷稱之。

德壽宫壽詩

唐無壽詩，有之自宋始，至今則濫觴可厭也。宋高宗爲太上皇壽日，楊萬里作慶壽詩云：「長樂宫前望翠華，玉皇來賀太皇家。青天白日仍飛雪，錯認東風轉柳花。」「清曉鞭聲出禁中，驚開剩雨及殘風。金鴉銜取紅鸞扇，飛上玻璃碧海東。」「春色何須羯鼓催，君王元日領春回。牡丹芍藥薔薇朶，都向千官帽上開。」「雙金獅子四金龍，噴出香雲繞殿中。太上垂衣今上拜，百王曾有個家風。」「帝捧瑶觴玉座前，綵衣三世祝堯年。天皇八十一萬歲，休説莊椿兩八千。」「天父晨興未出房，君王忍冷立風廊。忽然鳴蹕珠簾捲，萬歲聲傳震八荒。」「花外班行霧外山，何緣子細望龍顔。小窺玉色真難老，底用臞仙九轉丹。」「甘露祥風天上來，今回恩數賽前回。都將四海歡聲裏，釀作慈皇萬歲杯。」「堯舜同時已甚都，祖孫四世古今無。誰將寫日摹天手，畫作皇王盛事圖。」「甲戌王春試集英，小臣曾是老門生。蒼顔華髮鵷行裏，也聽鈞天九奏聲。」必如此，方可稱壽也。

仙霞嶺

宋馬子儼宿仙霞嶺詩云：「月影自催人起早，泉聲不許客眠安。」摹寫真切。予家在閩，北上往來，必由斯嶺，輒賞此句不置。白玉蟾集亦載此首，未知孰是。

雲龕先生

宋李邴，鉅野人，參知政事，歸隱泉州，自號雲龕先生，著草堂集一百卷，軼弗傳。有訪僧詩云：「數丈招提四面山，羨師終日掩禪關。十年不踏門前路，只遣松風送我還。」瀟爽可味。

祖孫詩

宋呂雪屋贈陳隨隱父子有句云：「人羨杜閒生杜甫，天教蘇頲繼蘇瓌。」予以庚戌歲得元孫，友人陳伯孺贈予云：「甎長甎卿終不惡，生玄生運總多奇。」用祖孫父子事，皆切當。

洪陸翁

宋洪漸，字陸翁，號芃巖，淳安人。夜泊詩云：「月浸蘆花水浸天，漁翁醉後正堪眠。夜深何處孤猿咽，不管江邊有客船。」清宛可詠。

咏針

宋裘萬頃，有客令咏針，出羮字韻，萬頃云：「一寸堅剛鐵鑄成，綺羅叢裏度平生。有時穉子敲成釣，釣得魚兒便作羮。」亦巧於押韻，可喜也。

王介翁

括蒼王鎡，字介翁，宋室播遷，義不仕元。宋史藝文志謂鎡文集三十卷，世尠傳矣。近其裔孫之楝丞甌寧，掇拾家乘，得月洞集一帙，特片鱗隻羽耳。如塞上曲云：「馬嘶經戰地，鵰認打圍山。」秋深云：「子黑石蓮老，柿紅霜葉疏。」山居云：「香老蒲花春洞影，涼生槲葉午窗風。」「落葉石闌霜信早，敗荷池屋雨聲涼。」杭州懷古云：「雲寒飛殿排班石，草臥前朝記事碑。」時事云：「雲生殺氣鵰旗暗，風肅軍聲虎帳寒。」絕句漁父云：「竹絲籃裏白魚肥，日落江頭換酒歸。只恐明朝江雪凍，老妻連夜補蓑衣。」置之晚唐劉、許之間，誰辨其爲宋人作也。

詩評三元　十六則

鹿皮子

元初陳樵，好衣鹿皮，自號「鹿皮子」。有詩一卷，如「掃葉僧將猿共爨，賣花人與蝶俱還」，殊有巧思。

元詩

趙子昂絶句云：「春寒惻惻掩重門，睡鴨香殘火尚温。燕子不來花又落，一庭風雨自黄昏。」滕玉霄絶句云：「吟人瘦倚玉闌干，酒醒香消午夢殘。燕子不來春社去，一簾疏雨杏花寒。」二首頗相似，皆詩餘中絶佳句也，唐人無此纖弱之作。

真山民詩

偶於陳幼孺案上檢破册一帙，糜爛醯雞，前後俱損失，不存姓氏。幼孺云此册得之邵武仁壽寺僧寮中，多佳句。如「蜂王衙早晚，燕子社春秋」「烟碧柳出色〔一〕，燒青山返魂」「白沙難認月，黄葉易爲霜」「棠醉風扶起，柳眠鶯唤醒」「檻低簷礙月，窗破紙吟風」「與鷗分渚泊，邀月共船眠」「窗月燈昏見，巖泉雨歇聞」「花影掃不去，草根鋤又生」「風竹有聲畫，石泉無操琴」「許猿分野果，留鶴守雲林」「水清明白鷺，花落失青苔」「飛花遊蕩子，古木老成人」「途窮身是累，痛定語猶悲」「葉新林挂緑，花落地生香」「蕉葉捲舒雨，鳩聲問答春」，七言如「雲開遠嶂碧千疊，雨過落花紅半溪」「塵書邀我共高閣，濁酒勸人歸醉鄉」「碑因藤蔓無完字，城爲田侵失舊基」「氣增浙左霜威勁，面帶終南山色寒」「書猶能看未爲老，詩亦莫吟方是閒」「寬着庭除貪貯月，少栽竹樹要看山」「廊下蝸粘沿砌蘚，佛前蜂戀插瓶花」「青山隔絶市朝面，白髮消磨豪傑心」「雕鏤花柳春無迹，沐浴山川雨有恩」「花影忽生知月到，竹梢輕響覺風來」，皆自創新意，雖有酸餡氣，亦可喜。向不知誰作，近讀元人詩，中有真山民一卷，卽此詩也。山民，西山先生裔。

校勘記

〔一〕「出」，四庫全書本作「生」。

刺馮道

馮道歷事四朝，後世羞之，歐公作史，謂其無廉耻。史斷諸賢，紛紛呰詆，百千萬言，不如元劉静修一絶約而盡也：「亡國降臣固位難，癡頑老子幾朝官。朝梁暮晉渾閒事，更捨殘骸與契丹。」獨王荆公以伊尹五就湯、五就桀稱之，近李禿翁亦主其説。

吴草廬詩

元吴草廬澄，專志理學，而詩亦多巧思。咏雪云：「臘轉鴻鈞歲已殘，東風剪水下天壇。賸添吴楚千江水，壓倒秦淮萬里山。風竹婆娑銀鳳舞，雲松偃蹇玉龍寒。不知天上誰横笛，吹落瓊花滿世間。」疊葉梅云：「羅浮夢斷杳無蹤，冰雪仙姿兩兩逢。縞袂怯單寒後襲，彩妝嫌薄曉來濃。迎風一笑知顔厚，臨水相看見影重。道眼只將平等視，玉環飛燕總芙蓉。」又如「百年竹木青春在，一院香花白晝閒」「屋頭月上元無夜，樹杪風來若有期」「花香静晝微風裏，草色深春一雨餘」「金鏡南飛光欲半，銀潢西去寂無聲」「定非戰國談天衍，疑是仙家縮地房」「秋隴故園迷蝶夢，曉窗客枕厭雞聲」等句，皆超脱理學蹊徑者也。

何太虚

元季詩人踵出，知名者無論已。予家藏何中知非集六卷，佳句疊見，如「燕來春已去，花少雨偏多」「漢殿金人别，唐陵石馬嘶」「落花縈樹轉，幽鳥過林鳴」「山圍雙鷺曉，門閉一蟬秋」「鳥語前林日，雞鳴曲巷烟」「年華流水在，春事落花知」「日明山氣改，江静水痕歸」。七言如「赤壁驚烏飛夜月，衡陽歸雁落秋風」「兩澗寒聲通法席，數峰秋影上香臺」「隔水歸樵分路散，銜嵐飛鳥認林還」「冰寒古道鳴駝外，雪暗空村落雁邊」「馬嘶平野呼鷹吏，犬吠寒沙射雁人」。中字太虛，臨川人。集中所往還者，吴澄、劉會孟、揭傒斯、程鉅夫諸人。至大、皇慶間，寄寓閩中，賦詩頗多。所著有易類象二卷、書傳補遺十卷〔二〕、通鑑測海一卷、通書問一卷、吴才老叶韻補疑一卷、六書綱領一卷、補逸六書故三十二卷、薊丘游録一卷、揞頤録十卷、知非集十七卷、外集十六卷，可謂富矣。然姓名泯泯，不與吴、揭雁行。胡元瑞詩藪，拈拔元人佳句無遺，亦不及太虛。真有幸有不幸也。

校勘記

〔二〕「遺」，原作「通」，據四庫全書本改。

題和靖墓

古今題和靖先生墓者，不下百篇，悉梅鶴封禪數事而已。獨張羽一絶云：「水繞荒山路半斜，墓園無主屬官家。我來正是梅開日，滿目蓬蒿不見花。」淡而有味。又陳剛中一絶云：「北邙翁仲拱朱門，玉盌時驚古帝魂。争似孤山一抔土，梅花依舊月黄昏。」亦可掩諸作者也。

陳剛中

元陳剛中使交南詩云：「老母粤南垂白髮，病妻燕北寄黄昏。蠻烟瘴雨交州客，三處相思一夢魂。」真一字一淚。

同根竹

武夷城高巖有巨竹，一幹雙梢。予與謝在杭欲賦詩詠之，未就也。偶閲元人謝宗可詩云：「競秀亭亭一種奇，駢頭曾脱錦裲兒。西山二子情依舊，湘浦雙娥影鎮隨。高節元非連理樹，虚心共是傲霜枝。莫教移作仙人杖，恐化雌雄下葛陂。」似不能復繼矣。

盧圭齋詩

泉州惠安盧圭齋，名琦，字希韓，登元至正進士，令永春，改寧德。所著有圭齋詩集，歲久弗傳。近惠安莊戶部徵甫，蒐而梓之，誤入雁門薩天錫詩六十餘首。薩詩世有傳本，較者一時未之考耳，亟當釐正，不然恐後世以圭齋爲齊丘之盜化書也。盧詩自佳，如「嵐氣滿林晴亦雨，溪聲近驛夜如秋」「潮生遠浦孤帆小，雨過蒼崖古木寒」「小橋跨澗村春急，老樹吹花野店香」「暮雲松徑僧歸寺，夜雨蓬窗客在船」「門掩落花春去後，夢回殘月酒醒時」「梧葉幾番深夜雨，梅花一樹短籬霜」，清典可詠。元詩多纖弱，若圭齋者，實有唐調者也。

月泉吟社

元至元間，浦江吴清翁渭有月泉吟社，預於丙戌小春月望命題，至正月望收卷，用好紙楷書謄副，聘謝翺爲考官。三月三日揭曉，收二千七百三十五卷，選中二百八十名，首名羅公福。吟社中人詩限五七言律，刻至六十名止，皆有詩賞者也。第一名，公服羅一縑七丈、筆五帖、墨五笏；第二名，公服羅六丈、筆四帖、墨四笏；第三名，公服羅五丈、筆三帖、墨三笏；第四至十名，各春衫羅一縑、筆二帖、墨二笏；第十一至二十名，深衣布一縑、筆一帖、墨一笏；第二十一名至三十名，各深衣布一縑、筆一帖；第三十一名至五十名，各筆一帖、墨一笏、吟箋二沓。詩以春日田園雜興爲題。公福詩云：「老我無心出市朝，東風林壑自逍遥。一犂好雨秧初種，幾道寒泉藥旋澆。放犢曉登雲外壠，聽鶯時立柳邊橋。池塘見説生新草，已許吟魂入夢招。」李西涯懷麓堂詩話亦載此事，言此集未及見。予家有藏本，因録出之，然佳句甚多，不獨公福也。公福，本姓連，名文鳳，吾閩人，字伯正，號應山，僞名羅公福。集中皆不署的名。如「屋角枯藤粘樹活，田頭野水入溪渾」「青林伐鼓村村社，緑水平疇處處秧」「土脉正融催觳觫，林陰微合聽鉤輈」「田烏飛逐耕烟犢，桑扈鳴隨喚雨鳩」「草青隨意牛羊卧，門静無人燕雀多」「麥隴風微牛睡穩，芹塘泥滑燕歸忙」「小雨杏花村問酒，淡烟楊柳巷巾車」「榆莢雨酣新水滑，楝花風軟薄寒收」，又皆六十人中警句也。

張思廉

元季詩人輩出，語皆奇警。會稽張思廉，尤峭峻可喜，題唐五王擊毬圖云：「興慶宫前春正熱，緑楊夾道花如雪。毬門風起日西斜，五馬歸來汗成血。潞州别駕醉眼纈，雙袖傾欹擁岐薛。申王按鞚宋王馳，杖撲毬囊手親挈。草平如掌馬力均，玉鞭十里不動塵。黄門扶入五花帳，大衾長枕娱家人。花萼相輝雨氣寒，樓中歌管漸闌殘。紫騮不踏毬場路，萬里青騾蜀道難。」又太真明皇並笛圖：「黑奴絃索花奴鼓，譚奴撫掌閹奴舞。阿嬌自品玉玲瓏，御手夷猶親按譜。風生龍爪玉星香，露濕櫻桃金縷長。莫倚花深人不見，李謩側足傍宮牆。」思廉有玉笥集十卷，詩多富贍，蓋熟于史學者，以方駕鐵厓，未知鹿死誰手。

岑安卿

至正中，餘姚岑安卿，字靜能，號栲栳山人。有集一卷，平淡不類元習，如「蛩鳴深巷靜，月昃半樓明」「山高不礙夢，日落易生愁」，清新有味，亦胡元瑞所未睹也。

趙大年畫

元吳淵穎題趙大年林塘秋晚圖云：「老景青黃筆底收，晴凫冷雁共汀洲。王孫畫學空花竹，不到銅駝陌上秋。」譏刺之意，微而婉矣。

金青村

元末，金青村涓，與邑人吳萊、宋濂友善，有詩名。嘗賦詩云：「燕子飛來近畫簷，暮春時節雨纖纖。杏花落盡無情緒，何處人家有酒簾？」又有「遠峰晴見色，獨樹暖無聲」

「人行秋葉滑，鶴立晚松涼」，皆佳句也。

黄秋聲

元季詞人輩出，而邵武有黄鎮成，詩多奇警。秋聲集十卷，佳句疊出，如「王孫不歸怨芳草，山鬼欲啼牽女蘿〔一〕」「鐵檄召雷秋雨足，瑶壇謁帝夜雲高」「游山採藥辭家早，掃石看雲出洞遲」「青山盡處海門闊，紅日上來天宇低」「花竹一家巢絶頂，烟塵九點認齊州」「潮來估客船歸市，月上人家水浸空」，惜梨棗朽腐，尠有睹其全篇者。

校勘記

〔一〕「啼牽」，原作「牽織」，據崇禎刊本、江户初抄本、四庫全書本改。

徐氏筆精卷之三終

光緒七年秋七月巴陵方功惠校刊

徐氏筆精卷之四

詩評四 明　五十八則

恭靖王

肅藩恭靖王，博雅善詩。塞上曲云：「遠出漁陽北擊胡，將軍談笑挽雕弧。千金底購單于首，贖得沙場戰骨無。」有王龍標之致。

宗藩詩

國朝宗藩之詩，寧府爲盛，諸王孫以詩鳴者，多炡、多熿其著者也。多炡絶句清逸，如泊長蕩云：「蒹葭一望暮蒼蒼，長蕩湖頭烟水長。怪道今朝楓葉盡，夜來七十二橋霜。」湖口縣云：「湖水澄清江水渾，江烟湖靄易黄昏。請看湖口江心月，一片寒光照縣門。」清明湖上云：「湖畔行吟日未斜，四年三度客天涯。不知鶗鴂驚飛去，穿破來禽滿樹花。」

多熿屬對精工，如「太室出雲來署裏，黃河如帶挂城頭」「關山曉月趨三輔，鴻雁秋霜度九河」「路經軒后臨戎坂，山接高歡避暑宮」，皆翩翩爾雅，無紈袴習氣。

過餘干弋陽詩

貞吉王孫過餘干詩云：「餘干城頭雲泊天，琵琶洲下水如弦。推篷理詠隨州句，落日平沙似往年。」謝在杭宿弋陽云：「群峰迴合俯清溪，寂寞荒城古渡西。惟有女牆秋月在，只今猶照夜烏啼。」二詩皆用劉隨州句，略無痕迹。余近過弋陽，亦效顰云：「頗憶文房舊日題，餘干水落弋陽溪。平沙渺渺孤城在，朝暮猶聞山鳥啼。」

汪廣洋

汪廣洋詩云：「三百六十灘水清，桃花春浪近來生。催歸不待臨岐語，夜夜子規啼到明。」酷似晚唐。

郵亭圖

國初，唐肅題陶穀郵亭圖云：「紫鳳檀槽綠髮娼，玉堂見慣可尋常。作歌未必腸能斷，明日聽歌更斷腸。」先兄惟和曾題秦弱蘭一首，足爲陶學士解嘲：「莫笑郵亭一夜春，此身元已落風塵。韓家亦有如花女，枕畔衣裳着向人。」

王止仲

吴郡王止仲，名行，國初布衣也，王文恪筆記稱其才敏，嘗識姚廣孝于未遇。余嘗得楊文敏公遺書，中有王行半軒文集十二卷，寫本也。其詩不甚多，如：「高館疏簾晚乍開，讀書聲裏故人來。山中本自無塵土，催得家僮掃緑苔。」清逸可誦。文敏去止仲甚邇，即爲之抄録，想當時無刻板耳。今又二百餘年，恐吴人亦未必有也。震澤長語載其初傭于金閶徐姓，竊書讀之，後爲南京武臣教授。上召見武臣，怪其識見，特進以實告。召見，語不合，賜死。

藍明之静之

武夷藍明之，名智，永樂中辟爲廣西僉憲，與兄布衣静之齊名。詩詞俊逸，雅有唐風。嘗見其書銅雀臺瓦詩于建陽友人處，可泣鬼神，詩云：「曹瞞驕志吞劉社，銅雀臺高瞰中夏。徒知扼腕有臥龍，豈料垂涎已司馬。萬里河山尚出師，九原魂魄歸何時。清秋風雨滿陵樹，落日笙歌空繐帷。翠娥紅袖恩情絶，廢冢荒臺狐兎穴。空餘片瓦落人間，千載奸雄磨未滅。」藍静之紙帳詩云：「數幅秋藤拂地齊，匡牀閒對竹爐低。山中一枕梅花月，不識雞聲送馬蹄。」

瓊姬墓

吴中有夫差女瓊姬墓，高季迪詩云：「夢别芙蓉殿頭，墮釵零落誰收？土昏青鏡忘曉，月冷珠襦恨秋。麋鹿昔來廢苑，牛羊今上荒丘。香魂若怨亡國，莫與西施共遊。」六言最難佳，此篇警策雋永，求之古今，不多見也。

聽潮軒

國朝張寧題聽潮軒詩有云：「天涯共道初來懼，夢裏空驚夜語時。」用唐人詩句新巧。

黄旂山黄增　莊擊壤附

黄旂山，諱澤，字敷仲，閩之侯官人也。永樂辛卯，以詩魁省闈，壬辰成進士，超拜河南參政，繼復參湖廣，擢浙江左轄，以憂去，再奪情於浙。前後在浙十餘年，奏罷無徵米百三十八萬石，七冶課銀九萬兩，劾罷貪守令五十七人。竟爲其黨所中，逐之去，時正統六年也。亡何，土木變起，大盜充斥，而公先憂之計驗。歸田後，一意著述，時與文人韻士頡頏唱酬。其詩間雜俚語，雖未脱宋、元習氣，然清揚瀟散，婉而多風，不作窮愁拂鬱語。今録其五言古：「幽居發長嘆，嘆彼東鄰姬。芳年得佳壻，跬步無睽離。光陰逐逝水，雲鬢今成絲。良人没沙漠，訃聞如不知。開窗拂鸞鏡，染黛抽雙眉。自矜新寵盛，却笑傍人癡。古來漆室女，何事傾國葵。」「我廬旂山陽，我墓旂山麓。薄田百畝餘，亦足供饘粥。有廬可庇棲，有墓足埋玉。人生百年身，譬彼高堂燭。聖人恆戒盈，達士貴知勖。嗟嗟旂山翁，永言保清福。」

五言律：「雨歇夕陽斜，孤舟挂落霞。城頭聞戍角，海口見人家。哀鬢驚秋葉，歸心逐暮鴉。今宵何處泊，棹月入蘆花。」直沽晚渡「臨安多沃土，宜麥復宜蠶。塔影錢王墓，鐘聲淨土菴。吴衣輕白苧，越果重黄柑。父老何爲者，官亭候使驂。」臨安即景「扁舟上石灘，沙淺水痕乾。白首忘機久，清時謝病難。篷窗孤月暝，鄉夢五更殘。明發常山道，霜風拂面寒。」塔溪夜泊「臺閣雲霄上，蒼蒼日鑒臨。莫張虞氏網，須辨漢郎金。臣道如絃直，君恩若海深。南歸返初服，永遂老農心。」出獄「風塵遊歷久，天與老來閑。去國長憂國，還山少出山。人煙秋水外，釣艇夕陽間。不是無交接，雲深户自關。」歸自紹興

七言律：「鰲峰雪霽喜春和，仙佩翩翩候晚過。玉宇無雲留璧月，星橋有路上銀河。九

重闉闔喧簫鼓，十二街衢度綺羅。深荷幸生堯舜世，年年侍宴沐恩波。」戊戌元夕「江水微茫漾綠波，花前勸酒唱離歌。郎心似水東流急，妾貌如花奈別何。孤棹斜陽郎去遠，重門細雨妾愁多。封侯早佩黃金印，百歲光陰一織梭。」惜別「帝城漏盡禁鐘清，玉珮瑲瑲進列卿。風捲龍旂開鹵簿，雲隨鳳輦出蓬瀛。班分銀燭移花影，樂奏仙韶繞仗聲。侍宴丹霄歸獨後，垂鞭紫陌馬蹄輕。」早朝「無諸城外雨初收，江柳依依暫繫舟。上國風雲憐遠別，故山花木憶同遊。簾垂畫省晨開閣，門掩孤村夕倚樓。返棹重來尋舊好，一樽相候碧溪頭。」別友「天風吹袂上層臺，雲外湖山次第開。帆影暝隨孤鳥沒，秋聲遥帶暮潮來。翫花池涸餘衰柳，響屧廊空半綠苔。寂寞不須傷往事，登臨且醉菊花杯。」九日登靈巖山「水落蘇堤見斷橋，棲霞嶺下駐蘭橈。東西兩樹悲風起，南北諸陵王氣消。遺廟殘碑春寂寂，臥麟芳草雨瀟瀟。古今多少登臨恨，半付江雲半海潮。」岳王廟「龍躍雲飛幸有期，託交況在布衣時。九重詔向桐江起，五夜星從御榻移。碧海天空鴻去遠，彤庭春晚鳳歸遲。如今寂寞荒臺上，烟雨冥濛濕釣絲。」嚴先生祠「遠山迢遞上青霄，回首吳城路轉遥。十載功名勞夢寐，半生蹤跡愧漁樵。蒼苔古道連危棧，曲澗流澌擁斷橋。明出梨關歸興動，隔溪喜見木蘭橈。」自浙回閩「客懷寥落歎離居，況復他鄉遇歲除。積水連天帆影沒，平蕪飛雪雁行疏。何須凍筆題愁劄，未必浮雲蔽太虛。霄漢春來多雨露，九重應見鳳銜書。」淮陽除夕「柴門雨過稻花香，獨步松陰趁晚涼。上疏謫來憐賈誼，辭封歸去想張良。山中有豹藏深霧，渭曲何人釣夕陽。昏黑莫行林外路，淋灕草露濕衣裳。」雨後晚步「岃崱峰高紫翠深，閑隨飛錫到雲林。橋邊草露霑行屐，磵外松風度梵音。霄漢昔勞青嶂夢，烟霞今遂白頭心。忘形共了三生約，蓮社相過日抱琴。」遊鼓山寺「落職南歸逸興多，倚雲閑唱伐檀歌。新開池館移松菊，舊隱巖扉剪薜蘿。細雨半坡黃犢草，清風一棹白鷗波。林泉隔斷紅塵夢，不識春城有綺羅。」山莊卽事「誰搗霜藤換絳紗，更將凍墨洒寒花。剡溪人去芳魂斷，庾嶺春歸別夢賒。欹枕醉疑雲蕩漾，擁衾吟愛日橫斜。清風不逐豪華盡，流落山林處士家。」梅花紙帳「一氣初分水最先，龍湫源出此山巔。塘開太液池邊石，波漾滄溟鏡底天。濕漲溶溶紅杏雨，晴生淡淡綠蕪烟。品題今入歐蘇筆，長得清名在簡編。」石塘春波「禹會諸侯在會稽，何緣鄰境得玄圭。松烟浥露薰龍腦，花氣凝香入麝臍。半笏穹隆從地起，一峰突兀與天齊。群英接武青雲上，俯視衡嵩培塿低。」雙墨鍾英「衰軀漸覺病來侵，炎溽蒸人更不禁。解渴每思冰在澗，閉門還怯暑消金。涼飄落葉疑秋早，月滿虛堂喜夜深。四海蒼生共憔悴，濟時誰解作甘霖。」病中苦熱「石仙潭下買荒原，綠麓周圍十畝園。竹塢疏籬新院落，桃花流水舊溪源。青山對酒晴移席，綠樹垂陰晝掩門。浮世纖塵飛不到，此中此意自忘言。」山居「十二天閑閬苑西，奚官調護異狻猊。冰刀不剪青絲尾，月斧曾修碧玉蹄。陪直每知依仗立，向人多是隔花嘶。幾回賜浴龍池上，一道芳塵過御堤。」三鬟圖「疊障迢遥擁畫屏，凌雲寶刹耀丹青。長廊人設松花供，丈室僧翻貝葉經。夜永禪燈光耿耿，春深祇樹影亭亭〔二〕。隨緣且了三生約，不管流年兩鬢星。」瞿雲古刹「新種南園玉一叢，半含粉籜半摇風。數聲戛戛龍吟水，片影翩翩鳳下空。獨伴蒼松霜後緑，肯依繁杏日邊紅。白頭野老歌淇澳，清節相期保始終。」顧侍御園翠竹摇風

七言絶：「門巷蕭條白髮新，古來憂道不憂貧。一樽獨向東籬坐，却愛黄花似故人。」初冬病起

七言歌行題諸葛武侯像：「炎精沈，赤龍死，五陵松柏號秋雨。鑾輿幸許謀已成，天下紛紛各爲主。先生自是人中豪，頡頏管樂輕孫曹。雲窩久蟄一朝起，三軍奔走隨旌旄。間關隴蜀忘勞瘁，欲掃妖氛剪吴魏。五丈陰霾暗將星，江流不盡當年淚。凜凜英魂今有無，錦城冷落故宫蕪。汗青千載芳名在，塵世空驚八陣圖。」題息上人聽松樓：「南溟息上人，深居絶塵想。鋤雲種青松，松隨白雲長。禪心何悠悠，開樓坐閑敞。微風天上來，木末動清響。初疑琴聲絃上起，非角非商亦非徵。又疑山陽鐵笛聲嗚嗚，雙蛟夜泣寒潭水。清如玄都仙人騎鸞上玉京，疾如長江風帆日走三千里。疾而徐，廣庭涼夜吹笙竽。

芭蕉卷綠雨聲碎，池荷瀉露驚遊魚。疏而數，九臯月泠聞孤鶴。蕭蕭黄葉堦下飛，簌簌風泉澗邊落。陰晴風雨聲隨變，老衲聽之渾不厭。俗耳昏聾豈解聞，塵眸茫昧何由見。騑騑四牡黄華使，公餘偶向名山去。松下逢人問所之，相邀直到雲深處。琳宫寶刹何崔嵬，高樓百仞雲中開。徂徠秀色滿窗户，虬枝夏戛鳴春雷。須臾坐定風轉息，萬籟無聲山寂寂。上人索我聽松詩，醉墨淋灕掃樓壁。詩成相對已忘言，松月娟娟松露滴。」上征夷王將軍：「金門朝啓初日紅，珊珊環珮摇春風。宰臣稽首上邊報，綸音涣發徵才雄。賢侯自是三槐裔，文武全才冠當世。品士論兵邁古風，搴旗斬將多奇計。清晨受脤辭帝京，百官出餞金陵城。龍旗高拂野天門迥，鼉鼓長擊江湖平。樓船六月來南楚，雞犬不驚民晏堵。虬髯劍士氣成虹，碧眼材官力如虎。交城到日瘴烟收，馬箠投江江不流。伐謀悉聽將軍令，敵愾深紓聖主憂。甸宣有道風行草，殲厥渠魁慎天討。散財發粟拔沈微，耄倪共慶來蘇早。九重注意在遺黎，露布應將大筆題。請看漢代麒麟閣，爲問元勳孰與齊。」題余將軍借翠軒：「括蒼之山凌紫烟，石門丹洞遥相連。飛湍千尺瀉寒玉，晴峰萬葉開青蓮。何人甲第山之麓，鳳舞龍飛長在目。暮靄朝雲繞座浮，高梧疏竹依窗綠。公餘對此塵慮消，輕裘緩帶風飄飄。芸香積案書千卷，花影當簾酒一瓢。君不見謝安石，瀟灑東山恣登歷。又不見康樂侯，政成好入山中遊。將軍愛山不出户，借此翠色供吟眸。笑余亦有林泉癖，海内名山遍行跡。明當振珮上蓬萊，浩蕩天風送鳧舄。括山青，遥相憶。」題前嶼莊：「我志在遺安，卜築得前嶼。門巷隔塵囂，静中有真趣。别築亭臺大宅西，閑時登眺拂烟霓。臺江遠樹雲邊斷，岃崱晴峰鳥外低。鳳岡春雨莓苔緑，旂壠秋雲長在目。南風小圃荔枝紅，香露平疇晚禾熟。沙浦寒流漾碧潮，樟林斜日度歸樵。漁樵不作簪纓夢，蹤跡何由到市朝。石林昏，青障曉，鶴在雲松魚在沼。白髮柴門長子孫，江湖故舊歸來少。喬木蒼蒼舊縉紳，諸郎守道莫憂貧。牀頭萬卷遺書在，期爾清修繼古人。」沙蟹歌：「沙上蟹，何横行，爪甲纖利雙睛明。江湖取食日已飽，香膏凝雪光熒熒。自矜老大無驚駭，豈料秋容暗中改。易牙調味喜清新，玉甕橙齏竟成醢。巍巍廊廟姿，竊權蔽光彩。君不見，沙上蟹。」題梅花：「君不見河陽地煖桃花紅，繁英着雨餘空叢。又不見湘江蘋蓼含秋色，一夕微霜竟蕭瑟。浮艷紛紛不耐看，曾似孤芳雪中白。石根鐵幹冰玉胎，皴皮半裂封莓苔。暗香浮動風前度，疏影横斜月下來。列仙雜還朝丹闕，羽蓋霓旌起超忽。醉乘鶴馭下瑶臺，無數遺珠落香雪。山澤癯，宫苑腴，照水懸巖體總殊。楊王筆意久寂寞，當途太守今有無。羨君家住西湖曲，萬頃湖光映書屋。氣接孤山一脉春，眼空浮世千鍾粟。豈料功名自有期，十年薇省鬢成絲。老天堅爾青青實，金鼎和羹想未遲。」白鶴歌：「松頭鶴，高且清，縞衣玄裳朱頂明。林空月冷萬籟息，仰天引頸而長鳴。長鳴飛入青雲表，俯視鵾鵬一毫渺。鸞臺鳳閣春沈沈，不重仙禽重凡鳥。瑶池有水亦有芝，不飲不啄心如癡。飄然直返故巢去，白雲却訝歸來遲。新巢漸多松轉密，此鳴彼和甘岑寂。諸雛長大毛骨奇，儀表天朝還有日。」漁父詞：「漁翁家住青溪上，生來不帶封侯相。早年結得白鷗盟，梗跡萍踪甘蕩漾。桃花源頭春水生，執篙童子船邊撑。綸竿在手隨所適，眼中萬事鴻毛輕。江村昃日人爲市，聒耳煩囂算微利。蒲帆半幅西復東，似厭炎塵上衣袂。新蓴長葉鱸漸肥，瓦缸酒熟銜杯時。推篷見月如有待，傍舟何事歸來遲。同雲作霰風飄忽，披簑獨釣寒江雪。直鈎無餌那得魚，坐對空山笑衰拙。滄浪濁，滄浪清，濁斯濯足清濯纓。桐江一絲扶九鼎，至今清史流芳聲。」題歲寒三友：「君不見，花與柳，嫩緑嬌紅隨處有。無情惟解賞芳菲，誰信芳菲易衰朽。又不見，松竹梅，玉幹瓊枝産深谷。幽人擬結歲寒盟，移種庭前蔭書屋。嚴冬草木皆零落，三樹蒼蒼宛如昨。我心相配金石堅，甘抱長材老丘壑。九重恩下征賢詔，萬里青雲豁長嘯。濟時事業須早爲，廟廊未可輕年少。」

鄧公以直道被讒，一去不復，廢居三十年，不忘憂國，其清風勁節，所謂薑桂老猶辣者。鄧汝高閩中正聲、徐惟和晉安風雅概未之及，豈遺集久湮，不獲寓目耶？余特爲表出，以志高山之仰云。

又國初有莊希俊者，亦閩人，生元季，不仕。聖朝龍興〔二〕，辟倅臨洮，擢濟南太守。有擊壤集一卷，其咏牡丹云：「亭臺幽處鎖芳菲，一捻春姿百寶圍。色借丹砂連曉瑩，肌生紅玉藹晴暉。風飄香入玻璃酒，露潤光添錦繡幃。每滯遊人歸興晚，接䍦倒着步蟾輝。」「繞屋清陰玉樹連，春深花笑雨餘天。紅潮醉臉施輕粉，綠慘愁蛾掃翠烟。合榭天香風細細，半窗鸞影月娟娟。清平一曲稀人和，且向罇前問絳仙。」「獨掃蒼苔坐錦叢，金尊綠酒蘸輕紅。鶴翎濕露梳晴日，蝶翅黏香趁曉風。粉黛藏羞綃帳裏，丹青難寫素屏中。醉來捲幔窺明鏡，似約仙娥在月宮。」「半酣卯酒醉斜曛，綽約宫妝自不群。膏雨弄晴新賜浴，薰風煦暖暗飄芬。錦襠珠佩垂腰衱，玉葉瓊枝壓鬢雲。麗質厭隨桃李列，殿春獨舞絳羅裙。」咏紅梅云：「綺雲散彩篆烟斜，萬象光中雨寶花。碧玉明珠天女珮，青樓朱箔美人家。蘭堂夜暖流蘇帳，蓬府春生伏火砂。回首桃溪顔色早，已隨流水泛殘霞。」「夜來微雨浥芳叢，洗淨鉛華笑靨紅。飛觀簾開迎海日，廣庭鸞舞落天風。霓裳光動歌聲裏，繡被香温醉夢中。坐久忽驚清露冷，恍疑身在蕊珠宮。」「膏雨收晴布暖曛，芳姿步出萬花群。鳳冠高簇開新艷，雞舌初含吐異芬。羅襪輕塵凌洛浦，歌臺緩響遏卿雲。可憐飛燕嬌無力，莫遣東風蕩繡裙。」又灞橋風雪一絶：「六花飛壓帽簷低，十里西風楊柳堤。詩興不知何處去，蹇驢空過灞橋西。」又題漁樵問答云：「漁翁繫船清溪濱，樵夫息肩臨水瀕。欣然抵掌坐盤石，苦樂何妨同討論。漁翁問樵長所苦，朝去暮來冒風雨。層巒絶壁難躋攀，幽徑荒林足豺虎。何如一葉隨中流，風清月白涼颼颼。瓦甌篷底動春酌，去去來來長自由。樵夫答云誰所愠，雨笠烟蓑足風韻。曉來腰斧入寒林，晚去舒遲忘遠近。行行且誦復歌歌，暮去朝來樂更多。擔柴入市換春酒，醉來和月眠春坡。樵夫復問漁翁苦，窄窄孤篷無定宇。風波旦夕相喧豗，短棹長篙那得主。何如林下長嬉遊，或薪或樕忘春秋。時來卽作會稽守，命薄從教空白頭。漁翁答言余所樂，蓼岸蘋洲隨意泊。女兒江口日初長，新婦磯頭潮未落。齁齁一枕篷底眠，醒來猶在蘆花邊。人間若訪玄真子，何異隨流覓水仙。兩言問答皆云爾，苦樂平分忘彼此。相攜一笑暮雲横，坎遇流行隨所止。」詩皆清麗，直攄胸臆，亦足傳也。

校勘記

〔一〕「衹」，原作「紙」，據崇禎刊本、江户初抄本改。

〔二〕「朝」，崇禎刊本、江户初抄本作「祖」。

贈道士詩

宣德間，吉水羅明贈道士云：「金碧樓臺倚半空，松花不掃白雲封。紫綃製氅烟霞色，班竹裁冠玳瑁容。龍角捲來天上雨，鶴翎梳破樹頭風。世人若問長生訣，洞裏桃花幾遍紅。」新巧可咏。

樵林居士

天順中，淮南蔣主孝，恭靖公子也，自號樵林居士，諸家選詩皆不及焉。有五王擊毬圖云：「毬門高結春如海，紫袖垂垂剪雙彩。薛王力倦宋王來，興慶宮前花正開。侍兒弄笛申王醉，更有岐王擁花睡。春風不動草如鋪，兄弟相隨入畫圖。黄門擁入五花帳，官奴謾鼓花奴唱。博山火爇水沈香，富貴從來自天降。遲遲春日下龍樓，花蕚連輝雨氣浮。大被漸寒歌管歇，三郎别領阿環遊。」較元張思廉亦伯仲間也。

威寧伯

國朝威寧伯王襄敏公，以文臣而三佩將印，特敕獎諭二十餘次，殁後諭祭九壇。歷任四十餘年，身臨戰陣一百九十四次，生擒達賊二百九十名，斬首三千三百顆，奪獲戰馬駱駝牛羊以數十萬計，子孫世世承襲，給以鐵券。書生之寵遇，未有若此之極者也。然公詩氣魄雄壯，不事磨鍊，自見遠大，如「斬蛇赤帝留神劍，墮淚銅仙泣露盤」「風向眼中吹出淚，霜於鬢上凍成冰」「三緘已錮金人口，百鍊難消鐵漢心」「六國竟銷蘇子印，萬金空鑄鄧通錢」「仕宦得閒方是貴，世途雖好不如歸」「安夢幾時曾得鹿，多歧何處不亡羊」。公馳驅戎馬之間，而賦詠不輟，未可與操觚翰苑者並論也。然阿附權閹，不無微玷云。

八歲詩

弘治間，金陵謝子象，有詩名。八歲時，客命賦暮秋詩，謝曰：「紫塞風寒雁叫霜，秋花薰夢一樓香。」客驚爲奇童。後從吳郎中元玉學詩，有「深林下馬蒼苔滑，野寺入門秋爽多」之句，一時傳誦。謝贈刑部主事，子應午，官河南參議，刻其全集，佳句甚多，不特此也。

魏竹溪黃增

余閲燈市，有魏竹溪詩，多雋永可味，佚其半，得之郭聖僕，合璧焉。初不知竹溪何人也，載讀其序言，則家學憲未軒先生筆，乃知竹溪名時敏，少游鄉校，以才辟爲邑從事。治文書之暇，不輟翰墨，或揮毫作山水，而尤篤于詩。謁選銓曹，冢宰尹公試以詩，有「簡拔自慙非漢吏，威儀今喜識周官」之句，深加器賞。超除無錫丞，復除桃源丞，所至皆有題咏。致政里居，薦紳學士多與酬唱，年八十餘，未嘗一日廢吟事也。其五言若寄吴太守「孤燈殘夜夢，千里故人心」，送林郎中致仕「烟雲新世態，花竹舊郊居」，其七言若懷江湖故人「千里宦情星拱北，百年人事水流東」，秋日病起「黄花籬落家家酒，白雁江天處處砧」，寄余汝盛「間吟有客知何遜，獨酌無人識馬周」，尤爲學憲擊節。余所賞者，五絶：「亭小貯琴聲，池清蘸花影。曉日上窗紗，幽人夢初醒。」休息軒「露濕一庭苔，鴉啼長門樹。寂寞對孤螢，飛入昭陽去。」長門怨六絶：「雪裏青山茅屋，雨中芳草溪橋。野艇空横古渡，滄江自落寒潮。」「野水渾通籬落，川源緑繞桑麻。雲裏數聲鷄犬，山深更有人家。」「流水半沈石脚，浮嵐横抹山腰。閑却小亭孤棹，幽人遠上雲霄。」俱題畫「歲晚行尋溪上，春風遥憶隴頭。何處一聲長笛，月明醉倚南樓。」咏梅七絶：「郎去西湖莫賦詩，詩情到處誤歸期。妾心一似湖中藕，不斷長絲與短絲。」竹枝詞「短籬疏雨正離披，淡白深紅朶朶宜。自計老年才思減，重陽過後不題詩。」賞菊「郎駕扁舟泛五湖，不知湖水幾時枯。願郎早過黃陵廟，苦竹叢邊聽鷓鴣。」「去日栽松一尺强，如今已見倚雲長。不知萬里關山夜，清夢曾無到故鄉。」「別後衡門鎮不開，年年春雨長莓苔。東風似欲添離恨，故引雙飛燕子來。」閨思「聞説沙場雪未乾，移師又欲破樓蘭。憑誰爲借東風力，吹轉三邊地不寒。」征歸怨「社鼓聲喧送酒杯，春風落盡一庭梅。不知白首狂吟客，醉飲屠蘇更幾回。」殘年「煬帝宮前春已深，含烟帶雨自陰陰。柳條縱有三千丈，難繫離人一寸心。」「嫩葉柔條拂短簷，驚啼燕語曉風恬。傷春無計留春住，怕見飛花不捲簾。」折楊柳五律秋夜懷楊大使：「孤館涼風發，長天白雁過。旅懷秋易斷，鄉思夜偏多。野曠雲連樹，江寒月浸波。不知楊子宅，秋興近如何。」和除夜：「梅花送殘臘，草色報新年。客夢雞聲裏，鄉心雁影邊。髮隨時事改，酒爲故人延。却憶滄江上，蘆花隱釣船。」和王文偉：「最喜投閒日，尊鱸正及秋。鐘聲林下寺，燈影水邊樓。老去仍青眼，吟多易白頭。還思爲客處，梧雨滴鄉愁。」除夕宿大雲院：「巖風吹野樹，溪雨浸山田。自汲烹茶水，誰供買酒錢。苦吟方得句，多病只貪眠。不管人間事，清閑過歲年。」寄姑蘇劉欽謨：「清貧終不厭，未老亦宜休。楊柳閶門曉，蒹葭笠澤秋。園蔬乘雨

種，林果帶霜收。感慨應懷古，題詩上虎丘。」寄周鶴洲太守：「風雨越江邊，郵亭對夜
眠。鄉心孤島迥，客思一燈懸。論舊懷他日，談詩記往年。離魂將別夢，幾度到臨川。」
「尋幽臨絶壑，春望倚晴闌。舉世情皆薄，謀生道更難。雲邊雙闕迥，林下一官寒。自笑
卑棲意，塵冠未敢彈。」七律寄余汝盛：「久旱村園豆麥焦，鑿池引水灌田苗。籬疏野竹
横窗户，潮滿春帆礙浦橋。酌酒不愁無苜蓿，揮毫深喜有芭蕉。人生適意應如此，莫怪
淵明懶折腰。」琴川道中：「斷雁聲寒隴日昏，畫船撾鼓入孤村。燈前感舊無書劄，枕上
思親有夢魂。短髮尚紆新宦牒，好懷都負舊琴樽。題詩却憶山莊下，風雨瀟瀟晝掩門。」
去婦辭：「鴛帳留春上錦文，高堂賓客賀新婚。穠華似玉生蘭砌，衰落如花棄草根。薄
命謾垂今日淚，愁顔猶憶舊時恩。班姬紈扇秋風早，滿院蒼苔獨閉門。」夏日寄高尊卿
州守：「林屋虚寒半掩扉，野情偏稱緑荷衣。柳風乍起燕雛軟，梅雨初晴荔子肥。歲月
無情催客老，溪山有意待君歸。浮沈世事何須問，好整絲綸坐釣磯。」效李商隱詠淚：
「香閨頻蹙遠山眉，不似昭君出嫁時。有恨染斑湘浦竹，多情讀罷峴山碑。殘春故國難
爲別，撫景新亭空對垂。蓋世英雄亦如此，楚歌聲斷益堪悲。」「橋成織女斂雙眉，雨灑
人間七夕時。書寄邊鴻持舊節，劍留孤冢對殘碑。鮫人雙袖因珠濕，和氏千行有玉垂。
笑殺步兵狂太甚，窮途回首不勝悲。」寄黄文大化州：「使節遥臨嶺海西，桄榔椰葉暗春

溪。連村禾黍沈雲綠，繞郭桑麻似掌齊。夜月滿城無吠犬，晨烟隨處有鳴雞。太平氣象多吟咏，喜雨亭前取次題。」懶菴：「萬事無心酒一瓢，庭前積雪待春消。嵇康箕踞真成癖，陶令歸來懶折腰。看竹熟知傍舍近，尋詩生怕出城遥。紛紛裘馬紅塵裏，忙聽鐘聲趁早朝。」題淵明歸五柳圖：「栗里柴桑秋正深，歸舟尤喜遂初心。閑情都付籬邊菊，佳趣惟留壁上琴。紅葉客來長不掃，白衣人去自成吟。一從蓮社攢眉後，直向山中醉到今。」殘年書事：「塞雁驚寒下浦沙，故人千里未還家。暮年詩酒醫愁藥，浮世功名過眼花。白屋謾栽高士柳，青門懶種故侯瓜。日長社散歸來晚，倚杖行吟送落霞。」「林泉深處臥烟霞，流水寒雲八九家。江客帆檣懸網罟，野人籬落帶桑麻。案頭墨蹟兒臨帖，燈下車聲婦絡紗。待到春風二三月，石爐敲火試新茶。」

他警句甚多，不能殫述，再抽一二以示同好。如「殘曆愁中盡，流年夢裏過」「客思秋聞雁，鄉心夜聽潮」「林深芳樹合，磵轉夜泉分」「流泉分古磵，荒蘚上殘碑」「門掩花空落，人閒鳥不知」「石壁苔侵字，松杉鳥護林」「山花彈綠鬢，月鏡暈青天」「有田皆種秫，無竹不當樓」「身病仍躭酒，家貧易廢詩」「梅開人別久，書寄雁來遲」「江沙粘野艇，樓月照秋琴」「交情貧後見，鄉夢客邊多」「天空孤鳥没，江闊遠帆來」「野色低青嶂，亭陰壓翠苔」「世途輕白髮，交態重黄金」「帶雨隨孤艇，穿林翳晚鐘」「川雲沈野色，溪雨亂泉聲」「書帶從爲草，荷衣不受塵」「曉日黃泥坂，春風綠草坡」畫牛「俗塵隨事減，詩債少時無」「徑竹籠烟翠，池荷戰雨喧」「野水帆歸浦，秋山燒隔林」「小杓連雲汲，方餅帶月盛」蟹井「旗翻曉帳雲連塞，角奏寒譙月滿樓」送都使「雨餘一水當溪落，嵐淨千峰入户低」松門書院「催我年光惟曉屋，擾人離思是秋砧」「雙杵搗殘千里夢，一尊傾盡百年心」秋日偶成「雉扇影分雙闕下，羊車聲度百花中」「啼鳥無情過別苑，飛花有意到深宮」無題「林隱曉嵐山半出，湖添秋雨水平鋪」西湖「茶竈曉烟籠野色，硯池秋雨洗溪聲」南寺「白酒熟時留客醉，黃花開晚待詩催」「世事無憑蕉覆鹿，禪心已作絮沾泥」送僧「數點遥峰天地外，一聲長笛海山秋」幽居「一樽酒盡空明月，千里書來見故人」寫懷「南畝躬耕非管樂，北窗高臥卽羲皇」冬蒼草堂「江上有詩楓落早，籬東無酒菊開遲」寄黃儼仁「南畝雨添耕後草，西齋塵掩讀殘書」「看竹有詩留野寺，尋梅無路到溪橋」輓林從韶「庭梅破雪回殘夢，林鳥啼春怨落暉」「酒杯此別憑誰共，吟社它生得再回」輓吳拙戒方伯皆婉轉切情、新越可喜。其爲名卿虛左引之入林，不虛也。

近有吴韋卿者，以老抱關學杜詩，積草幾千餘首。而於潛尉林登程，休官後亦稱詩，其咏餅菊云：「霜枝分折後，猶貯半餅秋。色自籬間出，香從几上流。」差堪娱衆目，寧許插盈頭。一勺涵餘潤，能存數日幽。」梅都尉園看竹云：「人去秦臺竹尚青，四時疑有彩雲停。霜中節凜孤臣操，地下根分貴主靈。三徑陰森連舊闕，半溪烟雨暗荒亭。孫枝爲染虹橋血，化碧竿頭似有腥。」二詩爲余鑒賞，即未可堪雁行竹溪，亦見莆功曹中之不乏人耳。

彭閣老

彭文憲閣老時詠陶潛云：「解印歸來雪鬢飄，呼兒滴露寫前朝。丁寧莫汲江頭水，恐是金陵昨夜潮。」又詠昭君詩云：「抱得琵琶馬上彈，朔風獵獵雪漫漫。草中白骨如山積，莫怪將軍出塞難。」雋永有味。堯山堂外紀作彭華詩，查文思集無此詩，則出文憲明矣。黄參

石田題畫

沈啓南畫入神品，而詩亦清真可詠。予嘗得其題畫數首，不必觀丹青水墨，而詩亦可當生綃粉本也。「獨樹高樓日欲西，竹梢晴霧四簷低。流雲過去青山在，恰好捲簾幽鳥啼。」「山隱幽居雲木深，鳥啼花落晝沈沈。行人杖屨多迷路，不是書聲無處尋。」「愛

是垂楊嫩緑齊，放舟晴日弄春溪。滄浪自唱無人和，飛過水禽能一啼。」「雨跡未乾花亂飄，一溪新水欲平橋。有人問我門前路，不覺斜陽在樹腰。」「住處真成與世迷，一重雲水一重溪。會琴會茗還容客，接木通橋野水西。」「碧水丹山映杖藜，夕陽猶在小橋西。微吟不道驚溪鳥，飛入亂雲深處啼。」「臨水人家竹樹中，只因孤嶼水船通。當門細荇牽微浪，繞屋藤花落軟風。」「水次人家似瀼西，參差竹樹路俱迷。溪翁兀坐不出户，日午飯香雞正啼。」「客來客去吾何較，山静山深事亦無。一卷黄庭看未了，紫藤花落鳥相呼。」「山雨欲來雲滿屋，溪風未起水生波。石苔坐久人垂釣，猶有微陽挂女蘿。」「山逕蕭蕭落木疏，小橋流水限林廬。秋風黄葉少人迹，雞犬不聞惟讀書。」「獨坐樹根無一事，清風滿袖作微吟。夕陽好在秋林外，日閣遠山還未沈。」右詩皆石田集所不載，皆于畫幅見之，録之以當臥遊耳。

胡笳圖

沈啓南題胡笳十八拍云：「蘆葉傳聲拍拍嗚，畫圖傳得態如生。琰從三姓邕從卓，自是人間父子情。」猛于斧鉞之誅者矣。

唐伯虎

唐伯虎疏狂玩世，嵇阮之流也。詩雖不甚雅馴，而一段天然之趣，自不可及。如「去日苦多休檢曆，知音諒少莫修琴」「生涯畫筆兼詩筆，踪跡花船與酒船」「秋榜才名標第一，春風絃管醉千場」「苦拈險韻邀僧和，煖簇薰籠與妓烘」，皆自寫胸次，非若組織套語者也。近雲間彙刻伯虎集，中誤入宋張文潛七夕歌，宜删去之。

唐寅題畫

偶見唐子畏山水一幅，題詩云：「春風修禊憶江南，酒榼茶爐共一擔。尋向人家好花處，不通名姓卽停驂。」極有風致，唐集不載。

伍晏

清流伍晏，弘治中貢爲廣文，能詩。如「草根蛙鼓吹，花底鳥笙歌」「閒堦秋掃葉，荒徑晚挑蔬」「隔寺聞僧磬，微燈認釣舟」，又漁滄廟云：「漁滄之下潭水流，漁滄之上雲悠悠。行雲流水自今古，荒城故壘行人愁。」「龍爲蛇兮鼠爲虎，腥毛臭骨皆塵土。遊魂寂魄無所歸，時傍寒蛩泣秋雨。」俱清雋可喜。

寶鏡詩

楊用修寶鏡篇云：「繡户無波菱自動，紗窗不夜月恆光。」足稱工巧。

王子淵祠詩

楊用修題王子淵祠一絶云：「曄曄靈芝發秀翹，子淵摛藻擅天朝。漢王不賞賢臣頌〔一〕，只教宫人詠洞簫。」詩意與田況琴臺相類。

校勘記

〔一〕「王」，崇禎刊本、江户初抄本、四庫全書本作「皇」。

陸子絲詩〔一〕

姑蘇陸文組子夜歌云〔二〕：「染蘗作儂衾，持冰置儂枕。城烏夜夜啼，寒苦不成寢。」美人寄書云：「秋夢無憑客路遥，尺書封寄恨迢迢。吴綾不及桃花紙，顔色都從別後消。」皆有麗情。

校勘記

〔一〕「詩」，原脱，據四庫全書本補。

〔二〕「子」，原脱，據四庫全書本補。

南屏詩

四明豐道生雪夜過西湖南屏山詩：「千巖萬壑玉層層，夜半山腰見佛燈。竹影掃窗塵不到，滿牀風雪定中僧。」清逸逼人。

陳高吾桃源詩

武陵陳高吾少司馬題桃源云：「輪蹄影絡東西路，雞犬聲聞遠近村。」又云：「有無仙跡在何處，今古人家住此山。」亦佳句也。

陳德音

吾鄉嘉靖中有陳籥，字德音，隱士也。詩法唐人，人無知者。近其孫鴻出遺稿一帙，佳句層出，如「山深僧餉早，天遠鶴歸慵」「日影沈秋磬，松聲響暮山」「歸心秋轉切，遠夢老難成」「窗寒葉落後，竹響雨來時」「久客依人懶，虛名到老休」「行裝衝片雨，歸夢落千山」「棲鴉驚夜火，歸雁過更樓」，殊有幽人之致。

周所諧

周所諧，名如塤，莆處士也。足跡不出户庭，苦吟弗輟，未嘗妄與顯者遊，里中鄉紳學士罕識其面，故其爲詩綽有林壑之致。自作田家吟云：「不識市朝車馬喧，殘蓑弱笠老田園。柴門去郭無多路，野竹臨流自一村。春雨桑麻終歲足，清時雞犬數家存。兒孫牧畜南山下，爲道須防猛虎繁。」可以見其逸韻矣。他如「風生極浦潮常白，霜冷空林草變衰」「萬里寒山橫積雪，半汀衰草隱斜陽」「百花潭上漁竿在，五柳門前鶴徑荒」「因嫌城市非吾土，却傍漁家作比鄰」「牆壓花枝妨客過，泥深苔徑喚人扶」等句，全無烟火食氣。

西湖聞笛

嘉靖中，餘杭詩人徐後西湖聞笛云：「月白霜寒客夢醒，笛聲迴出柳洲亭。莫教吹過孤山去，風裏梅花不耐聽。」一時傳之。

楊椒山臨刑詩

楊椒山臨刑賦詩云：「浩氣還太虛，丹心照千古。平生未報恩，留作忠魂補。」千載之下，猶有生氣。

鄭養晦黃增

鄭昭封公，字養晦，閩之惠安人，系出莆朱氏，襲母姓。以子苑馬卿一龍，封主事，贈中憲大夫。所著小園抱甕録有蠹木賦，何穉孝司空刻之文徵矣。余録其桃源行云：「當年父老苦秦苛，扶攜去種武陵桃。種桃父老死已久，只有兒孫食土毛。後來漁者因迷路，忽入桃源驚指顧。慇懃相訊果云何，彼此諄諄各言故。我爲先世避秦來，種桃自活山之限。世世但知桃有實，年年不問今何時。花開葉落長如此，地析天分豈所知。漁人爲道秦不久，鹿因爲馬死劉手。炎精尋蝕復重光，四百餘年有九有。三龍鼎峙難久居，五馬渡江晉室餘。紛紛胡羯彌寰宇，我欲避秦曷去諸。一聞此語共愀然，自是人間別有天。既脱秦人狼虎口，又免漢魏幾倒懸。爾今遠來可共處，倘若辭歸勿浪語。此中奇隱六百年，未許外人來遊此。漁郎謂我有妻兒，不得久留遂去之。一行一顧一表誌，去後重來失路歧。世人便作神仙道，神仙蹤跡豈人到。古多避世深谷中，豈獨商山有四皓。吁嗟世變日異常，在處無非争奪場。不是深居何有鄉，胡能不見網羅傷。」

手植園竹云：「嗟我先人舊卜居，四圍未有一枝竹。鶻鶲巢林鼹飲河，環堵蓬篙豈問俗。邇來學古手移栽，甫及二年筍抽玉。咫尺琅玕迸地穿，須臾不覺仞有六。居然孫子傍母生，孫子自高母自却。一年勝似一年高，四時無改幽軒緑。孤風凛凛迫古人，夷齊不食周家粟。西晉七賢願卜鄰，李唐六逸思改築。嗟予無事時翫之，日食何須更有肉。此身雖瘦道自清，敢望對之仍大嚼。森森君子立園東，安得異時鸞鳳宿。古人以竹比兒孫，我今作歌歌淇澳。」

二詩清真簡遠，超然塵壒之外。課子及孫，有「處世寧須辭爵禄，立身全賴有詩書」之句。今孫又煥，以名進士官瑣闥，能世其家云。

鵝池生

趙郡宋登春，自號鵝池生，壯歲鬚眉皓白，任俠遊燕趙間，後薙髮爲僧，不知所之。吴郡徐大宗伯學謨，爲之傳而梓其詩。詩悲惋豪逸，嘗賦俠客行云：「賭擲賽劉琨，家奴過孟賁。千金不肯顧，一劍爲酬恩。趙瑟停凰柱，燕姬促象尊。平生款段馬，羞入孟嘗門。」又「抱玉幾年終獻楚，懷書垂老莫干秦」，又「酒腸方大黄金盡，世事才知白髮多」，皆自寫其胸臆者也。

謝司農詩

吾鄉謝大司農杰，宿雲窩，有詩云：「刀圭有分仙緣熟，雞犬無聲午夢閒。」佳句也。

楊鵬翼鞦韆詩

詠鞦韆詩，以洪覺範之作爲最，而元人楊鵬翼一首尤佳也：「日轉華簷樹影偏，謝家庭院簇神仙。綵繩斜擘纖纖筍，畫板輕承步步蓮。弄玉未升雲漢上，綠珠先墜舞樓前。不知小徑殘紅裏，明日何人拾翠鈿。」近徐茂吴有句云：「蓮生不在地，柳弱會揺空。」亦自有致。

沈明臣苧蘿山詩

沈明臣題苧蘿山云：「越國輿圖海上多，千巖萬壑繞鯨波。計然空奏亡吳策，誰道功成在苧蘿。」亦微婉。

纏頭集

京口鄔佐卿，字汝翼，中丞公子也。性豪爽，喜遊俠邪，著述甚富，自文集外有艷詞十卷，題曰纏頭集，皆生平贈妓之作，佳句麗情，可歌可咏。如「笛中舊恨留金谷，天上新愁問玉卮」「江柳眉梢雙鎖恨，海棠春盡獨銷魂」「寶鏡夜寒鸞顧影，畫梁春暖燕歸樓」「妝粉曉沾蝴蝶草，啼紅春染杜鵑枝」「鬢梳蟬影分雙翼，衣剪靈綃學六銖」「小閣題情緘荳蔻，空庭微步出蓮花」「樓前彩鳳隨仙史，陌上銀筝誤使君」「春回漢水思捐佩，月滿秦宮照捲衣」「玉樹輕霜凝屈戌，垂楊新月挂鞦韆」「楊柳調翻歌扇月，柘枝香度舞裙風」「翡翠香籠條脱煖，梧桐聲轉轆轤寒」「明月小樓闗盼盼，垂楊深院李師師」等聯，膾炙尤甚，義山無題之後，亦不多見也。

黄孔昭黄增

崇武黄孔昭山人，名克晦，以詩鳴海内舊矣，余曾識之燕市中。殁後，家遭鬱攸，籍盡燬。黄太傅彭湖撫齊時，爲刻之山東，今版不知尚存否。今恐其久而湮也〔一〕，時摘其七言律云：「寒色蒼蒼落日斜，空庭獨立數歸鴉。石人此際方無淚，羽客今宵亦有家。已判離愁消柏葉，誰堪詩句頌椒花。明朝攬鏡休憐色，未入新年鬢已華。」玄宫除夕「江城入夜竹煙青，急雪飄風玉滿庭。亂絮乍欺千樹火，同雲全没半橋星。鼓邊鷺羽飛還下，歌裏梅花落不停。四座同心如朗月，瑶臺春酒可教醒。」上元雪夜觀燈「水部官梅已不存，折花何處坐黄昏。故人魚信空烟水，歸客春衫漬淚痕。樹色雲迷滄海徼，濤聲月涌楚江門。遥憐匹馬長安道，偏有諸生望叔孫。」廣陵懷孫博士「東粤重來倍黯然，荒村古堡暗蒼烟。山中故老無歸業，水上新民未種田。江燕春深巢樹腹，野狐日落吠溪邊。東風那管亂離事，草色藤花似往年〔二〕。」惠陽傷亂「十載珠江又一樽，涼風萬里灑江門。客談遺事猶能記，僧恨留題已不存。暝色未沈天外樹，月光欲動水邊村。孤亭坐久人聲絶，明滅漁燈兩岸昏。」海珠寺「四百二峰半是雲，舟中終日對氤氲。天陰不辨神仙氣，雨過還開錦繡文。石洞别時花自落，鐵橋行處水空聞。夜來葛令親相語，丹竈重泥却待

君。」舟中望羅浮「桃花洞口醉如泥，鐵笛橫吹乍出溪。帶月欲歸滄海上，隨風忽過畫樓
西。林空巢鶴翛翛起，簷迥飛雲片片低。半夜何人聞此曲，萬家俱向夢中迷。」飛雲閣聞
笛「千重流水百重花，懸磴依然曲曲斜。亭下小松青蓋偃，峰頭大字綠苔遮。絕憐雲竇
敎亡酒，生愛泉聲鬥煮茶。借問主人今强出，還應誰爲伴烟霞。」巢雲巖次派上人「蒹葭
霜落夜迢迢，江水無風也自搖。正憶高樓坐逋客，時聞險語出層霄。隔橋人語三家市，
近浦雞聲半夜潮。新酒滿樽懷我否，可無白鶴一相招。」寒夜憶張星湖「風壑雲門險若
何，芙蓉步步拂雲多。滿襟落蕊披花入，兩頰蒼苔轉石過。水黑空潭龍蛻朽，天清萬樹
鳥聲和。山靈未必欣相迓，凝笑逢人帶女蘿。」溪源道中「壑舟無力谷神光，石像千年草
樹傍。匪虎不曾悲曠野，猶龍何事蛻高岡。雨深衣袂生秋蘚，月曉鬚眉帶古霜。誰謂西
戎終不返，山中紫氣夜何長。」靈坐石老君「京門分袂各沾衣，六載懽生入夜歸。征馬何
言難復縶，離筵只勸莫停揮。湖南草爲王孫綠，北渚雲隨帝子飛。千古小山稱小雅，賦
成應寄釣魚磯。」送顏範卿岷府左相「對酒常逃醉後禪，當歌猶是飲中仙。狂來險語爭千
古，老去降心畏少年。燭外天河低入樹，簷間露竹暗浮烟。相看已盡清宵樂，惟問車公
何處邊。」集李世禎蘭芳亭「靈峰入暝更嶙峋，寺外輕帆泊古津。五嶽乍歸天外客，雙林
還坐月中人。泉聲隨梵飄松壑，露氣凝雲覆水蘋。明發山巔更滄海，風高從拂白綸巾。」

鼓山寺「薊門哀鬢颯驚秋，風雨蕭蕭獨倚樓。四海新知名下老，頻年多病客中愁。雲連北極迷宮樹，水發西湖出御溝。京國逢君懽不淺，可憐經月不同遊。」病中寄歐禎伯「破曉天雞隔翠微，五松絶壁倚巍巍。雷霆鬥峽雙龍走，日月争池一鳥飛。碣上苔花留篆影，封中雲氣變秋衣。二臺顔色依然好，爲我西山駐落暉。」和詹中丞泰山詩「纔過危橋便隔人，稠花接葉復迷津。朝朝山翠皆成雨，樹樹禽聲各爲春。每以烹茶知水品，不緣垂釣饌江鱗。永和千古風流在，百罰深杯也莫嗔。」暮春集曲水亭「漢家列郡古名州，五馬連翩擁七旒。去路雲蒸三伏暑，到城月滿一天秋。窗中遠岫廬山出，門外平潮楚水流。若問襄陽曾出牧，至今耆舊滿歌謳。」送黄饒州舊爲襄陽守「纖月西樓已可望，雁聲斷處一痕霜。微紛露葉光猶淡，初上風簾氣自涼。羌笛漫敎悲舊曲，娥眉空與妒新妝。只將今夕娟娟影，預卜中秋一夜長。」八月初三夜月「南園鬥酒爲誰餞，韶華暗别傷人粲。一風一雨花奈何，春去春來人自換。蛺蝶偏隨坐處飛，殘鶯欲向愁時喚。年少那能不送歸，到是白頭心易亂。」送春

五言排律：「元戎不復古，俴駟亦無良。歲歲勞占募，區區守大荒。輕車今滿地，比馬各成行。大將高壇上，中軍細柳傍。留侯方虎嘯，尚父欲鷹揚。心苦頭顱白，年高膂力剛。指揮雲鳥集，訓練藻凫忘。令節春鑽木，嘉辰宿在房。百金名下選，三屬戰時裝。芳草

承輪碧，飛塵繞陣黃。吹笳凝未徹，職志遠相望。雷鼓聲難及，風熛勢莫當。止齊刀劃斷，立壁鐵迴將。盾盡雙龍合，弓皆兩石强。逆鱗攖自碎，怒臂到應傷。揖客元非戇，豎儒固乃狂。觀兵雙眦裂，入幕二毛蒼。氣借銜杯涌，言因說劍長。行看清瀚海，坐見擄名王。欲載班生筆，還歌吉甫章。」神機營觀俞都護車戰「江水含秋淨，潮橫帶岸斜。乍沈青草堰，俄失白鷗沙。夜色開天鏡，晨光盪日華。一龍吟自冷，乘雁集何加。碧映臨流郭，清涵理釣槎。世人多自喜，河伯未應誇。」水滿澄江

七言排律：「四門已下先生榻，雙樹因過大士家。牀上詩書連釋部，桁間袍帶雜袈裟。疏簾映日垂垂白，絳帳褰風故故斜。古調已知傾海内，同聲猶自滿天涯。冰河赤鯉堆霜膾，火圃黃蔬煮綠芽。社友舊曾期慧遠，門生今復識侯芭。酒中爲壽身先起，醉後留懽興轉賒。落日龍鍾扶上馬，寒空蕭瑟數歸鴉。陰沈九陌雲如葉，颯沓千林雪欲花。爲問何時還更約，吟鞭早拂五城霞。」歐博士招飲繡佛齋

五言絕：「遠影亂歸帆，孤烟發長磬。垂綸岸岸移，楊柳遞相映。」題畫「簷口日落昏，牛羊下長阪。笛聲乍有無，漁舟知近遠。」背郭草堂

七言絕：「五虎山如五虎蹲，盡對無諸舊國門。無諸去後山空在，秋草蕭蕭日又昏。」「微茫星月下江鄉，三十六灣江水長。夜半舟人相借問，好風日出到洪塘。」「靈山廟枕

越江皐，中使三年一换袍。神去神來人不見，滿江風雨浪頭高。」「渡頭相送泪沾衣，日暮相思不下幃。潮水莫言還有信，渡船兩日一回歸。」「南堤楊柳北堤榆，新樹成陰舊樹枯。所恨相逢俱窈窕，悔將薄倖怨狂夫。」「苦竹渡邊苦竹枝，常思嶺下常思誰。奴自不言誰得會，江風江雨自應知。」「雲起南臺墨未濃，俄然一雨暗千峰。篙師解説當年事，臺下分明有白龍。」「越王城裹九山分，只見三山翠入雲。山下有山看不得，奴從何處可逢君。」款乃歌「馬上寒風拂紫髯，胡沙映月白纖纖。漢家金印元如斗，勳業惟看畫戟尖。」送人出塞「懷君山上白雲巢，一雨鳴泉百道交。巖下新松今許長，滿庭風影月中梢。」「懷君水榭枕江流，楊柳芙蓉夾岸秋。明月滿天漁唱罷，吟詩誰共白鷗洲。」「懷君水上木蘭船，白日空維柳樹烟。一片風來何處落，銀河舊泊斗牛邊。」「懷君白鶴太孤高，夜半寒聲落海濤。遊子貂裘今敝盡，霜前爲緝刷風毛。」四懷寄詹汝欽「石罅秋花結紫藤，陰苔如錦覆崚嶒。北宗弟子今誰在，猶説當年有懶僧。」懶融洞「虚竇明通一指窺，風吹塔影落霜幃。只緣插漢千餘丈，莫訝高標却倒垂。」塔影「亂山無徑不通樵，漁舍陰陰映綠蕉。樹杪泥乾江水落，村邊沙白瘴烟消。」康州圖詩皆清峭絶塵，戛玉敲金。其它秀句，不可殫述，如「魚龍夜市翻滄海，星斗春城落暮雲」「寒氣猶凌風裹樹，晴光初閃日邊山」「得酒有時還罵坐，遊山無處不依僧」「老知白璧投人暗，貧笑黄金結客稀」「當樽不乞天孫巧，取石曾逢日者看」「白髮不堪摇落夜，青燈况對别離樽」「山市慣嘗元亮酒，江門堪憶季鷹魚」「客中良晤秋三五，水底青天月一雙」江亭中秋「月明應作梅花夢，吏散還書竹葉符。」送人令博羅「寒聲萬井傳雙杵，隻影空庭過斷鴻」「江湖結客名終在，風雨還家夢未真」「水帶平蕪雙鳥下，雲連遠寺一僧歸」晚眺「雲氣未分樵客路，鐘聲乍動羽人宫」嵩山「海上秋霜知歲隔，花間春雨待泥乾〔三〕」送燕語語新俊可喜，與劉長卿、謝臯羽差堪伯仲矣。惜前半偶佚，當覓而補之。

校勘記

〔一〕「今」，崇禎刊本、江户初抄本作「余」。

〔二〕「藤」，原作「滕」，據崇禎刊本、江户初抄本改。

〔三〕「間」，原作「開」，據崇禎刊本、江户初抄本改。

沈倥侗

吴人沈愚，號倥侗，善書工詩。雪夜云：「瓦爐温酒夜燈前，紙帳梅花伴鶴眠。不似玉堂金馬客，五更風雪去朝天。」

辨琴聲

唐李龜年至岐王宅，聞琴聲曰：「此秦聲。」良久又曰：「此楚聲。」主人入，問之，則前彈者隴西沈妍，後彈者揚州薛滿也。王百谷曲中有詩云：「一半秦聲半楚聲，秦娥調瑟楚娥箏。鳳皇城裏家家雪，但是紅樓凍不成。」用事恰當。

梅子馬寄情詩

宣城梅蕃祚，喜遊平康，當意則揮千金不惜。有寄馬湘君云：「流澌十月下雙魚，傳得金陵一紙書。馬角未寒盟語後，蠅頭猶漬淚痕餘。夢中暮雨題難就，鏡里春山畫不如。紅杏碧桃千萬樹，待儂花下七香車。」麗情綺句，溢于筆端。然竟以色死于金陵。

御溝水

唐人詠御溝水詩頗多，亦有佳者，第不如近日章元禮一絶爲勝，詩云：「西山千澗水争流，盡入宫牆出御溝。紅映芙蓉青映柳，更調鉛粉上朱樓。」

魚鱗雲

淮南子曰：「雲如魚鱗。」湯義仍詩：「風光散羊角，雲氣集魚鱗。」亦工巧。

江仲魚

崇安江仲魚，諸生也。予從王粹夫識仲魚。乙未，予之武夷，仲魚導予遊三十六峰。仲魚雖經生，有碩人之致，武夷諸峰各置書帙筆硯，隨意所適，留連旬月。衣道衣，冠道冠，又儼然羽流也。仲魚善詩，詩不作人間語。嘗賦秋風懷友吟二十餘首，皆道侶、漁父、樵夫與猿鶴而已，風塵之客不預焉。如懷朱漁父云：「九溪深處似嚴灘，渺渺風塵白眼看。葉艇每隨幽嶂出，茅房孤掩落花殘。芙蓉衣上雲千片，楊柳枝頭月一竿〔一〕。釣罷瓦瓶曾共醉，滿身零露不知寒。」未幾，仲魚逝矣，年僅三十也。每過武夷，不勝山陽之愴。

校勘記

〔一〕「枝」，崇禎刊本、江户初抄本、四庫全書本作「磯」。

何樵仲

何樵仲，名其漁，邵之建寧人也，爲詩有苦思。樵仲死，予哭之詩。偶檢其手稿，絶句有冷然之韻。梅口待渡云：「野曠微風起白蘋，村居三里若比鄰。江干風冷秋山暮，立盡斜陽無渡人。」碧簫洞云：「長林籟静自盤桓，松露侵衣夜未殘。三十六峰明月曉，碧雲吹破洞簫寒。」山下買酒云：「隔浦漁家傍酒家，漁罾掩映酒簾斜。探囊恰好供歸興，買得黄魚并杏花。」

張陽生

張陽生者，名復亨，郡諸生也，能詩而名不顯。丙午歲，始與予定交，一再執臂。而陽生遂以疫死，年未三十也。遺稿散逸，予從友人處拾其北征一集，有遊西湖云：「山翠湖光晝染扉，珠宫縹緲晚鐘微。僧尋三竺沿堤過，鶴認孤山背水歸。柳影亂分公子棹，荷花輕襯美人衣。繁華不醉飄零客，愁聽啼鵑又夕暉。」又上寧夏黄開府云：「登壇十載拜西征，部落争傳建節名。虎竹嚴分秦斥堠，狼烟初斷漢長城。葡萄月上降羌舞，苜蓿風寒戰馬鳴。幕府能容前箸借，少年原是棄繻生。」又「魚窺法座澄波淨，龍起空山宿雨腥」「寄食應尋彈鋏侶，埋名終託鼓刀屠」「春陰香徑宮蕪没，烟斷松橋岸柳疏」，五言如「花開招客至，松老著書成」「晚晴催積雪，殘雨入輕寒」「雨聲分夜話，岸火對秋眠」，皆警句也。

林時中

友人林宗大，字時中，邑諸生也。屏居村落，不入城市，好吟詠，人無知焉，獨與余兄弟交最驩。歿後，遺稿散落，偶得數首，亦自有致。送人尉西蜀云：「百仞高峰入縣門，官閒何處不君恩。莫將萬里思家淚，落盡巴江一夜猿。」又范增墓云：「鴻門玉玦計難行，楚漢雌雄勢已成。何待彭城方發憤，可知亞父亦虛名。孤墳不濺英雄淚，落日堪傷鸛鶴聲。此去赤松應咫尺，白雲千載壯留城。」

鴻門宴

謝皋羽鴻門宴一篇，可泣鬼神，楊用修極稱之。又有楊廉夫、韓仲村繼作，稍不及也。予友林子真復擬一首云：「翳雲埋空日色黄，一龍一蛇閒相將〔一〕。指天有約公莫舞，後入者臣先者王。此日鴻門判生死〔二〕，戰場咫尺華筵裏。漢王若失我爲禽，寶玦無光玉劍起。覆卮壯士怒酒醺，芒碭山北愁歸雲。一雙玉斗正飛屑，漢王間道馳至軍。」奇峭可喜，不減廉夫、仲村也。

校勘記

〔一〕「閒」，四庫全書本作「兩」。
〔二〕「日」，四庫全書本作「去」。

吴非熊

新安吴兆非熊，能詩而貧日甚，游江湖十年，落魄不能爲歸計。有詩云：「谷口鐘聲度嶺微，嶺頭嵐氣散朝暉。江山處處通鄉路，只是遊人不得歸。」可謂深于貧者矣。又如「松楸有夢鄉山遠，桑柘無烟野市寒」「歸路馬寒廬嶽雪，驛樓人夢秣陵鐘」「尊前坐臥憐多病，海内存亡問故人」「原桑漸緑春蠶起，岸草初齊候鳥鳴」，皆雋爽有味。予友曹能始，交遊遍海内，而獨賞心非熊。卒之客死粤西，悲夫！

貧況

陸放翁詩云：「糴米歸來午未炊，家人竊憫老翁飢。不知弄筆東窗下，正和淵明乞食詩。」近友人新安吳兆詩云：「釜裏生魚甑裏塵，非關久病却關貧。案頭但有梁鴻傳，閒誘荊妻學古人。」皆深于貧況者。此況難與富兒道耳。

采蓮曲

吳門沈從先采蓮曲：「解道芙蓉勝妾容，故來江上采芙蓉。檀郎何事偏無賴，不看芙蓉却看儂。」風致可挹。

顧仲韓黃增

華亭莫廷韓、上洋顧仲韓，皆奕奕才情，盼倩辯麗，稱「雲間二韓」。廷韓文名滿天下，有石秀齋集行世。仲韓詩廑有存，人莫能名者，其諱斗英，籍上海，諸生，符丞，名世公子也。少有儁才，磊落不羈，窮服饌，娛聲色，選伎徵歌，座客常滿，日費萬錢不恡。每出，輒載與俱，畫舫旅棲、盤卉圖書、古尊罍畢具〔一〕，竟以此傾父貲，鬱鬱貧病以死。余薄游海上，始知有顧仲韓，而墓草宿矣。詩多憐風月、狎池苑，大都流靡以自妍，今録其尤者。

五律如：「十五畫新蛾，紗窗乍學歌。纖腰微約素，美睞暗迴波。遇賞春愁少，逢歡夜態多。名花非不艷，解語奈卿何。」花間有贈「曉夢回金屋，簾櫳月色寒。難將鸞鏡擬，猶作翠眉看。滿過還疑滿，殘來似未殘。清光元不異，祇惜夜將闌。」殘月如新月「雲巖環四壁，愁病挾書眠。夕枕頻妨雨，晨炊屢罷烟。寡交憎醴合，多技悔膏煎。欲識山中傲，來聽叔夜絃。」答汪育虹問疾「吾意自從好，世情空棄貧。食魚慙幸舍，捫虱向時人。鉼粟傭書滿，山花抱甕新。壯心悲櫪驥，多病亦精神。」「較嵇還復懶，擬庾更多愁。拙笑安蛇足，癡真類虎頭。捫胸開五嶽，搖筆吐千秋。不解干人策，文園豈倦遊。」「幽棲成獨往，孤憤好誰論。市駿臺空築，雕龍筆未貧。簡囊羞子母，扶病賴君臣。不信揮金者，終爲泣玉人。」「古人非困極，詎以不窺園。志得貧翻樂，生從病益尊。滑稽聊玩世，聚散漫題門。大雅存吾道，頹風不可論。」臥病感懷

七律如：「春染隋堤萬縷摇，隔年憔悴一時消。剪來翠羽初成葉，鎔得黄金乍作條。不雨不風猶自怯，新鶯新燕共争嬌。行人未許輕攀折，留與娥眉照樣描。」新柳「西風蕭

瑟柳條輕，翻似依依乍向城。看去尚含南浦恨，折來俱是故園情。楓林解點桃花色，杜宇能爲黃鳥聲。留得舊時餘影在，秋江一路月扶行。」殘柳如新柳「一自瑤臺換羽衣，怕來塵世惹芳菲。人間不合釵頭見，花底誰知月下歸。掠向夜窗驚曉色，穿將珠箔亂朝暉〔二〕。婆娑冷艷無消息，想爾深深避葉飛。」梨花白燕「衰草荒原野燒生，寒消殘燭旅魂驚。異鄉兄弟千行淚，一枕風濤半夜情。欲託緘題無去鳥，誰憐踪跡尚浮萍。孤篷已是腸堪斷，况是蛩聲又雨聲。」夜泊思家「金閨罷繡坐簾櫳，忽下霜前片葉紅。無限閒情憑素管，好隨流水出深宮。空嚴魚鑰門重鎖，誰曉鴻書路可通。衹恨殷勤題不盡，何時芳樹又西風。」御溝紅葉「貧如楊子文難送，渴似相如賦未成。自厭炎霜淹病骨，不妨涼燠換人情。禦寒裘敝翻誇緼，嗜酒囊空每羨酲。吾性寡營今有慕，何當騎鶴聽濤聲。」秦淮小姬

七絶如：「一片春山乍學描，纏頭初試紫霞綃。章臺無數青青柳，最惹東風是嫩條。」送春「病卧那知春去來，衹看花謝與花開。傷心不獨憐春盡，虛擲韶光轉自哀。」

其它警句，如「樹翻先客醉，山欲借烟奇」「苔青山作黛，沙白水爲衣」「窗暗刑花雨，池酣織柳烟」「山從斷處教雲補，橋向欹來仗石扶」「長林興到頻呼月，野渡人催已上潮」「江迴斷岸隨篷轉，風逐流雲帶葉飛」「欲延月意窗從破，恐礙荷香麝罷焚」「春老

惜花悲甚鳥，雨淫憂歲望深農」「白髮憐人看未滿，青蚨問我剩還無」，皆淒清有致，讀之欷歔欲絶，傷其才而不遇也。

校勘記

〔一〕「盤」，崇禎刊本、江户初抄本作「盆」。

〔二〕「箔」，原作「簿」，據崇禎刊本、江户初抄本改。

林春秀

古田隱士林春秀，字子實，號雲波，性嗜酒，躭詩。家貧不能取酒，有友鄭鐸多良醖，日往飲焉，醉後則酒狂不可禁。鄭度其量，錫造一壺，刻「雲波」二字，至卽盛酒飲之，三十年如一日也。林詩奇警不凡，山居云：「但住溝西第五村，香秔釀熟少開門。家僮祇自爲樵牧，竹徑憑他長子孫。雨過曉山泉噪澗，花生春菜蝶穿園。抱琴客到棠梨下，卯酒猶醺藉柳根。」又云：「迴巷短垣緣枸杞，古塘枯竹立鵁鶄。壁間寫遍籬花影，雲裏崩來水碓聲。」又云：「野老眼經門刻字，漁郎親見水沈碑。」鄭歸泉下數年，林亦髮種種矣。

每讀其詩，輒詫與人兩絶也。

白燕詩

白燕詩，國朝袁凱最得名，而後人和者最多。近見江西鄧泰素二律，亦新麗可喜。「從前故壘是耶非，别後新姿似者稀。春曉玉樓乘霧去，夜闌銀漢帶星歸。凌波不着鴉頭襪，剪水如牽鶴氅衣。多少伯勞堪遠避，輕描淡抹向西飛。」「同去同來伴侶非，異姿異態世全稀。鉛華盡洗都無着，銀蒜低垂若箇歸。遠向吴門裁匹練，早從王謝託烏衣。惟餘嘴距新紅溜，猶啄梨花蹴絮飛。」

墨紗燈

閩中近製墨紗燈，精巧異常，海内争重之。曹能始曾於杭州逢元夕，人家有張此燈者，乃邀友人同詠。能始詩云：「質裂横疑水，光生薄似苔。憑將彩筆畫，認作剪刀裁。鳥向空中度，花從鏡裏開。細看若無力，不畏曉風催。」諸子罷唱。

米君夢秋柳詩黃增

近賦秋柳詩者數十家，無如米君夢之婉轉忉悵，附物切情。原草十二，録其九。「離亭當日唱離歌，祇爲柔條傍渭河。恨不任他攀折盡，衰來徒自惋傷多。百年秋思愁中斷，千古春情夢裏過。縱是王孫金勒馬，也應相向歎蹉跎。」「一夜西風耐便凋，他鄉何處不蕭蕭。依稀有葉還無葉，摇落長條復短條。難忘折來情脉脉，更愁看去路迢迢。經過若問傷心地，涼雨寒烟鎖灞橋。」「纔失陽和氣便寒，遥林遮霧曉漫漫。微霜未着枝先勁，零露方滋葉已乾。弱質縱凋還自惜，芳心猶在詎應殘。請君試看深秋色，不學青楓更染丹。」「濯濯芳時枉自矜，枝頭錯許露珠凝。緑陰别去留難住，黄葉飄來掃不勝。新曲更翻成苦調，舊遊重過等寒冰。天涯一望同岑寂，未必豪華在五陵。」「名擅章臺第一家，忍將憔悴送年華。容銷已失如眉葉，才盡難迴比雪花。纔見高樓堪繫馬，俄同寒樹與棲鴉。榮枯只是尋常事，忽漫逢時莫自誇。」「何處相逢最有情，平康曲轉大堤横。迴眸不忍枝頭望，攜手真愁樹底行。近淚幾絲渾欲斷，牽情千縷苦相縈。自經委謝無窮憶，應悔風花忒煞輕。」「寶馬香車滿路塵，相看能得幾時新。飄將墮地皆成土，悲自傷心敢怨人。緑謝枉遮千里目，青歸難借一絲春。蕭條隨分黄泥岸，羞把繁華問水濱。」「不和悲歌也自傷，秋來天地慘茫茫。愁生衰草斜陽外，怨結歌臺舞榭傍。歲歲煖風吹到冷，枝枝綠葉變成黄。而今始信桓司馬，當墮金城淚兩行。」「不作風聲作雨聲，牢騷無復繫人情。悲來屈宋應成賦，凋後樫楊莫辨名。寒露降時渾是殺，孤根隨處合全生。秋條好耐三冬過，依舊萌芽各自榮。」君夢，名雲卿，生于汴，徙于婺，卒于苕。有山居詩，極幽人之致。在南中贈余二律，殊獲我心，今佚不存矣。

問月樓集

崔孝廉徵仲，貽予新梓問月樓詩，中多雋語。贈州同王九皋云：「笑我無魚歌幸舍，憐君有蠏領監州。」送劉之罘將軍云：「射虎功高偏不賞，雕龍才老竟如斯。」贈陶嗣養云：「鳥留書法皆成篆，龍是文心不用雕。」贈王藎卿再舉子云：「搗盡玄霜元得偶，捧來明月本成雙。」弔謝皋羽云：「魂隨宋寢冬青樹，墓傍嚴陵古釣磯。」鍛鍊工巧，詞壇之射鵰手也。

長溪小草

潮陽吴光卿仕訓，以孝廉董長溪教事，工於詩。有卓錫寺云：「老僧舊説留衣地，幼婦新題卓錫碑。」又贈龔令君云：「問俗已看馴魯雉，隨車復見舞商羊。」出都門云：「能無背水師韓信，豈有窮途效阮公。」詠懷云：「少年懶性抛書早，暮景微官照鏡頻。」潮陽前有周廷尉善鳴，今則屈指光卿。

徐氏筆精卷之四終

光緒七年秋七月巴陵方功惠校刊

徐氏筆精卷之五

詩評五 方外　宮闈　外夷

釋 十八則

歸宗偈

歸宗芝菴主依黃龍，遂領深旨，作偈云：「千峰頂上一間屋，老僧半間雲半間。昨夜雲隨風雨去，到頭不似老僧閒。」雖涉禪機，當爲佳絶句也。

禪偈

象田梵卿禪師，嘉興人，上堂偈云：「春已暮，落花紛紛下紅雨。南北行人歸不歸，千林萬林鳴杜宇。我無家兮何處歸，十方刹土奚相依。老夫有箇真消息，昨夜三更月在池。」

泐山靈澄禪師偈云：「東菴每見西菴雪，下澗長流上澗泉。半夜白雲消散後，一輪明月到牀前。」雖曰禪機，實有詩致。

簡堂頌

簡堂和尚頌云：「地爐無火客囊空，雪似楊花落歲窮。破衲蒙頭燒榾柮，不知身在寂寥中。」

丹霞

丹霞語録云：「長江澄徹映蟾華，滿目清光未是家。借問漁舟何處去，夜深依舊宿蘆花。」

永明禪師

杭州永明壽禪師山居詩云：「且停多事莫矜誇，寂寞門中有道華。偎嶺静同猿窟宅，栽松閒共鶴生涯。榮來祇愛添餘祿，春過誰能悟落花。惟有臥雲塵外客，無思無慮老烟霞。」又云：「浮生但向忙時過，萬事須從静裏休。」師道場故在淨慈寺，靈塔故在太慈山，歲久廢爲民墓。萬曆乙巳，法裔大壑詢之老農，掘得石匣，拾舍利十一粒，靈骨俱在。今移置淨慈後山，起塔封焉。

智圓

宋孤山智圓法師示寂，遺訓以陶器合瘞。後十五年，積雨山頹，真身不壞，爪髮俱長。有自悼詩云：「蕭蕭墓後三竿竹，鬱鬱墳前幾樹松。此處不須兄弟哭，自然相對起悲風。」

木菴和尚

金元時，有僧木菴，與元好問厚善。嘗有七夕感懷詩云：「銀河如練月如舟〔一〕，花滿人間乞巧樓。野老家風依舊拙，蒲團又度一年秋。」

校勘記

〔一〕「練」，原作「鍊」，據崇禎刊本、江户初抄本、四庫全書本改。

端禪師

元叟端禪師擬寒山子詩云：「昨日東家死，西家賻冥財。今朝西家死，東家陳酒杯。東東復西西，輪環哭哀哀。不知本真性，懜懜登泉臺。」又云：「近來林下人，多學塵中客。養婦兼養兒，買田又買宅。善果無二三，惡因有千百。他日閻王前，恐難逭其責。」又絕句云：「人生在世有何事，日用但教心坦平。珠與金銀充屋宇，到頭難免北邙行。」又云：「天上日没月又出，山中葉落花還開。黃泉只見有人去，不見一人曾得回。」讀此，可以警世之貪婪富貴而不知返者。

中峰淨土詩

中峰淨土詩云：「富貴之人宜念佛，黃金滿庫穀盈倉。世間受用無虧缺，只欠臨終見閻王。」「貧乏之人念佛時，且無家事涉思維。赤條條地空雙手，直上蓮臺占一枝。」「身膺宰輔與朝郎，蓋世功名勢莫量。自性彌陀如不念，未知何以敵無常。」此詩可爲富貴人之針砭。

陳朝檜

松江上海靜安寺，有陳朝檜，皮、陸俱有詩。元僧守仁云：「吴楓楚柳逐烟空，陳檜依然護梵宫。可惜禎明歌舞地，後庭無樹着秋風。」

天如禪師

元末，姑蘇城中師子林天如禪師，俗姓譚氏，江西永新人。嘗作楞嚴會解行于世，又能詩，聊録數首于後。「鄉人問我幾時還，向道于今又入山。一箇蒲團半間屋，吴淞江上九峰間。」「竹屋茶香滿澗烟，緑杉深處響流泉。目前有法誰能説，落日微風一樹蟬。」「竹根犬吠隔溪扉，湖雁聲高木葉飛。近聽始知雙艣響，一燈浮水夜船歸。」「開渠築岸護低田，坐聽鄰翁説去年。賣却犁鋤買漁網，兒童蕩槳到牀前。」又如「隨緣消舊業，任運過時光」「三界如夢宅，四大如漚花」「一息微如絲，寧肯長相續」，皆警句也。

恕中偈

國初恕中和尚，名無愠，台州臨海人。太祖召至闕下，留住天界寺。時宋景濂在翰苑，遇休沐必訪恕中。恕中工詩，有句云：「日讀經兮夜讀經，眼光直與月争明」「有時不受諸天供，饑食松花骨也清」，又云「坐久藜牀穴，書多鐵硯穿」「家貧無盜入，山好有僧來」，皆有清思。

宗泐

宗泐，洪武中詩僧也。祖龍行云：「祖龍乃好長生者，沈璧徒來華山下。目斷樓船海氣昏，鮑車亂臭沙丘野。驪山下錮三泉開，泉頭宮殿仍崔嵬。當時輸作方亹亹，函谷無關小龍死。百尺降旗軹道傍，十二金人淚如水。」題宋徽宗山鵲圖云：「落日黄塵五國城，中原回首幾含情。已無過雁傳家信，獨有松枝喜鵲鳴。」銅雀臺云：「西陵樹色暮蒼蒼，明月相將入御牀。寂寂帳前歌舞歇，幾人含涕憶君王。」皆詩中之斧鉞也。

古村居

釋宗泐古村詩云：「古村民，古村居，古村有田復有廬。屋後桑麻四五區，屋前榆柳八九株。老婦辟纑兒讀書，青燈夜照三更初。牛角帶經耕且鋤，年年歲歲輸官租。聖人治世如唐虞，飽來擊壤歌康衢。烏紗作巾白布襦，東鄰西舍相招呼，醉歸兀兀杖自扶。古村民，古村居。」寫盡田家樂事，如一幅佳畫。

天印禪師

天順間，延津天寧寺天印禪師，年四十，足不出關，至八十一歸寂。謂衆曰：「吾寂後三年某日，有星自東飛入西，葬吾時也。」僧徒寄肉身于龕中，三年蠅蚋不侵。及期，有星大如斗，從東入西，遂葬之。所著黄蘗心要、天印語録、徹空内集，直透禪微。嘗和永明山居詩，有云「穿來冷鐵多年衲，坐破寒龕幾片氊」「風寒夢醒巢松鶴，日暖藤牽挂樹猿」「雁將舊侣穿雲去，鴉引新雛背雨過」「寒燈一盞半間屋，夕磬三聲幾箇山」「槿籬土暖花開早，竹坂泥深笱出長」「澗水喧空懸瀑布，巖松挂月展冰輪」，皆警句也。

雪峰僧詩

侯官雪峰山有二十四景〔一〕，天順中寺僧源潭作也。雪峰云：「瑶臺凍合深迷路，玉樹花開半雜松。」藍田莊云：「分水遠從寒澗落，隔雲常見夕陽春。」一洞山云：「松逕月斜巢鶴唳，石門雲濕雨龍還。」無字碑云：「剝落舊紋惟蘚迹，模糊新篆是蝸涎。」萬松關云：「琥珀氣浮成翠靄，黄金花落混香泥。」梯雲嶺云：「雲開鳥道層層險，路入松門步步通。」蘸月池云：「弄珠神女乘空去，臨鏡嫦娥倒影看。」閩中詩僧，此爲上乘。

校勘記

〔一〕「雪」，原作「雲」，據崇禎刊本、江户初抄本、四庫全書本改。

五井詩僧

四明五井山僧傳慧，字朗初。余曾見其詩于明詩正聲中，但收五言律絶六首，平淡無奇也。辛丑之冬，余客四明，始與定交，見其著述甚富，談鋒如河。詩多不能盡憶，如寄王百谷云：「惠山泉水虎丘茶，相去柴門路不賒。經歲故人書斷絶，夕陽林外卽天涯。」湖上雜咏云：「草色連雲暗水陂，掠芹乳燕影差池。游絲似惜春光盡，密罥殘花挂竹枝。」「湖水無風似鏡清，湖船日日送人行。垂楊浪許關離別，有限長條無限情。」留别念空云：「問水尋山各自忙，草鞋無底踏秋霜。江南遊遍將江北，何日還來共竹房。」東山紀别云：「谷口風斜斗笠狂，米囊夾路白於霜。山童不掃溪頭寺，一任閒雲滿竹廊。」每咏其詩，便有支公之想。

出家偈語

皖城趙我聞，字用拙，萬曆癸巳入閩，遍遊名山，與余交最密。用拙深于禪理，歸浮山，逾年薙髮爲僧，更名法鎧。嘗作偈語數十首寄余，今擇其精絶者録于後。「貧賤之人及早修，彌陀爲爾願無休。今生苦是前生受，莫待來生不盡頭。」「勸爾做家心早歇，閻羅不待你心休。黄金難買無常恨，滿目妻兒不自由。」「人生爲寄死爲歸，何事龍華客到稀。馬腹牛胎經幾度，東鄰西父淚沾衣。」「年老之人不識羞，將心計較幾時休。勸君且自臨臺看，鏡裏何人白了頭。」「無端一念撞將來，觸處無明又入胎。不願此身生淨土，只將皮袋等人埋。」「獨坐幽齋萬慮忘，半窗風動韻幽篁。居禪不落禪中味，明月誰知定上方。」余録此偈，揭之座右，日三復之。

道凡四則　仙鬼附

玉山道者

餘冬序録記玉山道者還家詩云：「春色闌珊四月天，數聲啼鳥落花前。荷知有熱先擎蓋，柳爲無寒漸脱綿。處處勸耕梅子雨，家家繰繭竹籬烟。憑誰寄語仙源客，洞口雲封信不傳。」辛丑冬，余偶客邵武，見仁壽寺壁間書此一詩，起結中聯稍異，今識于此。「東風不到畫樓前，春事闌珊又一年。處處插秧梅子雨，家家繰繭竹籬烟。荷知有暑先擎蓋，柳爲無寒盡脱綿。莫笑山家滋味薄，鳥聲啼破落花天。」寺壁詩不書名姓年月，大都類國初人筆。近歲寺燬，字不存矣，漫記以質博雅。

顧野王宅

顧野王舊宅在建寧東觀，有道士題詩云：「天上歸來鬢已皤，故山涼月在松蘿。自傳一曲廣陵散，幾見桑田生白波。」正德庚辰，改觀爲建安學宫，桑田之歎，其先讖歟。

莎衣丐者

正德間，五羊趙克寬爲建安學諭〔一〕。嘗與朋輩交遊，作送春詩，俱用風雨字。傍有丐者，負莎衣立，和云：「怨風怨雨總皆非，風雨不來春也歸〔二〕。蜀魄啼殘椿樹老，吴蠶喫了柘陰稀。牆頭紅爛梅爭熟，口角黄乾燕學飛。自是欲歸歸未得，肩頭猶挂一莎衣。」問之，不答而去。

校勘記

〔一〕「學」，四庫全書本作「教」。

〔二〕「也」，四庫全書本作「亦」。

癡頤子

武夷汪道人，自號癡頤子，又號麗陽。嘉靖初，修真于接筍峰，遺蜕葬于峰之石壁。予游武夷，得汪手録吟稿一册，中多佳句。有答葉東林云：「柴扉終日對雲關，何事遊人興未闌。花雨正迷蝸角競，茶烟初歇鶴聲殘。閑儲白石資荒歉，旋種丹田不屬官。近獲兩枝歐冶劍〔二〕，請君夜傍斗牛看。」又如「石榻枕泉眠竹影，柴門留月浴金丹」，又如「紫檀匣鎖玄中印，白玉絲懸肘後符」，又如「曉炊石鼎三甌雪，午枕山屏一縷烟」，絶句如：「幔亭峰下寒雲外，流水飛花送小舠。夜宿山房清不寐，紫簫吹徹月華高。」又如：「赤壁玄堂水火交，青山旋繞白雲坳。枕琴臥誦黄庭罷，新月鉤簾傍鶴巢。」絶無烟火食氣。

校勘記

〔一〕「枝」，四庫全書本作「枚」。

乩仙

吴門沈貞吉，石田之伯父也。一日請箕仙，有詩云：「鶴背發長歌，清風散林樾。萬里洞庭秋，湖波弄明月。」又云：「片月已蒼蒼，詩成天欲曙。獨宿忽不見，白雲自來去。」

鬼吟

嘗聞某寺有旅櫬，士人讀書寺中，聞窗外吟曰：「月上梅梢已二更，寒窗猶有讀書聲。」士人曰：「游魂何不歸鄉土，辜負洛陽花滿城。」

宫閫 凡十則　妓女附五則

王婉容

宋道君北轅，四太子請王婉容爲粘罕子婦，道君抆淚許之。臨别，以常御金蓮杯賜之，曰：「期再生偶矣。」婉容悲泣就輿，以刀自刺死，袖中有詩云：「自矜顔色事君王，顔色那知作禍殃。死别敢忘金菡萏，生飛肯逐野鴛鴦。翠華沙漠風霾暗，青冢陰山草樹荒。願得游魂化飛燕，春歸歲歲傍宫牆。」道君見詩大哭，曰：「吾家義氣獨鍾笄珥。」擇地瘗之，以玉杯殉焉。宋子虚咏婉容詩云：「貞烈那堪黠虜求，玉顔甘没塞垣秋。孤墳若是鄰青冢，地下昭君見亦羞。」嗚呼！南渡君臣如婉容者鮮矣，毋怪乎王嬙、蔡琰之失身也。

薊州温泉詩

薊州有温泉，武宗巡幸，有王宫人侍駕至其地，題詩云：「塞外風霜凍異常，小池何事煖如湯。可憐一派溶溶水，不向人間洗冷腸。」後人勒其詩于石，曹能始曾見其石，嘗爲余誦之。近堯山堂外紀作「武宗賜詩」，誤矣。且云「滄海隆冬」，全非原詞。

朱静菴

國初，海寧閨秀朱静菴，尚寶卿朱祚之女、教諭周汝航之妻也。祚以神童見重於仁廟，有雪厓集行于世。而女有静菴集，游仙詞云：「洞天春煖碧桃芳，瑶草金枝滿路香。吹徹玉簫天似水，笑騎黄鶴過扶桑。」秋蝶云：「江空木落雁聲悲，霜染丹楓百草萎。蝴蝶不知身是夢，又隨秋色上寒枝。」卽易安、淑真莫是過也。

鄧氏女

鄧氏女，閩邑竹嶼人。萬曆中，嫁瓊河鄒氏，夫不類，女鬱鬱不自得，發爲詩詞，多幽憤淒怨語。居二年，竟以怨死。臨終，以遺草付其甥張某，人争傳録。有東園踏青云：「芍藥叢邊露氣沈，步隨芳草共幽尋。桃花薰日紅濃淡，柳葉迷烟翠淺深。何處香泥忙社燕，誰家晴檻噪時禽。悄寒羅機渾無力，斜倚東風碧樹陰。」又「啼鳥落花春已暮，孤燈殘漏夜偏長」，又「垂簾阻歸燕，開户入飛花」，皆有情想。

青蛾居士

檇李范君和妻姚氏，自號青峨居士，年二十六而夭。君和輯其詩，名玉鴛閣草，有云：「晚烟翠出草亭斜，曲曲深村小築家。幾點病鷗眠夜月，半林殘雪照梨花。」又云：「簾捲輕寒春帳空，夢殘芳草雨催風。隔窗陣陣聲偏急，狼籍庭前一夜紅。」

姑蘇陸氏

吴友趙凡夫，博雅士也。室人陸氏，爲尚寶公師道女，博極群書，所著詩賦、雜文、連珠諸作，可方古人，真徐淑之流亞也。佳者不能悉録，今只載其出婢近體四首于後。其一云：「翠黛凝愁恨不禁，妾身輕薄主恩深。梅花自有陽春調，楊柳元無别鶴音。舊怨已遺湘浦玦，新歡元是陌頭心。强將雲鬟隨膏沐，半是狂歌半楚吟。」其二云：「娉婷仙骨鬥嬋娟，自小承恩拭玉冠。眉黛每欺芳草色，花容常比夜光寒。情深那肯辭同輦，寵極還教離合歡。獨抱瑶琴向何處，春風不是故宫看。」其三云：「撥盡琵琶奏楚聲，多情元是未知情。非關公子憐奇足，自恨佳人不絶纓。蠟炬夜深空有淚，桃花日暖却飄英。于今玉貌誰堪賞，笑對秋霜一片明。」其四云：「自將雲雨怨新晴，寄與天邊别雁鳴。曲斷不知悲調促，弦膠還有舊恩縈。松頭夜月憐霜景，隴上秋風咽水聲。謾説昭君離紫塞，夢魂猶在漢宫行。」

黃氏芍藥詩黃増

莆田黃氏，名幼藻，家蘇州，倅公議愛女也。幼躭風雅，韻言駢語皆臻妙境。世父給諫公謙，深加器賞，以方謝道韞，名其集曰柳絮編。孀居無子，佚不傳，存者十二首。其咏雨中紅芍藥云：「晨妝乍點自傾城，冉冉風生繡閣清。厭説廣陵春欲暮，胭脂和淚雨中傾。」恨白芍藥不開云：「灼灼花開鬬曉紅，玉顏寂寞怨東風。素妝不理因誰倦，一段春藏粉黛中。」絶流麗有致。又余族母郭氏，郡守郭敦女，亦工詩，無子，外孫崇仁令宗震，收其遺集，藏于家。

張夫人母女倡和詩黃増

華亭張夫人王氏，名鳳嫺，宜春令本嘉妻、懷慶丞汝開母也。以咏雪之才，矢汎舟之操，課女引元、引慶，皆工藻翰。母子時相倡和，有焚餘草、雙燕遺音行於世。夫人賦婕妤怨云：「轆轤聲斷井梧飄，隔院笙歌奈寂寥。自向玉階辭鳳輦，誰憐血淚濕鮫綃。月寒永巷衾餘冷，雲捲長門魄暗銷。委砌蟲吟如助恨，那堪驚夢響芭蕉。」秋夜寄元慶二女云：「霜寒烏鵲遶南枝，孤客那堪聽漏遲。三處離愁憑一夢，滿懷別緒屬雙眉。賦成宋玉悲秋日，琴廢相如病渴時。黃葉竹窗添不寐，屋梁落月寄遐思。」引元寄妹用母韻云：「金風方度井梧枝，正是懷人病起遲。兩地離愁懸一水，三秋新恨上雙眉。久虛咏雪聯毫句，每憶挑燈共課時。塞雁已歸書未達，江城寒月照相思。」和元兒梅妃怨云：「深宮靜掩幾更秋，紅葉驚看墜御溝。肯把幽懷託流水，寧將哀怨賦東樓。」「春深庭院日融融，悶倚闌干數落紅。聽徹鸞鈴遥過闕，始知笑語在西宮。」引元原倡云：「莫倚長門嘆月明，古來薄命自傾城。多才縱有東樓賦，不入離宮絃管聲。」

夫人賦館娃宮云：「香徑有基惟鳥跡，屧廊無主剩苔厓。花錢旋舞留金靨，蝸字縱横見玉釵。頹榭草深歸燕繞，故宮月冷野狐埋。西風禾黍斜陽道，過此行人合愴懷。」引元和云：「繁華事去惟荒土，麋鹿踪深只蘚厓。明月尚疑懸玉鏡，妖桃猶似妒金釵。蛾眉一夜歌塵散，魚腹千年俠骨埋。今日姑蘇重回首，嶺雲江水不勝懷。」引慶和云：「禾黍已蒙香徑土，蘇臺遺恨鎖蒼厓。雲歸疊疊堆鴉鬢，花落紛紛擲燕釵。此日玉笙唯鳥弄，當年寶劍自塵埋。荒烟古柏西風裏，漫對吳山獨慘懷。」夫人和燕子樓云：「燕子樓頭燕子回，何年鶴去見歸來。相思怨結東風淚，灑向殘花已剩灰。」「久廢殘妝不掃眉，看花羞見並頭枝。冬宵夏日愁如許，誰道泉臺懶去隨。」引元和云：「人自傷心春自回，倚闌愁睹燕歸來。玉簫吹斷秦樓曲，贏得紅顔鏡裏灰。」「久疏京兆畫雙眉，每對殘花泣剩脒。應有冰心向明月，怎知紅粉不相隨。」引慶和云：「風吹簾幕正飛霜，香燼薰籠冷繡牀。一自王孫遊碧落，湘流不似淚痕長。」「洛陽三月雨如烟，添得離人思黯然。惆悵秦樓分鳳侶，清燈寒月自年年。」母子姊妹賡酬，古今閨閣盛事，且青出於藍，冰寒於水，尤爲希覯。惜二女皆無年，未見其止也。

夫人又有悲感二女遺物詩：「壁網蛛絲鏡網塵，花鈿委地不知春。傷心怕見呢喃燕，猶在雕梁覓主人。」空閨「一點朱櫻百和香，夭桃灼灼舊時妝。今朝零落空廂底，化作啼鵑血淚長。」殘脂「曉妝曾整傅鉛華，玉匣新開鬬雪花。今日可憐俱委落，餘香猶自鎖窗紗。」剩粉「半年花月病中緣，猶憶絲桐指下傳。腸斷廣陵聲已絶，蕭蕭風雨弔哀絃。」廢琴情致悽惋，讀之一字一涕。

它警句甚多，不能殫述，如「人世有愁消緑鬢，醫方無藥駐朱顔」「帆帶夕陽催落雁，樹銜初月隱啼鴉」「村村米熟新醪酒，處處梅含未吐花」「鸎鵡和歌花外舌，鷓鴣催句雨中聲」「腸斷綵衣分兩地，夢懸春草隔重關」，皆新俊可喜。余尤愛其春朝一絶：「微雨滋腴占大有，手執銀瓶酹花酒。籠中鸚鵡報春歸，先到庭前五株柳。」恐詞人學士，未易辨此也。

黃門淑媛黃增

先師檇李黃學士，家富青箱，人標黃絹，不獨子姓爲然也，女有閨秀林風，婦則郝法鍾禮，玄心夙悟禪機，彤管並標女史。次公觀察履素元配沈恭人閒靚有效顰集，從妹柔卿有遺芳草，女柔嘉有閨禪剩詠，猶子茂仲婦項孟畹有裁雲草、月露吟、詠雲齋遺稿。沈恭人詩云：「懶性或成癖，偏愁往返頻。牛衣思往泣，馬首恨羈身。故國梅舒萼，江干柳報春。畫樓今夜月，同照別離人。」次君外寄懷「殘月青燈夜，幽窗竹徑斜。愁腸方欲斷，孤雁叫天涯。」客中聞雁「寒雨瀟瀟掩暮扉，長途客裏怯單衣。無端燕子磯頭夢，繚繞隨君到處飛。」歸途風雪「映日初花隔檻明，春風嫋嫋透寒輕。傷心怕聽枝頭鳥，莫向王孫歸路鳴。」早春憶外「西山銜日氣如虹，此夜孤舟蘆荻中。柳色年年江上緑，驚濤何日不隨風。」江干春泊「物在人亡空自悲，淚痕時共落花垂。泉臺若有回峰雁，寄我衷腸知不知。」悼柔卿遺扇「雲連山色水連天，閒倚篷窗一望烟。縹緲鄉關重樹隔，落霞殘照晚風前。」秋日舟中懷孟畹「一天悲喜落孤篷，細認烟波疑夢中。停杯急把離愁訴，催人舟子又匆匆。」鴛湖逢諸戚惜別女柔嘉詩云：「簾外飛鴻只向南，離情每借話頭參。十年縹緲邯鄲夢，何日尋盟共結菴。」見雁懷女伴「少婦何堪學遠遊，陟阿又問水悠悠。癡心只寫燈前恨，自古紅顏幾白頭。」「憔悴天涯對阿誰，若爲多露獨含悲。空憐子夜孤亭淚，盡作霜楓帶雨垂。」和會稽女子「幾年濠上繫孤舟，不到荒臺夢亦遊。越女自來傾敵國，至今城外水空流。」蘇臺懷古次孟畹韻「雲外蒼茫苦問津，乍驚鄉夢轉思親。幾番抗疏惟憂國，半老歸田始作民。解綬已深泉石願，全生何戀宰官身。風前楊柳依然緑，誰訊孤舟野水濱。」家嚴忤璫被放南歸

柔卿詩云：「陌上柳條新，逢春倍惜春。忽聞啼杜宇，愁殺未歸人。」客中聞子規「不寐聽鐘聲，孤燈滅復明。思君憑夢見，愁極夢難成。」憶夫「江頭罷釣歸，月映蘆花白。秋山晚更青，秋水連天碧。」秋江晚釣圖「玉露下庭除，金風吹綺疏。坐看簾外月，斜影到窗虛。」夜坐「寂寞不禁秋，淒淒獨倚樓。露凝砧欲動，風冷扇初收。征雁驚殘夢，吟蛩引暮愁。多情窗外月，斜影到牀頭。」秋懷「落葉報秋聲，孤帆景自清。林疏垂露重，風静遠潮平。蛩語牽人怨，烏啼動客情。涓涓松外月，偏向别離明。」次孟畹泛月懷閒靓嫂「春風日日閉深閨，柳老花殘鶯自啼。寂寞小窗天欲暮，一鈎新月挂樓西。」春晚「彤雲密密四山圍，凛冽寒風撼竹扉。萬樹有花蜂不採，三山無路客行稀。窗間夜坐衣嫌薄，

爐到更深火自微。惟有烟波江上月，漁翁猶帶滿蓑歸。」詠雪
孟畹詩云：「静夜砧初動，凉風雨乍收。一鈎新月上，應照故園樓。」秋夜「分袂空江
上，涼風送客舟。離情同岸柳，摇落不勝秋。」秋江送别「片片度窗紗，因風六出斜。清
光摇玉樹，疑是落瓊花。」詠雪「自君之出矣，愁見離亭草。青青襯馬蹄，惆悵長安道。」
「自君之出矣，不忍酌春酒。酒深愁更深，春去人歸否。」「自君之出矣，懶上晚妝樓。
天際團圓月，依依伴獨愁。」古樂府「乍得山中信，開緘憶昔期。别來空有句，强半悼亡
詩。」「落葉驚秋早，漸鴻天際聞。遥思鹿門侣，閒看嶺頭雲。」答趙夫人見寄「曉妝初拂
鏡，花影淡簾櫳。寶髻斜簪鳳，纖腰欲舞風。眉欺楊柳色，裙妒石榴紅。閑倚清溪上，人
疑洛浦逢。」美人晚妝「萬木盡秋聲，花香入座清。心愁千里外，目極暮雲平〔一〕。砧杵
他鄉思，尊鱸故國情。更憐今夜月，偏向客邊明。」泛月懷閒靚叔母「秋思多摇落，那堪
又送君。臨風灑别淚，把酒惜離群。客路飛黄葉，鄉心繫白雲。南來有征雁，信息可相
聞。」送文卿妹北上「緑樹陰陰映酒旗，欲牽春色上柔枝。年年爲惜征夫别，拆盡東風總
不知。」柳枝詞「停橈斜倚畫橋東，隔浦香聞荷芰風。半掩輕羅遮笑臉，恐郎遥在最高
峰。」採蓮曲「映水臨風更有情，小窗晴日影縱横。寒風獨伴遊人詠，不向東樓歎月
明。」「冰玉孤清世外姿，娟娟新月上疏枝。無情短笛休輕弄，未是春風點額時。」詠梅

「桃花掩映藏深緑，妖姬兩兩新妝束。賽社歸來笑語喧，暗中遺却釵頭玉。」「烟雨堤邊簇錦茵，遊人争愛百花新。嬌容何似花容好，明歲花開依舊春。」「笑聲逐隊步香街，明月明燈次第排。就中亦有花羞女，背立清光整鳳釵。」「柔枝漸漸舒青葉，蠶飢惟恐葉不接。待得絲成自有時，布裙依舊元歸妾。」鴛湖春詞「小窗晴日緑陰遮，簾幕風輕燕影斜。吟罷新詩茶未熟，海榴片片正飛花〔二〕。」夏日即事「細雨淒淒咽暮笳，書成無雁寄天涯。朦朧一片關山月，偏照愁人萬里家。」征人曲「鵲鏡慵開塵霧蒙，笙歌遥度粉牆東。瑶堦雨散梧桐雨，紫禁秋高荷芰風。鳳輦不來花閣澹，羊車何處月朦朧〔三〕。此生難識君王面，玉腕年年繫守宫。」秋宫怨「盡日思親淚眼枯，倚闌空自羨慈烏。夢回彷彿音容在，醒後依然形影孤。機杼聲殘餘錦字，衾裯香燼只薰爐。青燈慘淡人何處，不似當年夜辟纑。」憶母「秋色蕭森夜似年，青燈聽雨更淒然。堪消俗慮惟杯酒，欲遣閒愁賴簡編。瘦骨豈堪摇落後，薄羅不奈晚風前。近來卧病真成癖，日影横窗只懶眠。」秋日病中漫書「纍石爲舟擬卧遊，翛然一枕即丹丘。雲隨鳥影疑帆挂，露濕花茵似水流。揮塵不辭杯在手〔四〕，放歌仍待月當頭。知君夙有澄清志，莫畏風波隱釣鈎。」代外賦山舟「空林日暮行人少，維揚古渡聞啼鳥。閒雲來去數峰青，極浦寒烟孤樹杪。岸闊潮平一雁過，木蘭舟蕩采蓮歌。荒村漁火半明滅，新月如鈎映薜蘿。忽聞野寺初鐘動，棹歌款乃江風送。徘徊枕上意如何，清笳吹起江南夢。」揚州晚泊「流鶯啼破晚風涼，越女新裁白苧裳。蕩舟來往青山傍，輕橈緩緩歌橫塘。菱荷花浮水面香，笑聲驚起雙鴛鴦。一鈎纖月吐秋光，連袂歸來夜未央。」采蓮曲詩皆清惋鮮妍，不搆思而得。趙碩人、陸卿子序之，謂其夙世才情，信不虛矣。而范夫人、徐玉卿序閒靚詩，亦云灑灑胸臆，致遠思悠，生長繁華，躭情風雅，尤儒紳佔僤所難也。若柔卿之生死異夢，皈依西聖，柔嘉之髫年禪悦，想絕桃夭。其誦經聞鳥聲云：「迦陵可解西來意，又報人間夢不長。」孫令弘黃媛傳：「蓮因夙胎絜果，陡斷前言，得無詩讖耶？」媛名雙蕙，孟畹名蘭貞，柔卿名淑德，恭人名紉蘭，一門閨閫之盛，罕見其比。乃孟畹之戀戀身後名，永訣一詩更定數字而逝。洵矣，色根可斷，名根難絕，不獨鬚眉男子也。

校勘記

〔一〕「目」，原作「日」，據崇禎刊本、江户初抄本改。

〔二〕「海」，原作「梅」，據崇禎刊本、江户初抄本改。

〔三〕「月」，原作「用」，據崇禎刊本、江户初抄本改。

〔四〕「杯」，原作「林」，據崇禎刊本、江户初抄本改。

小青詩黄增

會稽女子、廣陵姬小青，皆以蘭姿蕙質，爲人小妻，偶下材，逢妒婦，悒悒幽恨以死，爲世憐惋。新嘉驛題壁詩，宇内詞人和者非一矣。小青焚餘，一書、一詞、十一詩，余友孫令弘購得之。既繡諸梨棗，復圖其小像，乞馮大令書，裝演什襲，珍逾琬琰。余一再讀，輒泣下沾襟，賦十絶弔之，情之所至，不能已已也。集中寄某夫人書，絶凄惋綿至，似六朝人語。文多不載，今載其一古詩、七絶句云。「雪意閣雲雲不流，舊雲正壓新雲頭。米顛顛筆落窗前，松嵐秀處當我樓。垂簾只愁好景少，捲簾又怕風繚繞。簾捲簾垂底事難，不情不緒誰能曉。爐烟漸瘦剪聲少，又是孤鴻淚悄悄。」古詩「稽首慈雲大士前，莫生西土莫生天。願爲一滴楊枝水，灑作人間並蒂蓮。」「春衫血淚點輕紗，吹入林逋處士家。嶺上梅花三百樹，一時應變杜鵑花。」「新妝竟與畫圖争，知在昭陽第幾名。瘦影自憐春水照，卿須憐我我憐卿。」「西陵芳草騎轔轔，内信傳來唤踏春。杯酒只澆蘇小墓，可知妾是意中人。」「何處雙禽集畫闌，朱朱翠翠似青鸞。如今幾個憐文彩，也向秋風鬥羽翰。」「脉脉溶溶灔灔波，芙蓉睡醒欲如何。妾映鏡中花映水，不知秋思落誰多。」「百結迴腸寫淚痕，重來惟有舊朱門。夕陽一片桃花水，知是亭亭倩女魂。」絶句小青，名玄玄，傳者諱其夫，并諱其姓。嫡屏之孤山，忳悒侘傺，日惟臨流語影。垂絶圖三像，嫡焚其一，并全詩。事載本傳及今題詞中。其寄所善某夫人書，及末後一絶，則永訣語也。

賽濤以下妓女

正德末，古杭清平山巷趙家妻黎氏，生二女。庚辰春，黎攜二女觀燈，叢雜中，少女爲惡少掠去，賣臨清沈鵬，擅名青樓，號賽濤，以詞翰能賽薛濤也。長女歸周子文。子文爲吏，赴京，過臨清，見賽濤貌肖其妻，注目久之，因留宿焉。問所從來，秘不敢言。偶於書中撿一紙，詩曰：「日望南雲淚濕衣，家園夢想記依稀。短牆曲巷池邊屋，羅漢松青對紫薇。」「滿城簫鼓元宵節，小館燈花孤悶時。料得團圓行坐處，有人揮淚説分離。」子文詰之，乃告其故。訟之官，攜歸父母，即以賽濤配子文爲妾。有曲江鶯囀集，皆生平所爲詩詞也。

秦淮四美黄增

冒伯麐選秦淮四美人詩，曰馬湘蘭守真、趙今燕彩姬、朱泰玉無瑕、鄭無美如英。皆舊院妓也，各以風情韻態，價重一時。然馬受知于王百谷、張幼于，趙獲交于沈嘉則、鄔汝翼，偶因緣綰柳絲，遂爾聲蜚桃葉。其實慧心艷藻，必推朱、鄭爲上首。

朱詩云：「滴破愁中夢，聽殘葉上聲。新詩題未得，偏送别離情。」芭蕉雨「夜色涼如水，霜華共月明。誰招青女出，來伴素娥行。」霜月「北雁競南飛，寒風正凜冽。客思倦長途，妾心傷久别。厭聞殘漏聲，愁見不圓月。日日數歸期，空教淚成血。」遊子「入眼春光長似醉，愛春翻作傷春淚。牽情惹恨最愁人，簾外花飛堦絮墜。」「學語新鶯驚夢起，紅妝滿樹催桃李。年華不管是風情，十二闌干春獨倚。」「亂落桃花飛絳雪，柳梢頭上三更月。一縷名香手自焚，關山夢斷魂飛越。」春閨怨

鄭詩云：「我欲留秋住，寒衣不忍裁。歸期何用速，尚有小桃開。」留秋送劉冲倩「投我以明鏡，照妾如蓬首。報以凝桂脂，餘膏染君手。」「遺我屑金墨，報君芙蓉紙。含毫若有懷，應念人千里。」答潘景升寄懷「曲曲迴廊十二闌，風飄羅袂怯春寒。桃花帶雨如含淚，只恐多情不忍看。」「欲撫朱絃韻未調，琴心不奈可憐宵。移來月色簾生白，遮莫鄰

鐘破寂寥。」閨懷「沈沈無語意如癡，春到窗前竟不知。忽見寒梅香欲褪，一枝猶憶寄相思。」「春深鎮日雨瀟瀟，卽是無懷也寂寥。最苦與君初別後，孤幃無寐坐通宵。」「春到深閨徑草迷，柳搖新緑拂牆低。天涯人去歸期杳，空立樓頭聽馬嘶。」「月落西軒夜色闌，孤衾不耐五更寒。君情莫作花梢露，纔對朝曦濕便乾。」春日寄懷其才情流麗，婉而多風。伯謇謂其手不去書，朝夕焚香持課，居然有出世之想。觀其酒次述懷云：「浪説掌書仙，塵心謫九天。喧卑良以厭，徵逐苦相牽。緑綺音誰賞，紅樓任月圓。羞題班女扇，懶擘薛濤箋。度曲翻成偈，鍾情豈是禪。皈依元素志，墮落亦前緣。以我方求渡，逢君轉自憐。眼中知己在，説已竟徒姸。」可謂泥裏蓮花，能空色界者矣。

趙今燕詩：「月從今夜滿，秋向此時分。莫惜金尊數，清光喜共君。」中秋對客「獨坐掩空幃〔二〕，愁看雙燕飛。思君不如燕，一歲一來歸。」燕來「柳絮春泥玉壘封，珠簾深鎖暮烟濃。分明記得雙棲處，夢繞青樓十二重。」憶故居「桃源人去絳幃寒，强折花枝帶笑看。月上梅梢空有影，風吹柳絮不成團。」「桃源人去絳幃寒，萬樹桃花春未殘。洞口有雲留白鶴，人間無路見青鸞。」續首句成韻五絶楚楚風流，音諧句適，亦平康之秀也。若湘蘭之遊桃花塢：「却似武陵迷舊渡，翻成我輩是漁郎。」夜坐：「江光瀲灩人千里，夜色淒涼角數聲。」喜客泉：「泉本無心留客駐，客歡清淨自徘徊。」答顧太湖索畫：「换馬敢希燕市駿，爲雲空到楚王臺。」有懷：「竹榻清人夢，花香媚酒杯。覺來有幽趣，明月滿妝臺。〔一〕」對茉莉有懷「浴罷坐含情，花開雪色明。香魂乘月度，素質傍人清。插鬢頻窺鏡，烹茶旋入鐺。相思千里外，孤枕聽殘更。」詞雖慳于片玉管，差窺其一斑矣。

校勘記

〔一〕「空」，崇禎刊本、江户初抄本作「羅」。

梁玉姬黄增

梁玉姬，不知何許人，然云避居霅水，則當爲吴興人也。自署嫏嬛女史，名其集曰嫏嬛集。篤志縹緗，游情竹素，評史則衮正鉞邪，談詩則出風入雅，雖誤墮樂籍，而不染鉛華。其所祠「花壇三秀」，奉薛洪度主盟，而以蘇小、關盼配，蓋自況也。七歲賦落花云：「花神風伯苦相殺，折我經春莫逆交。丙夜挑燈腸欲斷，又聞窗外響枝梢。」病起：「一病經春怯軟羅，輕拈紅豆打鸚哥。詩逋近日知多少，三月鶯花夢裏過。」偶題：「參得詩家一字禪，興來落筆似仙仙。箇中意象何人解，鏡裏琪花水裏天。」早起：「微朦眼角髻兒偏，一線紅痕印頰邊。欲賦曉寒寫幽思，憑誰覓與衍波箋。」自題小照：「如憨如媚軟紅枝，手按輕羅欲寫詩。一段傷心描未得，眼邊添箇淚痕兒。」雜咏：「春初早韭自嫌暈，紫蓼青菰不厭耘。欲製荷衣消夏日，擬爲蘆被臥秋雲。」作字：「近來學得八分書，只恐癡肥似墨猪。閑傍芭蕉拈筆處，翠華滴滴落衣裾。」寄懷：「春來贏得小宮腰，淡淡纖眉也懶描。欲笑欲啼俱未得，鳥鳴花落送良宵。」

七言律云：「撿點花枝到藥欄，聚愁容易散愁難。門前有客常題鳳，鏡裏何人爲舞鸞。彩筆三春惟剩淚，綃衣六月不禁寒。醒雲醉月情何限，又自籠燈丙夜看。」漫興「緑戰紅酣意未窮，遊絲不罥往來氈。落來依草如迴雪，聚處爲茵也怕風。非霧非烟紅滿陣，忽高忽下錦辭叢。可憐金屋盈盈女，欲墜泥塗伴蟣蟲。」飛花十三歲作

新婚歌云：「緑窗女兒顔色濃，盈盈十五淡眉峰。雲鬟翠緑俊眼溶，朱櫻一點齒牙淙。準如削玉臉含丰，千嬌萬媚難繪容〔一〕。嬌娃合與佳壻逢，綺叢擁抱情所鍾。桃花浪裏翻雙龍，羞生兩頰心忪忪。欲推欲就移腕慵，半甘半苦曲意從。卸去羅襦露酥胸，展舒雪股花城封。玉脂墳起無蒙茸，一朶出水新芙蓉。奇葩不禁驟雨衝，丁香荳蔻恣狂蜂。纏綿宛轉往來憧，意興躍躍未摧鋒。汗光點點髻亂鬆，低聲細喘口喁喁，宛如碎月泣寒蛩。檀郎憐惜不忍春，好爲護持情更濃。文鴛彩鳳樂自雍，夕忘寐兮旦忘饔。春心透洽

奏笙鏞，誰道巫山隔幾重，處子應勝卓臨邛。」夢遊燕子磯云：「昭陽殿裏趙家妝，何處飛來砥大江。千古晴空翻濕翠，擊天風雨未曾降。」其他艷詞麗句，不可勝紀。慧質天成，藻思雲涌，恐蔡文姬、李居士未易頡頏也。

校勘記

〔一〕「嬌」，崇禎刊本、江户初抄本作「妖」。

薛素素王修微黄增

素素居京師時，爲緹帥外宅，人罕識面。余友蘇時欽，以雙帕乞畫蘭竹，多方購得之，併題一絶云：「翠竹幽蘭入畫雙，清芬勁節伴閑窗。知君已得峨眉秀，我亦前身在錦江。」時欽久游岱，素素用二姓故實，殊有致。畫尤楚楚多姿，其一歸於余，藏之三十五年矣。它日思君處，憑欄看水流。」不知落何許也。王修微詩云：「爾别向何遊，月明江上舟。送生甫「月落寒流急，風微桐影斜。更堪霜裏雁，飛過少年家。」偶賦「去去應難問，寒空葉自紅。此生已淪落，猶幸得君同。」送譚友夏「送春腸已斷，况復送夫君。記得前年別，勞亭日已曛。雨晴山色近，風細水光分。花事凋殘後，奇峰想夏雲。」夏前送止生「憶郎此日不曾癡，倚閣凭欄應自知。挑盡殘膏無一語，背人偷看合歡詩。」戲贈閨人「半欲窺人半怯人，儘教過眼入簾頻。篙師伐鼓非儂意，寂寂孤舟愁有因。」鄰舟女詩多泠雋微遠，蓋深于情者，且修真結客，與素素俱才而俠，然學道不終，三嫁未了。迹二姬行事，頗類夏徵舒母，以視燕樓章臺，不無愧色耳。

素帶

吳中有小妓素帶者，能詩，嘗送情人四言云：「郎明日別，妾心惙惙。願作郎車，與郎共歇。」又云：「妾作五言詩，試寫梧桐葉。因風寄贈郎，期與郎相接。」余聞之沈從先云。

外夷五則

朝鮮詩

新都汪伯英，從萬中丞經略朝鮮，集其國中古今詩四卷，儼然中華之調，今拔其尤者載之。金淨旅懷云：「江南殘夢晝厭厭，愁逐年華日日添。鶯燕不來春又去，落花微雨下重簾。」白元恆秋夜云：「草堂清夜雨初收，小雨寒螢濕不流。獨臥牀頭思往事，砌蟲啼破一簾秋。」申光漢書事云：「歸思無端夢自迷，先生今老小村西。杏花繞屋繁如雪，春雨霏霏山鳥啼。」南孝温寒食詩：「天陰籬外夕寒生，寒食東風野水明。無限滿船商客語，柳花時節故鄉情。」

又有李媛、成氏、許妹三人，女中之英也，詩法尤儁。李自適云：「虛簷殘溜雨纖纖，枕簟輕寒曉漸添。花落後庭春睡美，呢喃燕子要開簾。」秋恨云：「絳紗遥隔夜燈紅，夢覺羅衾一半空。霜冷玉籠鸚鵡語，滿堦梧葉落西風。」成氏楊柳詞云：「青樓西畔絮飛揚，烟鎖柔條拂檻長。何處少年鞭白馬，緑陰來繫紫遊韁。」「條妒纖腰葉妒眉，怕風愁雨盡低垂。黄金穗短人爭挽，更被東風折一枝。」許妹塞下曲云：「寒塞無春不見梅，邊人吹入笛聲來。夜深驚起思鄉夢，月滿陰山百尺臺。」西陵行云：「錢唐江上是儂家，五月初開菡萏花。半𦨴烏雲新睡覺，倚欄閑唱浪淘沙。」至于律詩、古風，尤多雅調。月殿上梁文亦駢麗，不能悉録。

朝鮮許氏

新都汪伯英，曾刻朝鮮詩，余已採録數首。近程將軍相如，又輯四女詩行于世。許妹氏者，狀元許筠、正郎許篈之妹也。兄弟並著才名，而妹詩尤工。游仙詞云：「千載瑶池別穆王，暫教青鳥訪劉郎。平明上界笙簫返，侍女皆騎白鳳凰。」「瑞風吹破翠霞裙，手把鸞簫倚五雲。花外玉童鞭白虎，碧城邀取小茅君。」「乘鸞來下九重城，絳節霓旌別太清。逢着周靈王太子，碧桃花下夜吹笙。」「紫陽宫女捧丹砂，王母令過漢帝家。窗下偶逢方朔笑，別來琪樹六開花。」「六葉羅裙色曳烟，阮郎相唤上芝田。笙歌暫向花間盡，便是人寰一萬年。」次仲兄望高臺韻云：「層臺一柱壓嵯峨，西北浮雲接塞多。鐵峽霸圖龍已去，穆陵秋色雁初過。山連大陸蟠三郡，水劃平原納九河。萬里登臨日將暮，醉憑長劍獨悲歌。」

朝鮮李媛

朝鮮李媛秋思云：「翡翠簾疏不蔽風，新涼初透碧紗籠。涓涓玉露團團月，説盡秋情草下蟲。」

倭詩

倭夷入貢，駐舶杭城外涌金門。詠柳云：「涌金門外柳如金，三日不來成緑陰。折取一枝城裏去，教人知道是春深。」又：「西風古道摧楊柳，落葉不如歸意多。」

蠻歌

粤東俗淫，有蠻歌云：「老龍山下有狂風，老龍山上月朦朧。檳榔勸郎郎不醉，辜負奴唇一點紅。」

詩搜遺二十五則

薛禮

唐書薛仁貴軍中歌曰：「將軍三箭定天山，戰士長歌入漢關。」按集古録，薛禮，字仁貴，見天寶二年苗神客所撰碑文。軍中之歌，碑亦不載。

歐陽遺詩

余在白門時，編刻歐陽詹集，自謂無遺矣。偶閲全蜀藝文志，詹有新都行云：「縹緲空中絲，蒙蘢道傍樹。翻兹葉間吹，惹彼花上露。悠揚絲意去，苒蒻花枝住。何計脱纏綿，天長春日暮。」原本所遺，尚俟補續。

衛公漳浦詩

李德裕嘗至閩中，過漳浦驛詩云：「嵩少心期杳莫攀，好山聊復一開顔。明朝便是南荒路，更上層樓望故關。」此詩鮮有知者。

柳公權詩

柳公權以書名一代，而詩無聞。高棅收品彙，唐代諸賢無遺，而公權名缺焉。予得其遊底柱山一首云：「禹鑿鋒鋩後，巍峨直至今。孤峰浮水面，一柱釘波心。頂壓三門險，根隨九曲深。撑天形突兀，逐浪勢浮沈。岸響秋濤射，祠斑夜浪侵。噴香龍上下，刷羽鳥登臨。祇有尖迎日，曾無影轉陰。舊碑文字在，遺事可追尋。」底柱山，在陜州。

韓致堯卒於閩中

韓偓流寓閩中，所作詩僅傳南臺懷古一首云：「無那離腸日九迴，强舒懷抱立高臺。中華地向天邊盡，南國雲從島上來。四序百花長見雨，一冬無雪却聞雷。離宫紫氣生冠冕，却望扶桑病眼開。」偓卒于閩。其子寅亮與鄭文寶言：偓捐館日，温陵帥聞其家藏箱笥頗多，而緘鐍甚固，發觀，得燒殘龍鳳燭、金縷紅巾百餘條，蠟淚尚新，巾香猶鬱。乃偓爲學士日，視草金鑾，夜還翰苑，當時皆宫人秉燭以送，悉藏之。又文寶少時，於延平見一老尼，亦説斯事，尼乃偓之妾耳。第未考偓葬于何所也。

劉昌言

世人常言「一舉首登龍虎榜，十年身到鳳凰池」之句，不知此乃宋太宗朝泉州劉昌言上吕蒙正相公詩也。「重名清望遍華夷，恐是神仙不可知。一舉首登龍虎榜，十年身到鳳凰池。廟堂只似無言者，門館長如未貴時。除却洛京居守外，聖朝賢相復書誰。」昌言仕至工部侍郎，嘗獻聖德詩五十韻，得君之盛，未有其比。

元章逸詩

米元章遺文散落，傳者甚少。近范長康作志林，收拾殆盡，然亦有失收者。一統志載盱眙八仙臺一首：「山徑重重鎖緑苔，松花曾見幾番開。神仙費盡招呼力，那得仙官一箇來。」韻語陽秋載陪東坡往金山作水陸云：「久陰陣奪佳山川，長瀾四溢魚龍淵。衆看李郭渡浮玉，晴嵐掃出清明天。頗聞妙力開大施，足病不列諸方仙。想應蒼壁有垂露，照水百怪愁寒烟。」又棲雲閣云：「雲出救世旱，澤浹雲尋歸。入石了不見，豐功已如遺。龍騫薦復起，抱石明幽姿。雲乎無定所，隱者何常棲。」近閲千百年眼，載賞心亭一絶：「晴新山色黛，風縱蘆花雪。盡日倚闌干，寒宵低細月。」皆可補志林之缺者也。

萍齋

宋林彖，莆人，工詩。閒行云：「風摇麥隴東西浪，春入郊原遠近花。閒趁溪流到村曲，斷垣喬木兩三家。」卽事云：「草上濃霜泫未乾，曈曨初日破朝寒。林中槁葉隨風去，紅柹猶餘鳥啄殘。」彖號萍齋，乾道間詔舉遺逸起家，爲迪功郎，仙遊法華菴是其隱處。

勸農

宋留碩，字季膺，丞相正之子也，官南恩州。勸農詩云：「春風勾引出郊行，小隊迢迢草路平。自笑田蕪不歸去，三千里外勸人耕。」

徐彝甫詩

宋三山徐範，字彝甫，慶元中與楊宏中劾韓侂胄，編管遠方，禁錮，志乘及綱鑑稱爲「六君子」，然未傳能詩也。嘗登太行山，云：「茫茫遠樹隔烟霏，獵獵西風振客衣。山雨未晴嵐氣濕，溪流欲盡水聲微。回車廟古丹青老，碗子城荒草木稀。珍重狄公千載意，馬頭重見白雲飛。」範登嘉定進士，通判澤州，官終朝奉大夫，實不肖族祖也。詩所傳者，僅此耳。見河南通志。

岳墓詩

古今題岳王墓者多矣，而佳者實未易得。元季韓古遺一篇，岳集未收，差有温李之調，詩云：「妖星墜地芒角赤，劍龍悲吼國蕭瑟。中原王氣挽不回，將軍一死如毛擲。秦家小兒真戲劇，播弄造化搖樞極。指讐爲親忠且逆〔一〕，隻手上遮天眼碧。九重茫茫隔天日，無由下燭臣愚直。臣愚萬死不足惜，國耻未湔猶憤激。古壙埋冤血空瀝，風雨年年土花蝕。我恐精忠埋不得，白日英魂土中泣。請將衰骨斲出荒苔痕，獻作吾王補天石。」古遺，名信同，寧德人。

校勘記

〔一〕「讐」，原作「誓」，據四庫全書本改。

項羽廟

林景熙題項羽廟云：「英雄蓋世竟何爲，故里淒涼越水涯。二百勢傾争逐鹿，八千兵散獨乘騅。計疏白璧孤臣去，淚落烏江後騎追。遺廟荒村人酹酒，至今春草舞虞姬。」景熙，卽收宋六陵骨林義士也。

郊居生金銅仙人辭漢歌

余辛丑客邵武，於友人徐梧家見楊廉夫手書一卷，字法蒼勁，其後跋云：「此乃郊居生題金銅仙人辭漢歌。予謂小李絶唱後，萬代詞人不可着筆，此生膽大而有是作也。呼天籲，裂地維，鼎定天下，見於此矣。銅臺折，當塗高，又豈爲卯金氏感慨也哉？」其詩云：「神明臺辿茂陵鬼，六宫火滅劉郎死。芙蓉仙掌擎高秋，雄雷掣碎銅蛟髓。魏官移盤天日昏，車聲轔轔繞漢門。鐵肝苦淚滴鉛水，石馬尚載西風魂。青天爲客驚曉别，天籟啼聲地維裂。銅臺又折當塗高，夜夜相思渭城月。」郊居生，不知何人。讀此詩，可泣鬼神，宜廉夫愛而録之。第亡其姓名，可惜也。

陳有定

陳有定元末倡義勤王，太祖恨其不歸附，置之重辟。高岱、王世貞、郭造卿嘉其忠，各爲立傳。有定據閩，有功於閩。閩郡志皆出林宗伯、司空二公之手，林氏世沐國恩，自不宜爲有定作傳。得數君紀之，實不泯其忠義耳。有定雖起行伍，而亦能詩，送趙將軍云：「縱横薄海内，不愴别離顔。幾載飄零意，秋風一劍寒。」及被收之後，作詩云：「失勢非人事，重圍戟似林。乾坤今已老，不死舊臣心。」

胡忠臣

饒州番君廟壁有畫松，元末鄱人胡閏題詩云：「幽人無俗懷，寫此蒼龍骨。九天風雨來，飛騰作靈物。」太祖下饒州，見其詩，召見。越八年，太祖即位，郡舉秀才，授督府都事。建文初，擢右補闕，靖難不屈死，赤族男女死者二百十七人。烟雨夜，其故居孤猿哀號徹曉。今有祠在鄱陽。近年屠御史初爲立祠，揭榜丈餘，忽爲旋風招摇上天，自午至申，復還邑正堂之中，毫無毁裂，信胡公之神猶在。予客饒，拜謁公祠，詢之里人，能道其詳，亦怪事也。

花狀元黃參

洪武中狀元歷歷可數，有花綸、張顯宗，狀元不知何年。練子寧送花狀元歸娶詩云：「二月都門鶯亂啼，郎君春色上朝衣。潘生況擬供調膳，張敞應須學畫眉。南陌酒香銀甕熟，西湖月朗畫船歸。極知身負君恩重，莫遣心隨粉黛移。」綸之少年可知矣，然史傳無所表見，豈早謝人間耶？按錢唐志，花綸，洪武十七年浙江解元。田叔禾登科考謂顯宗非狀元也。按弇州筆記，洪武十八年會試，黃子澄第一，練子寧次之，花綸又次之。廷試擬綸爲第一，而上以夢故，用丁顯爲狀元，子寧第二，綸第三。則綸乃探花，非狀元也，其稱狀元，或以初擬故。狀元考載此詩，亦稱花狀元也。十七年浙解元乃顧觀，非花綸。張顯宗，福建寧化人，洪武二十四年登許觀榜第二人〔二〕。後觀以靖難削籍，故是榜以顯宗爲第一。實榜眼，非狀元也。

校勘記

〔一〕「二十四年」原爲「十四年」，按郭棐粤大記皇明進士科，許觀乃洪武二十四年狀元，今據補。

浦長源荆門詩

浦長源送人之荆門詩云：「長江風颺布帆輕，西入荆門感客情。三國已亡遺舊壘，幾家猶在住荒城。雲邊路繞巴山色，樹裏河流漢水聲。若過旗亭多買醉，不須弔古漫題名。」近見一詩話載此詩稍異，今録于後：「疋馬南歸望古城，半林殘雨夕陽明。雲邊路繞巴山色，樹裏河流漢水聲。墮淚有碑苔色古，甘棠無樹酒旗横。那堪回首成陳迹，笳鼓西風慘客情。」詩話無名氏，予得之杭州僧房。

亡臣遺詩

當靖難時，朝士出走、祝髮、就傭者，不可勝數。宣德初，有綿竹山人題詩於浦城梨嶺云：「山河形勝今猶在〔一〕，宮闕趨蹌事已非。冀野風生雙虎鬥，咸陽火起一龍飛。傷心何忍聞黄詔，稽首無緣見衮衣。擊石獨懷千古恨，仰天血淚不勝揮。」又萬州海雲菴有老僧示寂，衣上有詩曰：「十年依佛國，萬里走天涯。舊主無尋處，孤臣敢問家。何心嬰組綬，有血滴袈裟。寒食魂應寂，悲歌愧五蛇。」皆泯其姓氏。近秀水屠侍御刻朝野彙編，不載此二詩，故録以待野史採擇。

校勘記

〔一〕「在」，四庫全書本作「昔」。

吴康齋詩

崇仁吴與弼，號康齋，會元溥之子也。當英宗時，講學授徒，名重一時。英宗特旨聘至京，授左春坊諭德，堅辭不就職，仍遣行人送歸故里。所著有康齋集，皆光風霽月、誠意正心、道學頭巾語。然喜爲詩，處處留詠，而求其不陳腐者絶少。漫録數首，重其品也。過邗城云：「丹陽古渡接瓜洲，萬頃黄雲麥正秋。一榻午風清夢覺，又題新句過揚州。」夢家云：「百體衰慵兩眼花，雲山久已隔紛華。宵來魯水橋邊榻，一片離魂只在家。」見紅樹云：「船頭時作望鄉吟，難寫浮生去住心。忽忽不知爲客久，誰家紅樹報秋深。」

伯虎逸句

唐伯虎詩今世傳者，十之一耳。有「杜曲梨花杯上雪，灞陵芳草夢中烟」，佳句也，集中不載。見郎瑛七脩類稿。

芙蓉園

傳丁戊山人初家朱紫坊，卽宋陳忠肅芙蓉園故址也，鄭繼之爲題門帖云：「巷陋過顏，老去無心朱紫；園名自宋，秋來有意芙蓉。」晚歲移居桂枝坊，有詩云：「巷隱桂枝堪偃息〔二〕，家存土窟省經營。」

校勘記

〔一〕「息」，原作「息」，據崇禎刊本、江户初抄本、四庫全書本改。

吴歌

吴歌云：「夜合花開香滿臺，夜夜期郎郎不來。當初只道夜合花開夜夜合，那知夜合花開夜夜開。」

畫蘭詩

先君子少時，得文徵仲畫蘭一幅，文題詩云：「手培蘭蕙兩三栽，日暖風微次第開。坐久不知香在室，推窗時有蝶飛來。」後宦遊南北，此畫寄之親故，竟致失落。予幼年，先君曾爲予誦之，至今歷三十餘年猶不忘也。考之甫田集，無載，因記之。

黄后谷

福安黄后谷先生釧，字珍夫，舉嘉靖丁酉鄉薦，爲温州郡丞〔一〕。丙辰，倭寇温州，將兵拒戰，乘勝直進，孤軍無援，遂大潰。賊脅之降，叱之，索之金，復叱之，賊怒，支解寸斬之，年四十七。詔贈右參議，祠祀之，弇州王元美爲作衣冠墓志。先生能詩，有墮樵録，又野望云：「連朝微雨恰新晴，沙草含風軟緑平。碧水畫船歸棹去，夕陽烟樹一痕清。」又云：「竹松疏護兩三家，流水浮香帶落花。樵笛數聲烟漠漠，隔溪人散夕陽斜。」曉行云：「誰家流水石橋邊，蕎麥花開白滿田。日出柴門人未起，嵐雲飛滿小樓前。」先生無子，猶子嗣之，蔭太學生。

校勘記

〔一〕「郡」，原作「部」，據崇禎刊本、江户初抄本、四庫全書本改。

林粤山

先輩林粤山紀，善畫工詩，官石城令歸，與先君鄰居，論交最密。嘗賦二律詩，寄先君於京邸，云：「花屏一别幾經秋，錦里長懷舊日遊。村碓溪流春月急，野亭路接占雲幽。虚名自笑身爲累，往事徒驚鬢是愁。吾道看君高誼在，暮烟回首思悠悠。」「自憐野性生來僻，愛住溪山斷俗氛。林下一筇穿鳥出，沙邊半舫與鷗分。野僧久别詩還寄，鄰老頻過酒又醺。目送征鴻度天碧，悠悠巖際有歸雲。」遺稿散逸，二詩曾書扇頭，予至今寶藏之。

陳殿元

嘉靖癸丑狀元及第陳先生謹，號環江，授翰林修撰，左遷惠州府推官，終右春坊右中允。早卒，所著詩文稿軼弗傳。天啓丙寅夏日，偶翻舊帙，得先生手書詩一紙，貽先大令者。先大令與先生契厚。蠹蝕之餘，字蹟尚可辨，恐日久湮滅，謹識于後。贈林心泉紀績大羅云：「南滇波静陣雲微，暫假行旌閱戰圍。殺氣隨風傍戍戟，霜威凝霧護戎衣。鯨鯢忽報吴江盡，狐兔今看越嶺稀。投筆動名成指顧，燕然莫數羽書飛。」「幕府軍聲動太微，笑談樽俎破重圍。功勞細紀新編簡，汗血環污舊鐵衣。怪洞妖氛須盡掃，窮山水火未全稀。沈冤惟仗留冰鑒，霜節争傳雨霧飛。」同林心泉憲伯赴蒼梧舟行即事：「嶺海投荒賦式微，得從仙侶解愁圍。舟經水寺聞僧磬，簾放溪風上客衣。對弈坐忘春雨濕，論文閒望暮雲稀。酒闌未盡相看思，兩地征帆共晚飛。」「天涯景物轉霏微，多病應寬舊帶圍。按劍知誰憐夜璧，彈冠空自愧宫衣。烟深野圃花容老，日暗郊原樹影稀。獨羡嚶鳴枝上鳥，不因春去更分飛。」題小金山控海樓次毛東塘韻：「爲愛層樓高控海，少維征櫂步苔坡。虛窗隔水塵難到，芳草傍花景自多。雨過不妨遊屐興，風清應送扣舷歌。回瞻蘇老臺前像，涕淚春添兩岸波。」「粵南蜃氣噓滄海，遠結樓臺駕水坡。晝靜簷飛紅雨亂，日遲幔捲白雲多。孤峰突起潮頭障，好鳥長調樹杪歌。凭几凝眸天地闊，不知人世有風波。」登羅浮山：「悠悠歸棹渡東洲，獨上羅浮作勝遊。征旆曉飛千嶂露，振衣涼動一山秋。蓬萊積翠侵禪閣，錦繡生花映石樓。借問仙踪何處覓，採芝遥指白雲頭。」青霞洞新創明覺樓登眺：「洞門蘿薜鎖青霞，樓閣新看近築沙。謫吏遠繩蘇老跡，探奇應訪葛仙家。藥槽丹竈留真勝，晴日和風爲我賒。如意好峰俱着眼，仰天長嘯興無涯。」遊天華宮值雨：「天華佳勝近如何，乘興登攀載酒過。古帝宮門空蔓草，諸賢祠廟已新羅。鶴鳴清漢傳風遠，龍起澄潭帶雨多。回望雙流懸絕澗，滿前郊野借餘波。」

王無留

王無留，百谷第五子也，文采風流，宛有父風，惜早夭，而未盡其才。嘗見其定交行贈黃元常歸建武云：「阿翁定交從帝里，遂得因翁交仲子。名父佳兒秀出塵，衹疑已盡東南美。近來復喜得交君，面雖初識名常聞。翁難爲父仲難弟，此外時流何足云。我最疏狂君獨取，深想談文共揮塵。兩人口角生春風，清響潺潺不關雨。我也奇窮能作客，任取庸夫互彈射。千里多尋朋友盟，一身已結溪山癖。知君家在麻姑傍，煩與傳言君勿忘。親揭烏衣釀仙酒，好待方平來共嘗。」

徐氏筆精卷之五終

光緒七年秋七月巴陵方功惠校刊

徐氏筆精卷之六

詩話六十一則

古文類詩

古書句法可入詩者甚多。「文繡被臺榭，菽粟食鳧雁。」晏子「門外長荆棘，堂前生藿藜。」「甲胄生蟣虱，燕雀處帷幄。」韓非子「强弩弋高鳥，走犬逐狡兔。」淮南子「勁弩殪狂兕，長戟斃熊虎。」「瓦石成珪璋，龍駿棄林洞。」「鑿石有餘焰，年命已凋頽。」抱朴子「典御進新水，鈎盾獻早李。」顔氏家訓「金甲映平陸，鐵馬炤長原。」江淹答休範書

警世語

經鉏堂雜志云〔一〕：「不結良因與善緣，苦貪名利日憂煎。豈知住世金銀寶，借汝閒看七十年。」可以警世。

校勘記

〔一〕「鉏」，原作「組」，據崇禎刊本、江戸初抄本改。

廣厦

梵志云：「多置莊田廣修宅，四鄰買盡猶嫌窄。雕牆峻宇無歇時，幾日能爲宅中客。」唐詩云：「多少朱門鎖空宅，主人到老不曾歸。」此可爲營廣厦者之戒。

空梁落燕泥

小説家嘗言薛道衡以「空梁落燕泥」句爲煬帝所殺，非也。按本傳：「帝會議新令，久不能決，道衡曰：『使高熲不死，令當久行。』帝怒，令自盡。」又隋唐嘉話：「道衡因事誅，帝曰：『能作「空梁落燕泥」否？』」只謂其從今不能賦詩耳，非緣此一句被殺也。不然，道衡佳句甚多，煬帝若果忌之，當早誅之矣，安能容其至七十而死耶？

三條燭

唐以詩賦取士，科試日，給燭三條，作賦八韻。時謡云：「三條燭盡，燒殘士子之心；八韻賦成，驚破試官之膽。」又云：「三條燭盡鐘初起，九轉丹成鼎未開。」然八韻律賦，似不待三條燭盡而後成，是知唐士才思遲鈍，若温飛卿八叉，能有幾耶？

杜律雙字

杜律喜用雙字，泠泠、冥冥、皎皎、淒淒、霏霏、細細、陰陰、娟娟、冉冉、事事、深深、款款、熒熒、颯颯、丁丁、寂寂、悠悠、處處、泛泛、納納、飛飛、蕭蕭、滚滚、短短、輕輕、片片、姍姍、飄飄、箇箇、輝輝、青青、白白、紛紛、淅淅、團團、雙雙、的的、漠漠、遲遲、荒荒、泯泯、欣欣、時時、村村、岸岸、惺惺、句句、哀哀、匆匆、暉暉、蒼蒼、茫茫、微微、脉脉、湛湛、裊裊、戎戎、淰淰，至古風、歌行，又不可勝數矣。

後生

後生輕侮老成，從古爲然。杜詩云：「晚將末契託年少，當面輸心背面笑。」雲溪范攄云：「近來年少輕前輩，好染髭鬚事後生。」東坡云：「世上小兒誇疾走，如公相待今安有。」以二公之名德，猶然不滿于後生，况其他乎？

驥子熊兒

杜甫二子，一曰熊兒，宗文也，一曰驥子，宗武也。甫詩云「驥子好男兒」，又云「驥子春猶隔」，又云「驥子最憐渠」，又云「詩是吾家事」，又云「汝啼吾手戰」，而無一語及熊兒，何也？豈宗文失學耶？「失學從兒懶」，豈指宗文耶？

南海寶玉

唐王珪之孫硃使南海，子美詩曰：「家聲肯墜地，寶貝休脂膏。」魏徵之孫祐使交廣，子美詩曰：「南遊炎海甸，世亂輕土宜。」子美愛惜王、魏，故戒其孫之却寶貝、土宜也。至岑參送人尉南海，則曰：「此鄉多寶玉，慎莫厭清貧。」乃教之以貪也。今之爲官多喜入廣，其嘉州之意乎。

古柏行

子美古柏行云：「霜皮溜雨四十圍，黛色參天二千尺。」四十圍者，言其幹也，二千尺者，言其高也，語似不經。然段文昌武侯廟亦作古柏文云：「合抱在于旁枝，駢梢葉之青青；百尋及于半身，蓄風雷之冥冥。」觀旁枝合抱，則見幹之四十圍，百尋半身，則見高之二千尺，二公詩文暗合。柏樹之大，不誣矣。

唐貢荔枝

唐鮑防，襄州人，天寶末舉進士，大曆中爲福建觀察使。時明皇詔馬遞進南海荔枝，七日七夜達京師，防作雜感詩云：「漢家海内承平久，萬國戎王皆稽首。天馬常銜苜蓿花，胡人歲獻葡萄酒。五月荔枝初破顔，朝離象郡夕函關。雁飛不到桂陽嶺，馬走皆從林邑山。甘泉御果垂仙閣，日暮無人香自落。遠物皆重近皆輕，雞雖有德不如鶴。」目擊時艱，一念忠懇可見。是知貴妃所食荔枝，實出南海，已見劉昫唐書并防詩。蔡君謨譜謂「愛嗜涪州，歲命驛致」，羅景綸以爲「一騎紅塵」乃瀘戎之産，恐誤矣。

鶴林寺

李涉游鶴林寺云：「終日昏昏醉夢間，忽聞春盡强登山。因過竹院逢僧話，又得浮生半日閒。」曾子固續云：「昔人春盡强登山，只肯逢僧半日閒。何事一尊乘興去，醉中騎馬月中還。」

文士窮

孟郊落第云：「出門自有礙，誰謂天地寬。」于濆思歸云：「日開十二門，自是無歸計。」文士之窮，真堪涕淚。

射鴨

孟郊作尉，開射鴨堂，蓋性喜射鴨爲樂也。有句云：「不如竹枝弓，射鴨無是非。」實自況耳。

詩讖不然

白樂天十八歲時作絶句云：「久爲勞生事，不學攝生道。少年已多病，此身豈堪老。」然白公壽至七十五。黄云：樂天以少年多病，善自調攝，故獲長年，前詩非讖也。

善才

元和中，曹保之有子善才、孫曹綱，俱善彈琵琶，有名。白樂天琵琶行云「曲罷曾令善才伏」，用當時事也。

樂天賣田宅

白樂天有詩云：「先賣南坊十畝園，次賣東郭五畝田。然後兼賣所居宅，彷彿獲緡二三千。吾今年紀七十一，眼昏鬚白頭風眩。但恐此錢用不盡，卽先朝露歸夜泉。」此語可爲老人求富者之鍼砭也。

長吉詩用事

李長吉詩本奇峭，而用字多替換字面，如吴剛曰吴質，美女曰金釵客，酒曰箬葉露，劍曰三尺，水曰玉峰，劍具曰麗歎，甲曰金鱗，燐火曰翠燭，珠釧曰寶粟，冰曰泉合，嫦娥曰仙妾，讀書人曰書客，桂曰古香，裙曰黄鵝，釵曰玉燕，蠶曰八繭，月曰玉弓、曰碧華，日曰白景、曰頳玉盤，帨曰封巾，城曰女垣，鼠穴曰竄徑，天門曰閶扇，王孫曰宗孫，禁中曰御光，小柳曰拱柳，鵾絃曰雞筝，竹曰緑粉，筍曰龍材，漆燈曰漆具，旅獒曰旅狗，帶曰腰鞓，犬曰宋鵲，墓曰墳科，碑曰黑石，拍板曰蠟板，白馬曰白騎，髮曰鳳窠，懸鶉曰飛鶉，日光曰飛光，槐曰兔目，鮐背曰鮐文，陶令曰陶宰，螢曰淡蛾，鮫綃曰海素，熊掌曰玃拳，五星曰五精，山曰疊龍，馬曰神騎，天曰圓蒼，女衣曰銀泥，符曰合竹，錢曰蚨母，白黑曰粉墨，香曰龍腦，丹書曰靈書，賓雁曰客雁，湘君曰江君。

四皓

楊鐵厓嘗論：四老人者，秦皇、漢帝之不可迹而招者也。使爲子房一呼而至，子房之奴不翅也，豈足爲四老人哉？子房之所呼者，老人之贋者也。蓋子房一時巧術，借人間四老以動漢廷，如優孟之衣冠面目髭鬢爲叔敖而出者，漢祖驚見以爲真，而太子之羽翼遂成，豈料其爲贋也？漢廷諸人罔有覺者，墮良之計深矣。太史公闕而不録，其知良之所爲歟？唐李頻題四皓詩云：「龍樓曾作客，鶴氅不稱臣。」尊之也。余曾游桃源，有詩云：「種得桃花洞裏居，子孫相約事耕鋤。采芝笑殺龐眉叟，輕出商山翼漢儲。」政謂四老人未宜輕出商山，不如秦人之高蹈也。

唐僧不戒酒

唐僧多不戒酒。余嘗見有元人畫醉僧圖，僧可醉乎？任華贈懷素上人云：「十杯五杯不解意，百杯已後始顛狂。」韋應物有寄釋子良史酒云：「秋山僧冷病，聊寄三五杯。應瀉山瓢裏，還寄此瓢來。」然則唐僧嗜酒者多矣，詩人不以爲諱也。

僧飲酒

宋蘇子美贈僧秘演詩云：「賣藥得錢祇沽酒，一飲數斗尤惺惺。」演塗去之，子美大怒，演云：「公詩傳萬口，吾持戒不謹，已爲浮屠罪人，公從而暴之，可乎？」懷素工草書，同時如顔尚書、張處士餉酒與魚，然則懷素亦飲酒茹葷僧也。予遊四明時，與僧公朗交甚密，詩多奇警，亦終日陶陶然醉，屠緯真諸公亦不責之持戒。總之，未能見性，即左持酒杯，右持蟹螯，何害耶？

石羊松石

黄初平叱石爲羊，在金華洞。金華饒古松，往往化而爲石。陸龜蒙詩云：「萬古清風吹作籟，一條寒溜滴成穿。」指東陽松化石也。石化羊、松化石皆在金華，亦一異也。

蘭眼鶯唇

「蘭眼擡露斜，鶯唇映花老。」陸龜蒙子夜歌中語。

阿瞞岧郎君虎

唐玄宗稱阿瞞。按唐語林：「開元二年春，上幸寧王第，叙家人禮。上曰：『大哥好作主人，阿瞞但謹爲上客。』」杜氏通典亦云：「上禁中嘗自稱阿瞞。」乾符歲，僖宗幸蜀，羅隱詩云：「馬嵬山色翠依依，又見鑾輿幸蜀歸。泉下阿瞞應有語，這回休更怨楊妃。」唐德宗小名岧郎，宋高宗小字君虎。

鷓鴣杜鵑

唐鄭谷作鷓鴣詩得名。宋建炎中，諫議大夫鄭瑴作杜鵑詩，諭百官當迎乘輿反正之意，稱鄭杜鵑。

楊大年

宋楊大年數歲不能言，偶家人抱登樓，偶觸其首，卽能語，吟詩曰：「危樓高百尺，手可摘星辰。不敢高聲語，恐驚天上人。」然李白峰頂詩曰：「夜宿峰頂寺，舉手捫星辰。不敢高聲語，恐驚天上人。」大年數歲能吟，豈前生夙根耶？

張三影

張子野號三影，謂「雲破月來花弄影」「隔牆送過鞦韆影」「浮萍斷處見山影」也。後山詩話又云「雲破月來花弄影」「簾幕捲花影」「墮絮輕無影」。若然，則五影矣。

江郎石

江郎三片石，相傳有江氏兄弟三人登之，化爲石。宋王禹偁詩云：「三茅遺躅在金陵，又見江家有弟兄。謝朓門前春色好，一時分付與巖扃。」余觀江郎之石，高數十仞，非人所化必矣，然郡國志亦云「江氏兄弟所化，歲漸長」，此尤不根也。

橘蟲化蝶

蝶之翅文者牝也，翅純者牡也，多橘蟲所化。范成大詩云：「橘蠹如蠶入化機〔一〕，枝間垂繭似蓑衣。忽然蛻作尋花蝶，翅粉纔乾便學飛。」

校勘記

〔一〕「蠹」，原作「橐」，據崇禎刊本、江户初抄本、四庫全書本改。

鴨脚子

鴨脚子，卽銀杏也。歐陽永叔和梅聖俞詩云：「鵝毛贈千里，所以重其人。鴨脚雖百箇，得之誠可珍。」又云：「鴨脚生江南，名實未相浮。絳囊因入貢，銀杏貴中州。」此果北地不能種，今人又呼爲白菓，其葉頗似鴨脚。又，鮑照賦園葵已有「鴨脚」二字。

朱陳村

朱陳村，事見白樂天詩，按徐州志，亦不詳所在。東坡題朱陳嫁娶圖云：「何年顧陸丹青手，畫作朱陳嫁娶圖。聞道一村惟兩姓，不將門户買崔盧。」又云：「我是朱陳舊使君，勸農曾入杏花村。而今風物那堪畫，縣吏催錢夜打門。」二詩切中時弊，予喜誦之。

儲祥宫碑

東坡在翰林，被旨作上清儲祥宫碑，哲宗親書其額。紹聖黨禍起，磨去坡文，命蔡元長別撰。故東坡自作詩云：「淮西事業冠吾唐，吏部文章日月光。千載斷碑人膾炙，不知世有段文昌。」蓋自況也。題云「不知何人作，得于沿流館中」，蓋避禍而諱之也。以韓、蘇重名，尚遭此厄，毋怪今之文人不售于俗眼也。

元暉印章

米元章嘗得古印「元暉」二字，後字其子曰元暉。黄山谷詩云：「我有元暉古印章，印刓不忍與諸郎。虎兒筆力能扛鼎，教字元暉繼阿章。」父子俱用「元」字，本此。

劉鐵笛

武夷五曲舊有鐵笛亭，舊志云：「宋胡寅與劉衡遊此，劉善吹鐵笛，胡贈之詩云：『更煩橫鐵笛，吹與衆仙聽。』劉没，亭廢。朱文公一日與客尋其故址，俄有笛聲發于林外，文公驚異，因復作亭，以『鐵笛』名之。」萬曆初，吾郡陳司馬于五曲築雲窩，凡亭榭皆以「雲」名，更「鐵笛」之名爲「遲雲」〔一〕，泊然無味矣。

校勘記

〔一〕「爲」，原脱，據四庫全書本補。

棋

宋魏鶴山贈弈者云：「少年不識棋，但見剝剝琢琢更相圍。有人指授予，衝關奪角刼復持。少年不識星，但見腷腷膊膊還如棋。亦有告予者，縮贏伏見元有期。七年五溪讀書暇，時把二事相悅怡。久之剨然悟，是間有數人不知。三百六十一棋子，此是乾策藏其奇。萬有一千五百二十星，若以三十六乘之。乘之既盡除坤策，恰與棋數無參差。此理極精密，歸後不復思。」此詩引易以悟棋者也。人能精易數，不患棋之不擅國手。

潘紫巖

癸辛雜識云：閩人潘廷堅〔一〕，初名筠，後以詔歲乞靈南臺神，夢有持方牛首與之，遂改名牥，殿試第三人。牥號紫巖，跌宕不羈，日醉騎黄犢，歌離騷于市，人以爲仙。嘗與社友飲梅花下，皆白衣，既而俱脱衣飲。酒酣客散，衣間各濃墨大書一詩矣。又同社置酒瀑泉，庭堅脱巾裸立流泉之衝，且唱濯纓之章。衆羅拜，以爲不可及，然寒氣已深入經絡，歸即卧病而殂。庭堅讀書，五行俱下，終身不忘。六歲時有詩云：「竹才生便直，梅到死猶香。」識者知其不永。郡志列庭堅于「風概」，似未盡其生平豪舉耳。

校勘記

〔一〕「廷」，當作「庭」。

洞中紅荔枝

烏石山有宿猿洞，怪石森聳。昔有老翁，畜一猿，每夜輒宿洞中。唐季，大築城垣，隔此洞於城外。宋熙寧中，湛郎中俞棄官，歸隱于此。程大卿師孟，篆書「宿猿洞」三字於石，徑尺許。洞前舊有荔枝樹，極佳，名曰「洞中紅」。古靈陳襄贈湛俞詩云：「此去蓬萊峰頂月，夢魂應到荔枝園。」羅源林迥詩云：「荔枝影裏安吟榻，菡萏香中繫釣舟。」國朝廢爲叢冢，荔樹已無存矣。謝肇淛有句云：「湛侯當年拂衣歸，卜築喜就城南陲。菡萏香風垂釣裏，荔枝寒影對僧時。」予亦有詩云：「怪石高於雉堞齊，昔人曾此卜幽棲。白楊滿地髑髏出，蒼蘚上崖名姓迷。夜雨徒聞山鬼哭，秋風不見野猿啼。荔枝樹死洞門塞，行到此中生慘悽。」壁上諸名公題刻具存，無人修復，良可慨也。

瘞筆

隋智永禪師，王右軍七世孫，臨書三十年，取退筆頭瘞之，號「退筆冢」。會稽山五雲顯聖寺後，有右軍筆倉，今爲智井。清異録載：「趙光逢薄遊襄漢，濯足溪上，見一方磚，類碑，題云：『髡友退鋒郎，功成鬢髮霜。冢頭封馬鬣，不敢負恩光。』後題『獨孤貞節立此』，蓋好事者瘞筆之所。」

宋徽宗畫

宋徽宗繪畫，題詠者多含譏刺。元成廷珪題白頭翁圖云：「梔子紅時人正愁，故宮衰草不勝秋。西風吹落青城月，啼得山禽也白頭。」國初高季迪題畫眉百合圖云：「百合蕪殘六合塵，汴京啼鳥怨無人。不知風雪龍沙地，還有圖中此樣春。」又題宣和畫云：「御翰親題賞畫工，疏枝野鳥怨秋風。那知回首宣和殿，物色淒涼與畫同。」張來儀題桂枝圖云：「玉色官瓶出內家，天香濃浸月中葩。六宮總愛新涼好，不道金風捲翠華。」汪廣洋題雙鴛圖：「蘆葉青青水滿塘，文鴛晴臥落花香。不因羌管驚飛起，三十六宮春夢長。」釋來復題喜鵲圖：「黃沙風急蒺藜秋，回首中原淚暗流。誤聽當時靈鵲語，誰知舊喜是新愁。」釋宗泐題小鵲圖云：「落日黃塵五國城，中原回首幾含情。已無過雁傳家信，獨有松枝喜鵲鳴。」又雪江獨棹云：「艮嶽秋深百卉腓，胡塵吹滿衮龍衣〔一〕。淒涼五國城邊路，得似寒江獨棹歸。」周仲方題雙雁圖〔二〕：「江南簾幕重重雨，艮嶽河山處處花。兩地舊巢傾覆盡，西風萬里入誰家。」張璨題墨蘭云：「御墨淋灕寫楚蘭，披圖却憶政宣間。分明一種湘累怨，萬里青城似武關。」夏忠靖題墨竹云〔三〕：「寶殿無心論治安，碧窗着意寫琅玕。枝枝葉葉真瀟灑，爭耐金人不愛看。」又無名氏題石榴云：「金風吹綻絳紗囊，零落宣和御墨香。猶喜樹頭霜露少，南枝有子殿秋光。」王元美題馬圖云：「天閑萬馬盡權奇，寫出丹青意自悲。長白山頭三萬匹，可憐龍種一雄嘶。」康與之題花鳥云：「玉輦宸遊事已空，尚餘奎藻繪春風。年年花鳥無窮恨，盡在蒼梧夕照中。」項忠題鵪鴿圖云：「五國城邊掩淚時，汴梁宮闕了無遺。爭如鵪鴿知春意，猶占東風第一枝。」楊森題草書云：「艮嶽風清玉几凉，閒將心事學鍾王。當年肯草平胡詔，不使金人到大梁。」吕囦題鵪鴿圖云〔四〕：「御墨淋漓玉數枝，畫圖瀟灑使人悲。春風鵪鴿湘江景，不似龍沙夜雪時。」余題秋江獨釣圖：「鏡水無波釣艇閒，人間治亂豈相關。金風忽動黄沙暗，不見中原萬歲山。」又題墨蘭圖：「嫩蕊疏花寫澤蘭，宣和御墨半凋殘。國香莫道蕭條甚，北地風霜不耐寒。」

校勘記

〔一〕「胡」，四庫全書本作「邊」。

〔二〕「雁」，四庫全書本作「燕」。

〔三〕「云」，原脱，據四庫全書本補。

〔四〕「云」，原脱，據四庫全書本補。

留夢炎趙孟頫

留夢炎失身降元，有玷科名。元世祖問葉李、留夢炎優劣于趙孟頫，孟頫曰：「夢炎，臣之父執，其人重厚，有大臣器。」帝曰：「汝以夢炎賢於李耶？夢炎爲宋狀元，位丞相，當賈似道誤國罔上，夢炎依阿取容。李乃布衣，伏闕上書，是賢于夢炎也。汝以夢炎父友，可賦詩譏之。」孟頫曰：「狀元曾受宋家恩，國破臣强不敢言。往事已非那可說，且將忠直報皇元。」吁！世祖夷狄，猶薄夢炎之不忠，乃孟頫猶深許之，反夷狄之不若矣。

何潛齋譏留夢炎

宋末狀元留夢炎，衢州人，失身事元，遺臭千載〔一〕。時夢炎北歸，就養其子於嚴陵判廳，何潛齋孟桂寄之詩曰：「昆明灰刼化塵淄，夢裏功名一黍炊。鍾子不將南操變，庾公空抱北臣悲。歸來眼底湖山在，老去心期浙水知。白髮門生憐未死，青衫留得裏遺屍。」不知當時夢炎得此詩，作何愧謝。

校勘記

〔一〕「臭」，四庫全書本作「笑」。

夏貴

淮西閫帥夏貴，以至元丙子附大元，授中書左丞，至己卯薨。有弔以詩曰：「自古誰不死，惜公遲四年。問公今日死，何似四年前。」元學士古田張以寧，以洪武二年徵爲原官，四年卒，與夏貴略相似。

松雪題畫

嘗於故家見趙松雪畫一幅〔一〕，子昂題云：「昨自杭回，道經茅山之西墅〔二〕，時夕陽也，松如偃蓋，水若鳴琴，青山萬重，白雲千頃，山下有乘駿馬者出没於其間，乃天然一圖畫。心有所得，以目疾未愈，不能舉筆，因命子雍代之。『雲白山青幾萬重，溪邊游子馬如龍。眼前有景畫不盡，歸去鷗波命阿雍。』至大四年五月既望，識於鷗波亭。」

校勘記

〔一〕「松雪」，四庫全書本作「仲穆」。

〔二〕「墅」，四庫全書本作「野」。

高宗書畫

國初王澤題宋高宗所書杜詩云：「江頭宮殿日遲遲，朝退千官默坐時。春盡龍沙無雁度，素縑只寫少陵詩。」高壁云：「萬里龍沙信不通，江頭虛築上皇宮。中興謀略無心定，較得臨池筆法工。」吾鄉陳參藩全之題高宗鸜鵒云：「隴山鸜鵒說還鄉，中使傳宣出禁牆。漠北有人歸不得，思鄉愁比隴山長。」予題敗荷鵜鴒圖云：「游宴湖山啓御園，紹興粉本至今存。弟兄急難龍沙北，不獨悲鳴痛在原。」

松雪畫馬

趙子昂畫馬，近代題詠多含貶辭。國初楊文貞士奇云：「天閑第一渥洼姿，卓犖騰驤肯受羈。何不翻然絶牽鞚，踏雲追電看神奇。」黄方伯澤云：「黑髮王孫舊宋人，汴京回首已成塵。傷心忍見胡兒馬，何事臨池又寫真。」李文正東陽云：「宋家龍種墮燕山，猶在秋風十二閑。千載畫圖非舊價，任他評品落人間。」沈處士周云：「隅目晶熒耳竹披，江南流落乘黃姿。千金千里無人識，笑看胡兒買去騎。」又無名氏云：「塞馬肥時苜蓿枯，奚官早已著貂狐。可憐松雪當年筆，不識檀溪寫的盧。」釋古淵題山水云：「雪後潮痕上釣磯，江南天水一絲微。萋萋芳草迷禾黍，何事王孫尚不歸。」予有詩云：「宋室王孫粉墨工，銀鞍金勒貌花驄。天閑十二真龍種，空自驕嘶向北風。」

王道士梧竹圖

楊文貞士奇官春坊日，從沈某求王道士梧竹圖，不與。後李時勉掌學士印，沈遽贈之。後文貞與李對弈，文貞弈勝，遂捲而去。自是李見輒有不舍之意，文貞題一絶歸之，云：「永別錫山王道士，空餘翰墨亂人心。黄金若綰封侯印，曹霸王維聚若林。」

楊世昌

東坡游赤壁時，有綿竹道士楊世昌同遊，赤壁賦云「客有吹洞簫者」即世昌也。吴匏菴詩云：「西飛孤鶴記何詳，有客吹簫楊世昌。當日賦成誰與註，數行石刻舊曾藏。」此一證也。

少年致政

吴郡楊循吉，字君謙，登成化甲辰進士，爲禮部主事，初授官卽致仕歸，讀書支硎山南華寺。沈石田賦詩以美之，云：「到手功名賦子虛，深山長谷覓安居。讀書已足功名事，更讀人間未讀書。」「都門祖帳百花飛，多見龍鍾賦式微。較取柳條千萬折，不曾送一少年歸。」

春陰詩

憲宗朝，金陵王給諫欽佩，舉進士，獨居逆旅，有歌而過者，有「朝來睡起繞花行，香霧襲衣寒氣重」之句。後閣試春陰詩，遂用之。相國李公東陽謂非世人語，遂改庶吉士，官終太僕少卿。此與錢起湘靈鼓瑟事同，第欽佩不得全篇，可惜也。

交州木山海南木石

先輩許黄門天錫，正德中奉使安南，於僧寮中得枯木一片，狀若山峰。黄門厚酬主僧，攜歸閩中，自刻詩云：「萬年木精化青牛，瘦骨不朽沈江洲。江洲水急魚龍湫，神物始出隨迴流。玲瓏崒嵂誰能鎪，山僧得之溪峒酋。蠻荒僻遠絶賞鑒，木爾韜晦誰怨尤。洞江先生好事者，邂逅願脱千金裘。古今琴材出爨下，拔爾幸免爲人樵。風厓雨谷偕我老，無復夢想仍丹丘。」歲久，流落士夫家已百年，不知寶惜，棄之泥滓。予友高景倩，博物好古，見而賞識，遂乞以歸，洗刷塵垢，置之齋中，名其齋「木山」。同社俱有詩紀其事，然竟不知何木也。黄云：金陵姚允初觀察海南，得一石如木，有枝，云出之海中，余曾見之。

戒酒詩

嘉靖初，建州士人陳安，性嗜酒，落魄不羈。好吟詠，嘗作戒酒詩云：「門前泠落故人疏，日日銜杯世事無。寄語東風林下鳥，春來切莫喚提壺。」

陸文定

華亭陸文定公，年九十時，以衲衣一襲付慧日院，手書偈于衲表，云：「解組歸來萬事捐，盡將身世付安禪。披來戒衲渾無事，不向歌姬爲乞緣。」又自題其像，留寺作供，云：「豈有文章置集賢，也無勳業到凌烟。只應畫作老居士，留與香山結淨緣。」

范青衣

莆田游宗謙有青衣范生，能彈琴吹簫，亦學爲詩。王弇州調之詩云〔一〕：「瑶琴罷鼓紫簫來，手草新詩阿濫堆。除却數行僮約外，還應事事勝方回。」

校勘記

〔一〕「調之」，原脱，據崇禎刊本、江户初抄本、四庫全書本補。

僧道乞詩

有俗僧欲游鵝湖，以卷子遍求諸貴人贈詩，可厭。曹能始題一絶云：「性内本無文字障，縱眈山水亦支離。我曾一宿鵝湖寺，峰頂禪師不要詩。」偶憶王弇州公曾有樓道人以詩卷索題，皆翰苑諸名公，弇州云：「囊裹牛腰詩卷麤，他年鶴背重還無。何如負局先生好，只挾真形五嶽圖。」風旨暗合，俱足解頤。李白詩云：「畫秃千兔筆，書載兩牛腰。」「牛腰」二字本此。

十歲詩

錢唐田藝蘅，學憲汝成子也，十歲從父渡采石，賦詩云：「白玉樓成招太白，青山相對憶青蓮。寥寥采石江頭月，曾照仙人宮錦船。」後竟以廣文老。天之生才，不畀大用，誠不可知。

下榻

陳蕃爲樂安太守。郡人周璆，高潔之士，前後郡守招命莫致，惟蕃能致，特爲置一榻，去則懸之。蕃兩設榻，今人多用徐孺子事，而鮮及周也。吾鄉前輩王郡丞鑛詠璆詩云：「南州只説徐高士，能使陳蕃下榻時。北海更憐周隱者，不將懸榻使人知。」

玄虚子

政和徐貞一，號玄虚子，能詩。嘗過仙霞關，關吏訝其異服，執之，貞一瞪目不答，吏繫之郵亭。迨夜，紿守者出，袖中出大筆，書二絶于壁云：「一劍凌空海色秋，玉皇賜宴紫虚樓。醉來跨鶴須彌頂，指點培塿見十洲。」「碧殿歌傳阿濫堆，玉笙吹徹海桃開。仰天一嘯江風發，笑接白雲歸去來。」乘夜遁去。晨起，盛傳仙人至關，走看墨蹟，不絶于道。

枇杷

吴中友人嘗言：莫雲卿笑同時用琵琶作枇杷，詩云：「枇杷不是這琵琶〔一〕，只爲當年識字差。若使琵琶能結果，滿城簫管盡開花。」然枇杷作琵琶，見劉熙釋名，亦可通用，雲卿未之攷耳。

校勘記

〔一〕「琵琶」，原作「枇杷」，據四庫全書本改。

靈雞冢

臨安徑山有靈雞冢，唐一欽禪師説法，雞時時佇聽，師去長安，長鳴三日而死。黄貞父有詩云：「一靈通妙微，萬類等佛種。纍纍生人頭，何如死雞隴。」

詩讖

賦詩不祥，人以爲讖，驗之良然。予友林子真，少年有雋才。甲辰暮春晦日，諸同社集王永啓塔影園，作送春詩。子真有句云：「花爲離愁魂易斷，柳當别淚眼難開。」衆詑爲工，不久逝矣。

詞品十則

經語小詞

辛稼軒多作詞調，賦稼軒集經語踏莎行云：「進退存亡，行藏用舍。小人請學樊須稼。衡門之下可棲遲，日之夕矣牛羊下。去衛靈公，遭桓司馬。東西南北之人也。長沮桀溺耦而耕，丘何爲是栖栖者。」

鄭松窗

宋鄭域，字中卿，三山人，號松窗。使虜回〔一〕，有燕谷剽聞二卷，紀虜事甚詳。昭君怨詠梅一詞云：「道是春來花未，道是雪來香異。水外一枝斜，野人家。冷淡竹籬茅舍，富貴玉堂瓊樹。兩地不同栽，一般開。」興比甚佳。麗情云：「合是一釵雙燕，却成兩鏡孤鸞。」樂府多傳之。

校勘記

〔一〕「虜」，四庫全書本作「遼」，本條下同。

詠蝴蝶

元王和卿與關漢卿，俱以北調相高。偶見大蝴蝶飛過，和卿賦云：「彈破莊周夢，兩翅架東風。三百座名園，一采箇空。誰道風流種，唬殺尋芳的蜜蜂。輕輕飛動，把賣花人扇過橋東。」漢卿遂罷詠。然和卿此詞妙處在結語。然宋謝無逸蝴蝶詩云「江天春暖晚風細，相逐賣花人過橋」，時有謝蝴蝶之稱，和卿襲其意耳。

宣廟詞曲

宣宗皇帝御製寄生草云：「賽爛熳三春景，稱清和四月天。綠楊烟罩絨絲綫，彩蓮水映紅妝面。翠芭蕉風颭青蘿扇。林塘盡日好留連，池塘長夏宜消遣。有馥郁荷香度，看微茫野色連。幾行鷺印平沙遍，一群魚躍清波淺。數聲樵唱西山遠。茸茸芳草紫騮嘶，陰陰喬木黃鸝囀。」宣德六年四月，御便殿，召錦衣都指揮林觀對弈，弈畢，書以賜之。觀吾閩邑人其家，至今寶藏焉。

朱竹

朱竹，古無所本，起于國初。宋仲温有一卷〔一〕，不知何人筆。高季迪題水龍吟云：「淇園丹鳳飛來，幾時留得參差翼。簫聲吹斷，彩雲忽墮，碧雲猶隔。想是湘靈，淚彈多處，血痕都積。看蕭疏瘦影，隔簾欲動，應是落花狼籍。莫道清高也俗。再相逢，子猷還惜。此君未老，歲寒猶有，少年顏色。誰把珊瑚，和烟換去，琅玕千尺。細看來，不是天工，却是那春風筆。」此卷舊爲王太史家物，伯兄惟和收得之，珍若重寶，自題其後云：「根如頳虯髯，葉如丹鳳尾。有時截作釣魚竿，珊瑚亂拂桃花水。有時擲杖化爲龍，白日青天赤鱗起。能將紅霧變蒼烟，産在朱明幾洞天。須臾絳節生彤管，只向松間滴露妍。」伯兄卒，卷售他人。

校勘記

〔一〕「二」，原作「三」，據崇禎刊本、江户初抄本、四庫全書本改。

六如小調

唐伯虎黄鶯兒云：「風雨送春歸，杜鵑愁，花亂飛。青苔滿院朱門閉，燈昏翠幃，愁攢黛眉。蕃蕃孤影汪汪淚，惜芳菲，春愁幾許，緑草遍天涯。」又云：「細雨濕薔薇，畫梁間，燕子歸。春愁似海深無底，天涯馬蹄，燈前翠眉。馬前芳草燈前淚，夢魂飛，雲山萬里，不辨路東西。」情致不減金、元諸作者。

詠酒

吾郡林都憲廷玉詠酒詞云：「米明王，原掌奇門印。麯將軍，會擺迷魂陣。水中郎，穩坐雲安鎮。柴令公，傳示蘭陵信。祭遵壺矢威，李白蠻書令。那愁城，攻破難逃命。」詼諧成調，可喜也。公善劈窠書，名山勝處多存手蹟，有詩集行世。

枝山小調

祝枝山嘗有幽期賦皂羅袍云：「爲想鸞交鳳友。趁殘燈淡月，悄悄綢繆。一團嬌顫忒風流。驚忙挫過佳時候。鶯慵燕懶，春光怎留。蜂嫌蝶妒，空擔悶憂。恩情不比相思久。」

滿江紅詞

「漠漠輕寒，正梅子、弄黃時節。最惱是、欲晴還雨，乍寒又熱〔一〕。燕子梨花都過也，小樓無那傷春別。傍闌干、欲語更沈吟，終難説。一點點，楊花雪。一片片，榆錢莢〔二〕。漸西垣，日隱晚涼清絶〔三〕。池面盈盈深淺水，柳梢淡淡黃昏月。是誰人、吹徹玉參差，情悽切。」右文衡山先生作也，清絶宛媚，何減宋人擅場者。

校勘記

〔一〕「欲晴還雨，乍寒又熱」，原作「欲晴還又雨，寒又熱」，據四庫全書本改。

〔二〕「一點點，楊花雪。一片片，榆錢莢」，原作「一片片，榆錢莢。一點點，楊花雪」，且接「小樓無那傷春别」之後，據四庫全書本乙正。

〔三〕「漸西垣，日隱晚涼清絶」，原脱，據四庫全書本補。

燕子不來香

高郵王磐作野菜譜，并綴以詞，雅俗相雜，山家之公案也。嘉禾周履靖作茹草編，亦效西樓而起。編中詠燕子不來香云：「新蒲正短，舊壘猶空，繡箔珠簾面面風〔一〕。粘天芳草，碧玉茸茸。趁呢喃聲杳，曉摘芳叢。昭陽殿裏，妒緑嫌紅，無奈香消一盼中。」清婉可詠。

校勘記

〔一〕「箔」，原作「簿」，據崇禎刊本、江户初抄本、四庫全書本改。

文訂 四十四則

呂氏春秋

呂氏春秋引孔子事數十則，言必稱孔子。讀其書，不類其人。

治安策

賈誼治安策後缺一太息。近閱田子藝留青日札云：「新書內銅布一篇，可謂長太息者，此其一也。」即是全文錯簡耳。歷漢至今，唯子藝認出，真誼之忠臣也。

蔡邕五弄

琴書云：「蔡邕嘉平初入青谿，訪鬼谷先生所居。山有五曲，一曲製一弄。東曲常有仙人遊，曰遊春；南曲有澗，冬夏常淥，曰淥水；中曲鬼谷所居，曰幽居；北曲高巖，猿鳥所集，感物愁坐，曰坐愁；西曲灌木吟秋，曰秋思。三年曲成，示馬融，甚異之。」後世作者，徒因題命辭，無復本意矣。

笑林

晉孫楚笑賦曰：「信天下之笑林，調謔之巨觀。」宋秘閣中有古笑林十篇。

雞碑

戴逵總角日，以雞卵汁溲白瓦，作鄭玄碑，又自爲文而自鐫之，詞麗器妙。唐丁用晦云：「學慙鼠獄，智乏雞碑。」

張融海賦

張融海賦，浮海至交州所作也，文詞詭激。顧凱之曰：「此賦實超玄虛，恨不道鹽耳。」融卽求筆注之曰：「漉沙構白，熬波出素。積雪中春，飛霜暑路。」全篇載南齊書本傳。楊用修博極群書，謂載籍不見其全，亦千慮一失也。融爲文數十卷，自叙其集，名玉海。褚淵問玉海名，融答曰：「玉以比德，海崇上善。」宋王伯厚玉海，襲其名耳。

甘石星經禽蟲述

余家舊藏甘石星經，乃陶隱居重訂者。今新安程滎梓漢魏叢書中一卷，比余家十才二三，且缺首篇分野說及五星行例，署云「漢甘公石申著」。按晉志，齊有甘德，魏有石申夫，皆掌天文，程不深考，而妄署之，急於射利，故耳。此書盛行天下，恐訛以傳訛也。至於彙刻山居雜志中禽蟲述一卷，乃閩中袁達著。達字德修，程則署云「袁達德著」。如此之類甚多，若傳之後世，誰能辨其姓名乎？書之，以資博雅者訂正。

刀劍録唐詩金石録淳化帖

陶弘景作刀劍録，不載莫邪、干將；殷璠、姚合、元結、高仲武〔一〕、芮挺章選唐詩，不收李白、杜甫；歐陽修作金石録，不採衛夫人；淳化諸帖，不選蘭亭序，俱不可曉者。

校勘記

〔一〕「元結、高仲武」，原作「元武」，而「結高仲」誤置本條段首，據崇禎刊本、江戶初抄本、四庫全書本改。

王勮敏給

人但知王勃賦滕王閣之敏贍，而不知王勮之草册文尤難也。长壽中〔一〕，壽春郡王成器等五人同日册命，有司忘載册文，百僚在列，相顧失色。勮立召小吏五人，各執筆，口授分寫，斯須而畢，詞理典贍，舉朝嘆服。

校勘記

〔一〕「長壽」，原作「天壽」，今據改。

薛書記

唐摭言云：「元相公在浙東，賓府有薛書記，酒後争令，以酒器擲傷公猶子，遂出幕。既去，作十離詩，曰犬離主、筆離手等作。」今諸女史皆編入薛濤集内，何附會之甚耶？以薛書記認作薛校書，以元載認作元微之。况濤蜀人，非浙東事可附會。彤管遺篇、詩女史、青泥蓮花記及蜀本薛濤詩，皆載十離詩，故表而出之。

序曹子建集

龍城録云：「韓仲卿夢曹子建求序其文集，寤撿曹集，分爲十卷，序而傳之。」今世傳本並無韓序，而作序者亦未言及夢中事。

送窮乞巧

昌黎揖五鬼而送窮，不免垂頭喪氣；柳州拜天孫而乞巧，終難諂貌淫辭。信夫文章最能窮人，拙宦莫容于世。

革華

洪景盧謂：「革華傳非韓子之筆。羅文、江瑶、葉嘉、陸吉諸傳，託以爲東坡，大可笑也。」

今世傳本韓集不收革華，而蘇集盡收羅文諸傳。洪公去蘇未遠，當必知其詳而斥僞也。

按宋陳善捫虱新話，葉嘉傳乃陳表民作。表民，名元規，羅源人，與善同邑。

平淮西碑

野客叢書謂：「唐史與小説皆云退之淮西碑多歸功裴度〔一〕，李愬妻唐安公主不平，訴于帝，謂愈文不實，遂斲其碑，更命段文昌爲之。」而丁用晦芝田録則曰：「元和有老卒，推倒淮西碑，帝怒，縛殺之。卒曰：『碑中只言裴度功，不述李愬力，微臣是以不平。』命放罪，敕段文昌别撰。」羅隱石烈士説亦曰：「石烈士，名孝忠，猛悍多力，爲李愬前驅。一旦熟視裴碑〔二〕，大恚怒，因作力推去，其碑傾欹再三，吏執之。孝忠云云，上因得平淮西本末，命段學士更爲之。」載讀李商隱淮西碑詩，又非關老卒推仆，乃爲當時讒言所入，天子自使人曳倒之，别刻文昌之作也。又考韻語陽秋，謂：「碑成，李愬之子謂没父之功，訟于朝。憲宗使文昌别作。此與捨周鼎而寶康瓠何異哉？」諸説不同，竟不知易者何意。余取二文，反覆誦讀。段文才學充實，援古證今，六朝體格，非淺學能辨。韓文古健簡約，難入時眼。憲宗當時易韓爲段，自有深意。至于姚鉉文粹〔三〕，亦録段而棄韓。宋人宗韓，遂大貶段作，是爲韓公盛名所怵耳。李商隱詩亦只述韓文可惜，未嘗訾及段作，使人知韓文之足重也。敢作迂評，爲臨淄藎臣。

校勘記

〔一〕「小」，原作「三」，據四庫全書本改。
〔二〕「裴」，四庫全書本作「韓」。
〔三〕「文」，原作「選」，據四庫全書本改。

平夏平蜀

唐憲宗元和元年三月，夏綏楊總琳伏誅，十月，劍南劉闢伏誅。韓退之平淮西碑文「明年平夏，又明年平蜀」，誤也。新唐書删去「明年平夏」一句。

臨文不諱忌

退之送楊巨源歸鄉序末云：「古之所謂鄉先生没而可祭于社者，其在斯人與！其在斯人與！」語似不祥。可見古人臨文無所避諱，若用之今時，則群唾而棄之矣。

昌黎闢佛

昌黎諫佛骨并弔武侍御畫佛文，世謂昌黎闢佛也。今其集中有送惠師、送靈師、送文暢師、送無本師、聽穎師彈琴、送僧澄觀、別盈上人、和歸工部赴僧約、廣宣上人頻見過、題秀禪師房、送浮屠文暢序、送高閑上人序、與大顛師書，往往見諸篇什，何耶？

李賀文

東觀餘論云：「李藩嘗輯李賀詩歌，所得甚富。聞賀有表兄與賀筆硯之舊，因示之。其人甚喜，且請借閱，久之不還。李公屢索，乃曰：『素惡賀傲，常思報之。遺文已投溷中久矣。』」予按杜牧作賀詩序曰：「集賢學士沈子明，授賀詩歌四編，凡二百二十三首。」今集中詩歌已符其數，則賀之作俱在，未嘗爲表兄投之溷中也。然表兄未嘗言及詩歌，今賀文無片語之傳，想皆在溷中耳。蓋賀非不能文者，天上玉樓成，召賀爲記，必生平文章尤奇也。

唐閩遷新社記

唐濮陽寧撰新社記，卽社稷壇也，其文甚古雅。歐陽公作集古録時，此碑尚在，而今亡矣。福州烏石有李陽冰篆書，今猶存其墨本，歐公又未之見。

摭言

稗海：「摭言一卷。」此書有十五卷，此僅什一，掇拾類書而爲之者。王定保作保定，誤。定保，光化初進士。

沈崧遺文

唐乾寧三年狀元沈崧，閩縣人，仕錢鏐，父子拜相，與羅隱契厚。崧爲文摹寫徐庾。隱墓志，崧筆也，駢麗詳正，末作兩銘。一志兩銘，此爲僅見。崧集不傳，余所見者，但此篇耳。志云：「隱曾祖羅仙，字童知，仕福清縣令。」福州志失載。

千佛贊

宋理宗御製千佛贊云：「一佛不二，千佛奚别。如處處水，現在在月。無去無來，不生不滅。梅花開時，前村深雪。」

續博物志

張華著博物志，而有續博物志者，宋李石也。近年會稽商氏所梓稗海，編爲唐人李石著，誤也。志中言太平興國陳摶、林逋、魏野及研譜、遯齋閒覽諸書，則宋人無疑矣。焦太史國史經籍志亦編作唐人，皆誤。然書末有「門人迪功郎黄公泰」跋，迪功郎，宋秩也，唐無此秩，此又一証。唐李石，河中人，官至宰執。

木經

宋初有都料匠預浩〔一〕，著木經三卷。每臥則交手於胸，爲結搆狀，如此踰年，撰成此經。今軼不傳。近代諸藝術皆有著撰，獨此技缺焉。

校勘記

〔一〕「預浩」，按指「喻浩」。

省心録

世傳林和靖省心録，朱子語録第四十卷云是沈道原作，非和靖也，宋景濂文集嘗引之爲證。天順、正德間刻本，俱沿襲和靖，未之深攷。近日陳眉公續秘笈亦作和靖著，道原之名幾晦矣。朱子闡之於前，景濂辯之於後，畢竟傳訛，奈之何哉？

醉翁亭記

醉翁亭記，東坡書於滁州，「泉洌而酒香」改作「酒洌泉香」，「水落而石出」改作「水清石出」，大有點綴之妙。

山家清供

世傳山家清供二卷，宋林洪著。按本集温陵鵝黄豆生末云：「僕遊江淮二十秋，每因以起松楸之念，將賦歸，以償此一大願。」則洪温陵人也。又按撥霞供云：「向遊武夷六曲，訪止止師。」

止止師者，白玉蟾也，則洪與玉蟾同時人。今泉州郡志逸洪之名，似大闕典。

仲休記右軍書

上虞縣西四十里，舊有含珠院，閩僧從契開山也。宋沙門仲休作記，文甚典。而沙門有文集，右軍書，刻之石，鮮有搨者。

東坡硯銘

東坡作硯銘二十九，而古文品外録載一銘，甚佳，集中所無也。銘云：「或謂居士：『吾當往端溪，可爲公覓硯。』居士曰：『吾兩手，其一解寫字，而有三硯，何以多爲？』曰：『以備損壞。』居士曰：『吾手或先硯壞。』曰：『真手不壞。』居士曰：『真硯不損。』紹聖二年十月臘日軾書〔一〕。」

校勘記

〔一〕「書」，原脱，據四庫全書本補。

赤壁

東坡赤壁賦，古今傳誦，卽婦孺亦知之。然一篇大旨，誤以黄州赤鼻山，認爲周瑜破曹操處，後人不甚指摘之，實爲盛名所怵耳。若今人有此紕繆，得無群起唾之乎？事不在盤古，地不在荒外，信筆而書，不暇考覈，安足傳信耶？

遲老

福州西禪寺遲禪師，有語録一卷，黄魯直爲之序。遲老初寄瓶鉢于古田時，人不識也。曾福州子固拔于稠人之中，授以西禪，而道俗皆與之。

漳州蘭譜

宋龍溪王貴學著王氏蘭譜，趙時庚著金漳蘭譜，皆紹定、淳祐時人，所紀藝蘭之法與閩種品目之奇，亦巖谷中清士也。漳州郡志逸其名，卽漳州縉紳學士亦不知有此人。予近出二書以質鄭瓚思、張紹和二孝廉，行將梓板以傳。是知古人著作湮没不稱者多矣。微予藏其譜，微二孝廉闡其幽，不將與草木俱腐耶？

著書

宋季著書之富，無過王伯厚。計其生平述作七百二十餘卷，卽鄭漁仲不是過也。漁仲位不顯，伯厚仕至禮部尚書，在官日多，尤所難耳。

忍卦

「忍刃上心下，元亨，初吝終吉，悔亡，利君子貞，不利小丈夫」，彖曰：「忍，剛發乎內，柔制乎外，小有所抑，大有所益也。」象曰：「心上有利刃，忍，君子以含容成德。」初一「必有忍，其乃有濟」，象曰：「能忍其性，事克濟也。」次二「小不忍，則亂大謀」，象曰：「小不克忍，成大亂也。」次三「一朝之忿，忘其身以及其親」，象曰：「一朝之忿，至易忍也。忘身及親，禍孰大也。」次四「出於胯下，以成漢功，韓信以之」，象曰：「胯下之辱，小辱也。成漢之功，大功也。」次五「張公藝九世同居，書一『忍』字以對天子」，象曰：「同居之義，忍克致也。積而九世，有容德也。」上六「血氣方剛，戒之在鬥」，象曰：「方剛之氣，忍則滅也。形而爲鬥，自求禍也。」右吳草廬先生作。

悔過銘

穆公悔過，爰作秦誓。武帝悔過，棄輪臺地。悔不可有，亦不可無。不可無也，其可長歟。悔雖可有，然不可再。是以君子，有過則改。不遠而復，乃可無悔。既悔而復，亦猶未害。悔而復悔，岌乎危殆。頻復之厲，大易有戒。思昔顏子，過而不貳。有一不善，未嘗復行。度以欲敗。如得一善，拳拳服膺。纔知差失，便不更然。歉於己者，不再萌焉。思昔太甲，度以欲敗。其後三年，自怨自艾。處仁遷義，反躬引罪。卒爲賢君，克終厥德。推所從來，一悔之力。悔心之生，良心之萌。乘此憤悱，有大發啓。當悔之餘，惟新是圖。朝雖爲蹠，暮可爲虞。當悔之時，不圖改之。是乃自棄，小人之歸。吴草廬作。

戒石銘

戒石銘，相傳蜀孟昶時作也。其文不止四句，宋朝但取四句而已。元浙江廉訪使徐琰改銘曰：「天有明鑒，國有公法。爾畏爾謹，以中刑罰。」

簡澹齋約

黄州劉秉鑰長史簡澹齋約云：「予也避世，却不避人。惟簡惟澹，時俗恥狥。不迎客來，不送客去。一拱而止，不嫌爲倨。坐不展席，茗煮香焚。兩般清福，與客平分。酒則不飯，飯則不酒。一菜一肉，從其時有。招未必赴，不招自臻。無攀速客〔一〕，無受殘賓。戒語市朝，戒談閨閫。問辯商證，名理是懇。如此行徑，野性固然。喜者入社，厭者任焉。」

校勘記

〔一〕「攀」，崇禎刊本、江户初抄本作「扳」。

表文觸忌

閩人林伯璟，字懷之，洪武初任福州府學訓導。爲按察司撰賀聖節表，内用「體乾法坤」一句，又爲福州中衛撰謝賜公服表，用「藻飾太平」一句，被誅，以「法坤」與「髮髡」

聲相似、「藻飾」與「早失」相似也。伯璟有友漁樵者集，郡志不載。見皇明傳信録。

倪朴自叙

陸儼山嘗云：「浦江倪布衣朴，善著書，自叙曰：『今之學者，大抵急於利禄，而專務于時文，故不識者不肯目，而識者未暇觀也。今時著書者亦多，求其披閲至終卷者，幾何人哉？』」

桑悦硯銘

桑民懌硯銘云：「一孔淵源，洙泗之澤。不歸于朱，則歸于墨。」

田子藝磬銘

錢唐田子藝泗濱浮磬贊曰：「泗濱之楨，玄玉之英。琢而爲磬，曰浮其名。瑩然浮磬，既輕且清。禹貢夷則之氣，萬物之成。白虎通乃球乃石，擊拊戛鳴。率舞者獸，書同音惟笙。詩響振百里，顓頊沈明。拾遺記夏禹高懸，以宣夏情。史記仲尼有心，鄙哉硜硜。封疆之思，君子聽聲。禮記」

悦生篇

仲長統樂志論極閒適之致，羅景綸「山静」「日長」備山林之樂。偶讀田子藝悦生篇云：「人之有生，田不必廣，稼穡足以糊口；宅不必美，完樸足以棲身。背小山，面青溪，左林而右圃。妻有隱志，婢則愚，足以供内，童僕蠢蠢，足役于外。且耕且織，自食其力，及時輸公，不聞催科，有無貿易，免求于人。出不必車馬，足常健；往來有舟，小而安。遠遊不過百里，無貽家室憂。聚書千金，子孫肯習。良辰佳節，好花能開，數命酒肴，勿使蹉跎而或悔。心朋時來，不乏雞黍，不豐不嗇，不孤嘯歌。眠起自如，屏棄束修，無爲理法所苦。不服藥，不求神仙。尚不知有此身，無論名利。日度一日，任其年之所之，此外非所知也。」

警世格言

朱門一夕之宴，白屋千日之糧。徵聲色，則坐揮百萬；助貧乏，則愛惜錙銖。貧而好施，功倍於富；富而好聚，惡倍於貧。此屠緯真警世之格言也。

季漢書

新安友人謝少連，作季漢書，自足千古。然國初廬陵貢士蕭常，有續漢書，起昭烈至少帝爲紀，魏、吴皆爲載記，而擇裴註之善者併書之。至于少連，併降魏爲傳，又著五十八論，真良史才也。

字正解 八則

佑維

佑、祐、右三字，書爲佑，易爲祐，詩爲右；惟、唯、維三字，書爲惟，易爲唯，詩爲維，其義一也。

鳩

今人欲集聚曰鳩。鳩者，糾也，糾者，合也。桓公糾合諸侯。晉書「白符鳩舞」，符，合也，糾，亦合也。

鑽

漢書云:「商鞅挾三術以鑽。」今之言善宦者,必曰鑽,本此。

鼂錯

潘岳西征賦云:「成七國之稱亂,翻助逆以誅錯。」押寞、郭、謔、博、噩韻,然則「錯」不當讀爲「措」也。

乙

韓文公讀鶡冠子,乙者三,滅者二十二,注十有二字。歐文忠〔一〕詩譜後序曰「增減圖乙」,圖者,塗抹也,乙者,勾止也。按史記,東方朔上公車三千牘,人主從上方讀之,止,輒乙其處,讀之二月乃盡。

校勘記

〔一〕「歐文忠」,四庫全書本作「歐陽公」。

准字〔一〕

今制文移用准字，卽準也。唐、宋以來，皆用準字，自寇準爲相，避其名，遂減十字，至今不改。

校勘記

〔一〕「字」，原脱，據崇禎本、江户初抄本、四庫全書本補。

悮誤

誤，謬誤也，悮，欺也，今俱通用，卽宋人詩文亦然。

俗書誤

焦氏筆乘云：「俗書蟲字作虫，不知虫乃音虺；須字作湏，不知湏乃音頮；船字作舡，不知舡乃音航；商字作啇，不知啇乃音滴；蠶字作蚕，不知蚕乃音腆；美字作羙，不知羙卽是羔；无字作旡，不知旡卽是既；本字作夲，不知夲乃音滔；盼字作昐，不知昐音系；圖字作啚，不知啚音鄙；趨字作趍，不知趍音馳。如此之類，未易悉舉。至如暴已從日，又加日而爲曝；然已從火，又加火而爲燃。岡之崗，芻之蒭，昏之婚，女之汝，匊之掬，與之歟，回之迴，果之菓，席之蓆，架屋疊牀，觸目皆是，而字學掃地矣。」予見年來以意作俗字尤多，如壻本從女，今改從士，姪亦從女，今改從侄，相沿傳寫，卽士大夫亦倣効之，殊可笑也。

攬序

王右軍祖名覽，蘭亭序作攬者，避諱也。東坡祖名序，凡爲人序文，皆作叙。今人不察，一概學之，誤也。

飲器

史云：「趙襄子漆智伯之頭爲飲器。」韓子云：「智伯死，三國分其首以爲杯。」杯，飲器也。或以飲器爲溺器，非。

赤字

赤族，言「盡殺，無遺類」也，漢書注以爲「流血，丹其族」，大謬。古人謂空盡無物曰赤，如「赤地千里」「其家赤貧」是也。今人言不着衣曰「赤條條」，赤字本此。

奇字

漢書云：「劉棻從揚雄學作奇字，而雄素貧嗜酒，時有好事者載酒從遊，則載酒學奇字。」奇字，乃大篆也。六書，一曰古文，二曰奇字，三曰篆書，四曰佐書，五曰繆篆，六曰鳥蟲書。奇字，非奇僻之字也，明矣。

湩

乳汁爲湩，列子「乳湩有餘」，謝承後漢書「乳爲生湩」，史記「匈奴湩酪之美」，音種。

龍鍾

今人謂年老曰龍鍾。按裴度曰：「見我龍鍾，故相戲耳。」時裴尚少也，然則龍鍾不專指老人而言。唐詩云：「雙袖龍鍾淚未乾。」

齠齔

男八月而齠齒，女七月而齔齒。見韓詩外傳。齠齔並用，非也。

伯孟

禮緯云：「嫡長曰伯，庶長曰孟。」自有分別。

鮐背

鮐，河豚也，其背皮甚麤澀。老人皮膚索澤，不寒而栗，故似之。

氂毫絲忽

氂毫絲忽，毫者，獸之毛，言輕也；絲者，蠶之所出，比毫尤輕矣；忽，蜘蛛網也，較之絲尤微而細，故取以爲數。

事物解〔一〕 廿二則

校勘記

〔一〕「物」，原脱，據本書原目録補。

陶唐丹朱

郡縣志云：「堯先居唐，後居陶丘，故曰陶唐氏。」尚書逸篇云：「堯子不肖，舜使居丹淵爲諸侯，故曰丹朱。」

醫王

釋迦佛能醫一切衆生苦惱，名大醫王。

碑陰姓名

漢孔宙碑陰載門生、故吏姓名。楊用修云：「漢儒開門授徒，親授業者則曰弟子，次相傳授則曰門生，未冠則曰門童，總而稱之亦曰門生。舊所治官府，其掾屬則曰故吏，占籍者則曰故民，非吏非民則曰處士，素非所涖則曰義士、義民。」皆讀漢碑者所當知也。

石敢當

今人家正門適當巷路，則豎小石碑，鐫曰「石敢當」。按西漢史遊急就章云「石敢當」，顏師古注：「衛有石碏〔一〕、石買、石惡，鄭有石癸、石楚、石制，皆爲石氏。周有石速，齊有石之，紛如其後。以命族敢當，所向無敵也。」姓源珠璣曰：「五代劉智遠，爲晉祖押衙。潞王從珂反，愍帝出奔，遇于衛州。智遠遣力士石敢當，袖鐵鎚，侍晉祖與愍帝議事。智遠擁入，石敢當格鬥死。智遠盡殺帝左右，因燒傳國璽。」石敢當生平逢凶化吉，禦侮防危，故後人凡橋路衝要之處〔二〕，必以石刻其形，書其姓字，以捍民居。或贈以詩曰：「甲胄當年一武臣，鎮安天下護居民。捍衝道路三叉口，埋没泥塗百戰身。銅柱承陪閒紫塞，玉關守禦老紅塵。英雄來往休相問，見盡英雄來往人。」二説大不相侔，亦日用而不察者也。

校勘記

〔一〕「碏」，原作「蜡」，據四庫全書本改。

〔二〕「故後人」，原作「後人故」，據四庫全書本乙正。

串眉

美女顰眉，額痕成串。梁簡文詩云：「長嚬串翠眉。」

屈奇

屈奇，短長也，服之不中曰屈奇。淮南子云：「聖人無屈奇之服。」

艾綬

漢時諸侯王金重盭綬，晉灼曰：「盭，草名，出瑯琊平昌縣，似艾，可染緑，因以名綬，後人名爲艾綬。」

犢鼻褌

犢鼻褌，注謂「形似犢鼻」，非是。按明堂圖，人身兩膝以下有穴，名犢鼻。褌至犢鼻，言其短也，卽甯戚南山歌「短布單衣適至骭」、杜甫同谷歌「短衣數挽不掩脛」之意。

稽首

周禮有九拜，一曰稽首，二曰頓首。前代表文多稱稽首、頓首。今人居喪投刺，皆曰稽首，則以稽首爲凶拜矣。蓋周禮有凶拜，拜而後稽顙是也。若以稽首爲稽顙，殊非禮也。

返璧

左傳僖公二十二年：「僖負羈乃饋盤餐，寘璧焉。晉公子重耳受餐返璧。」故事本此，今人誤以爲藺相如事，曰完璧，曰歸趙，昧之甚矣。

蒙恬筆

蒙恬，秦時人，古今傳爲造筆之始，非也。詩云「彤管有煒」，孔子作春秋，「筆則筆」，自周時已有筆矣。

哥窑

瓷器有哥窑，壽州有舜哥山，此窑所出。今賞鑒家解哥字，謂其兄所製，誤矣。

朱提

漢犍爲郡有朱提山，出銀、鋼。朱提銀八兩爲一流，直一千五百八十，他銀一流直一千，然今之銀直與古大異。而朱提山不聞有鋼矣。今人尺牘往往以銀爲「朱提」，譬若以玉爲「崑岡」、珠爲「合浦」，可乎？

五夜

五夜者，甲夜、乙夜、丙夜、丁夜、戊夜也。出漢舊儀「省中黃門持五夜」。

天祿

天祿，獸名，漢時有貢此獸者，因以名閣，以藏秘書。

宮

上古居室皆曰宮，不分天子、庶人。禮記云「父子異宮」，又云「儒有一畝之宮」，孟子云「宮室之美」。自秦、漢以後，則以天子所居爲宮矣。

紫塞

秦築長城，土皆赤色，故稱紫塞。

暘有詭

戰國策「秦伐魏，取暘有詭」，地名也。華不注、醫無閭，山名也。

風馬牛

牛走順風，馬走逆風，故曰「風馬牛不相及」。

草堂

杜子美居浣花草堂。李太白懷故鄉，以草堂名集。草堂在成都。周顒昔經蜀，以蜀草堂林壑可懷，乃于鍾山立草堂寺。今人概以草堂名屋，何耶？

不睡龍

錢鏐作警枕，名「不睡龍」，取蔡邕警枕銘「應龍蟠蟄」之語。

食魚

列士傳曰：「孟嘗君食客三千人，上客食肉，中客食魚，下客食菜。」故馮驩歌「長鋏歸來兮〔一〕，食無魚」也。

校勘記

〔一〕「長」，原作「彈」，據四庫全書本改。

徐氏筆精卷之六終

光緒七年秋七月巴陵方功惠校刊

徐氏筆精卷之七

文事載籍　書學　畫　碑版〔一〕　六十一則

校勘記

〔一〕「碑」，原作「牌」，據崇禎刊本、江户初抄本改。

孟子

孟子門人見於書者十七人，皆配享，他無考。

帝王好書

歷代帝王皆好典籍。秦火爲萬古罪人，無論已。漢興，除挾書律，廣開獻書之路。景帝募求天下遺書，藏之秘府。武帝建藏書之策，置寫書之官。成帝使謁者陳農求天下遺書，詔劉向等校定。光武入洛，書二千餘輛，後于東觀廣集新書，命班固等讐校。明帝大會諸儒于白虎觀，攷訂群籍。靈帝詔諸儒，正定五經刊石。魏道武命郡縣大收書籍，悉送平城。隋文帝遣使四方，搜討異本，每書一卷，賞絹一疋。煬帝觀文殿搆甲、乙、丙、丁書屋。唐貞觀中，魏徵、虞世南、顔師古請購天下書，選五品以上子孫繕寫，藏内庫。玄宗幸東都，議借民間異本傳録，以千錢購書一卷。後唐莊宗募民獻書，及三百卷者，授以官銜。明宗令國子監校定九經，雕印賣之。周世宗鋭意求訪，凡獻書者，悉加優賜。宋太宗下詔購募亡書，分置書府，涉、弼等並賜科名。太宗搆崇文院以藏書籍，分經、史、子、集四庫。仁宗詔中外士庶上館閣闕書，每一卷支絹一疋，五百卷與文資官。徽宗詔郡縣訪求秘書，助教張頤進二百二十餘卷，賜進士出身，李東一百六十卷，補迪功郎。高宗南渡，獻書有賞。元世祖遣使取在官書籍版刻至京師。自我太祖定鼎之後，極重儒臣，詔纂國家切要之書。成祖詔修永樂大典，一時儒臣畢集，天下賢才聘辟無算，凡南京文淵閣所貯古今一切書，各取一部送京。以後則杳無求書之令矣。國家事事可侔前代，獨好文之主稍遜。

藏書

海鹽姚叔祥有言：今藏書家知秘惜爲藏，不知傳布爲藏。何者？秘惜則緗囊中，自有不可知之秦刼；傳布則毫楮間，自有遞相傳之神理。然所謂不知傳布之説有四：大抵先正立言，有一時怒而百世與者，則子孫爲門户計而不敢傳；鬥奇炫博，樂于我知人不知，則寶秘自好而不肯傳；卷軸相假，無復補壞刊謬，而獨踵還癡一嗐，則慮借鈔而不樂傳；舊刻精整，或手書妍妙，則懼翻摹致損而不忍傳。凡此四不傳者，彼豁不知世變靡常，聚必有散，一旦三災横起，流爛滅没，無論藏者，且累著作姓名一併抹煞。是藏有加于亡，何必後來猖猖詈祖龍爲也？

又

吾鄉前輩藏書富者，馬恭敏公森、陳方伯公暹。馬公季子能讀能守，陳公後昆寢微，則散如雲烟矣。又林方伯公懋和、王太史公應鍾，亦喜聚書，捐館未幾，書盡亡失。然四公之書，咸有朱黄批點句讀，余間得之，不啻拱璧也。予友鄧參知原岳、謝方伯肇淛、曹觀察學佺，皆有書嗜。鄧則裝潢齊整，觸手如新；謝則鋭意蒐羅，不施批點；曹則丹鉛滿卷，枕藉沈酣。三君各自有癖，然多得祕本，則三君又不能窺予藩籬也。

楊文貞積書

楊文貞公士奇文籍志序云：「吾先世藏書數萬卷，元季悉燬于兵。吾早有志于學，而孤貧不能得書。稍長，事鈔録，無以爲楮筆之費，則往往從人借讀，不能數得。年十四五，出教童蒙，頗有所入，以供養不暇市書也。弱冠，稍遠出授徒，所入頗厚，始蓄書，不能多也。及仕于朝，有常禄，又時有賜賚，節縮百費，日月積之，一爲收書之資。歷十餘年，經史子集雖不能備，頗有所蓄。視吾先世所藏，千百之什一，視吾少時，可謂富矣。夫人於其所好，勞心苦力以求，得之必將謹護珍襲，不至于廢壞。逮傳其後之人，未嘗知得之之難，蓋有視之漠然，不以留意，棄之如瓦礫者矣。吾懼後之人不知守也，凡書其志吾之所以得，而勉其所以守。蓋昔人愛一草一木，猶戒子孫以勿壞，矧書籍，聖賢至訓之所寓乎。敬之哉！」文貞公勳業名位冠于國初，賜賚禄入積爲收書之費，足見先輩雅尚。

楊文貞母

楊文貞公士奇，少孤貧。十六歲，出爲村落童子師，欲買史略一册，百錢不能得。其母夫人畜一牝雞數歲，命以易之。世有此母，安得不生此子？

書城

宋李德茂環積墳籍，名曰書城。予友邵武謝兆申好書，盡罄家貲而買墳籍，兀坐一室，四面皆書，僅容一身。宋世版本未盛，恐李公未必如此之富。予與謝君極稱臭味交。謝君藏蓄幾盈五六萬卷，又多祕册，合八郡一州，未有能勝之者，不獨古人書城、書窟、書倉、書巖爲奇耳。

保守書籍

世之蓄田産屋宇多者，子孫稍賢，必保守不失，何也？可以資衣食不匱也。蓄尊罍彝鼎多者，子孫稍賢，亦保守不失，何也？可以資耳目近玩也。惟蓄書籍圖畫多者，子孫雖賢，未必保守不失，何也？非深知篤好者，鮮不屑越也。余見保産業之家多至六七代，而保書籍者不過一二代耳。然保之之法，當較之田産屋宇尤加嚴密，庶幾歷四五代也。唐末吴人徐脩矩，世守書籍萬卷，皮日休常就借讀。日休詩云：「保兹萬卷書，守慎如羈紲。」陸龜蒙詩云：「吾聞徐氏子，奕世皆才賢。因之遺孫謀，不在黄金錢。」若才賢不至奕世，守慎不如羈紲，非所以論保守也。

聚書十難

陳貞鉉曰：「聚書有十難：學無淵源，一難也；家少承書，二難也；不生通都大邑，三難也；乏慧鑒，四難也；隋、唐以上書不多見，五難也；攜帶跋涉，易致觸損，六難也；撿曝之勞，病于夏畦，七難也；近無善本，校讐斯苦，八難也；家貧購書，九難也；片時不閱，便供蛀蟲，十難也。夫聚必有散，物理之常，念此十難，嗜好彌篤。」余嘗言曰：「田宅易購，美書難逢。緣不相值，奇秘終藴。」昔杜暹藏書，每題跋尾曰：「清俸買來手自校，鬻及借人爲不孝。」言雖未大，亦自痛切矣。

觀書三益

陳貞鉉曰：客來觀書，病懶時頗厭其煩，然有三益，不可以厭煩而廢。賤性善忘，經目輒忽，獨對客搜尋之事，雖閱年能記，一益也；覽所不及，庋牀便蠹，因客披搜，二益也；習懶成病，偶因客至，整書忘疲，亦古人運甓之意，三益也。夫學求益也，一益尚可，況三益乎？

讀書樂

余嘗謂人生之樂，莫過閉户讀書。得一僻書，識一奇字，遇一異事，見一佳句，不覺踴躍，雖絲竹滿前，綺羅盈目，不足踰其快也。六一公有云：「至哉天下樂，終日在几案。」余友陳履吉云：「居常無事，飽暖，讀古人書，卽人間三島。」皆旨哉言也。

四觀

友人陳貞鉉曰：室廬雖陋，取足庇身，況有架書之所，作廣厦觀；薄田自供，取足糊口，況稟淡薄之訓，作京坻觀；擁書萬卷，取足娛志，況嗜彝鼎之玩，作極樂觀；城居習懶，取足鎮喧，况躭禪室之趣，作清淨觀。

借書

陳貞鉉曰：古人衣裘與敝書不借人，則疑于不廣，非不廣也。置書之勞，不畢世不已。借書之敝，多至遺亡點汙，則其挂懷不至於再置不已。使書可再置，抑又何嫌？間或重帙、善本、抄篇、集函，非通都大邑不購，非良緣奇遇不值，非閱年積時不成。偶欲披閱，或方借而未還，或已借而既失，至于撫卷痛恨，不如不借之爲愈也。客曰：「如是，書終不借人乎？」居士曰：「書亦何可不借人也？賢哲著述，以俟知者。其人以借書來，是與書相知也。與書相知者，則亦與吾相知也，何可不借？」來借者，或蓄疑難，或稽異同，或補遺簡，或搜奇祕。至則少坐，供茶畢，然後設几持帙，恣所觀覽，隨其抄謄。請主客無相妨，尋常供具，不爲添設，絶不置酒，恐緣酒而狼戾書帙。夫如是，或竟日，或數日，或十數日，予俱不厭，客亦無猜。若欲以半部一函持借出門，僕已具觴酌，誓于大聖大賢之前，斷斷不爾。人各有願，幸毋相强。

贈遺得人

宋虞世和甫，最愛黄庭堅，每得佳墨、精紙、奇玩，必歸魯直。國初王羽儀之，最善楊士奇，楊喜收書，或數月不相見，相見輒贈一書。皆贈遺得人者也。

祕書

蔡邕祕論衡于帳中，或搜得之，輒抱以去。又家有書萬卷，末年載數車與王粲。何私一論衡而萬卷不之惜耶？蓋搜得論衡者，未必爲邕意中人，固宜珍祕，而仲宣素有異才，卽捐數車之與，不爲傷惠，要在得其當耳。今世以書爲羔雁，連篇累牘，贈送貴人，貴人全不知惜，膏蟻飼鼠。予者非邕，受者非粲，徒爲典籍一厄。與其爲貴人屑越，寧祕帳中。

異書

余嘗語曹能始云：「有異人，其家必有異書。常人之家，必有常書。俗人之家，無書矣。欲求異書，先求異人。不遇異人，勿問異書。」

書不讐校

北齊書：「邢子才有書甚多，而不甚讐校，見人校書，常笑曰〔一〕：『何愚之甚！天下書至死讀不可遍，焉能始复校此且誤書。』」余嘗披覽鈔本之書，十譌二三，難以句讀，令人燥熱，又無處借書校對。偶及邢事，心神頓涼。

校勘記

〔一〕「常」，四庫全書本作「輒」。

兩脚書厨

永樂中，毘陵陳濟善記書，文廟謂爲「兩脚書厨」。古人號「書厨」者有矣，此云「兩脚」，文皇亦善諧謔也。

博物

史稱張華博物，識劍識狸，及著博物志，信矣。然左傳引叔向之言曰「子産，博物君子也」，又曰「延陵季子閎覽，博物君子也」。然子産、季子不以博物名，惟張華爲著。

讀書飲酒

謝少連云：「讀書須少年、僻地、靜夜、早晨。」阮堅之云：「飲酒須淡酒、小杯、細談、久坐。」二君得讀書、飲酒之趣，可謂名言。

痛飲讀離騷

離騷悲憤，令人讀之不歡，故昔人有云「痛飲讀離騷」，蓋醉而後讀，始不爲鬱惋幽憂之氣所擾耳。曹孟德云「惟有杜康，可以解憂」，正此意也。

囊螢

隋煬帝宫中囊螢爲戲。車胤無油，囊螢讀書。丁朱崖囊螢當火，恐熱氣蒸人。同一螢火，而所用苦樂迥别。

書畫碑版

陳眉公云：「見古人書畫，如見家譜，豈容更落他人手？見古人墟墓碑版，如見先壟間物，豈容更落樵采不呵護？」名言也。

趙家書畫

趙文敏善書畫，而妻管夫人、子雍欒、弟孟籲、孫鳳麟、甥王蒙皆以畫名于時，惟欒以書名，不聞能畫。

吴興三絶

元季，吴興馮應科筆與趙子昂字、錢舜舉畫，稱「三絶」。

瓦官祕藏

南部烟花録得之瓦官寺廢閣，王右軍告誓文真蹟亦得之瓦官寺鴟吻内竹筒中。何此寺之多秘藏也?豈支、許輩所留耶?

書法以下書學

六一居士筆説云:「古人皆能書,獨其人之賢者遂傳遠。後世不推此,但務於書,不知工於書隨與紙墨泯棄者不可勝數也。使顔魯公書,雖不佳,後世見之必寶也。」又云:「學書當自成一家之體,其摹倣他人謂之奴書。」今人肉眼,妄評某人書酷肖某帖,不論其人之賢否,正蹈六一居士之誚耳。嗚呼!此但可與知者道也。

古書古帖

養生家云:「目不醫不瞎,耳不挖不聾。」予喜蓄古書古帖,嘗語人云:「書不裝不蛀,帖不裱不蟲。」邇來書板極善,但一加外函,不久生蟫。藏書家須急去之,勿惜也。

八分書

子美李潮八分小篆歌云:「尚書韓擇木,騎曹蔡有鄰。開元以來數八分,潮也奄有二子成三人。」然此三人書皆不傳。

扇書杜詩

宋高宗紹興元年，賜經筵官扇，皆取杜甫詩句，親書與之。賜學士王綯曰：「霖雨思賢佐，丹青憶老臣。」賜尚書胡直孺曰：「文物多師古，朝廷半老儒。」賜舍人胡交曰：「相門韋氏在，經術漢臣須。」高宗之光寵儒臣如此。

四十二章經

錢塘六和塔上刻四十二章經，乃紹興中諸名臣分寫者。沈該、湯思退、陳誠之、陳康伯、王綸、賀允中、葉義問、楊椿、周麟之、洪遵、楊偰、沈介、趙令詪、孫道夫、王希亮、黄祖舜、張孝祥、宋棐、金安節、董苹、李洪、錢端禮、張宗元、張運、楊朴、莫濛、路彬、張庭實、周操、葉謙亨、胡沂、陳俊卿、鮑彪、陳棠、楊邦弼、張洙、黄子淳、楊倓、沈樞、韓彦直、虞允文、洪邁，共四十二人，皆以官爵序次。字俱生硬，無晉人筆法。蓋此四十二人，無一人以書名者也，惟錢端禮、虞允文差勝耳。

僧善書

隋、唐善書僧三人，智永、懷素、高閑也。智永、懷素今墨本紛紛摹刻，惟高閑尠傳。

戲魚堂帖

宋劉次莊謫居臨江，卜築鑿池東山，自摹淳化帖十卷，刻石置堂中，時稱「戲魚堂帖」。今在新淦縣東山寺前。

寶晉齋

米元章守無爲州，州治東北建寶晉齋，有法書碑刻立壁間，因名。

鄭回溪父子書學

宋乾道五年狀元鄭僑，本永福人，家與興化鄰，後寓莆中，淳熙間使金不屈，官至參知政事，著書衡三篇，號回溪，善行草書。其子寅，官至樞密承旨，著包蒙七卷，號肯亭，亦善書。二公書名不顯，著作無傳。近見元人鄭杓所傳衍極，專論字學，多引述之。而其論書，亦博綜今古，惜無全文耳。

董山書史

宋鄭昂，字尚明，號董山，祭酒鄭穆之孫也。作書史，起伏羲，終五代，凡二十五卷，今軼弗傳。昂善書。九仙山、蓬萊峰盤石上有題名，徑尺許，古勁絶倫，昂所書也。

陳述古書

吾閩古靈先生陳述古，書法在蔡君謨之右，學柳誠懸酷肖也。烏石山、平遠臺、鼓山、臥龍山俱有題名，鐫之石壁，皆徑五寸，鮮有知其妙者。

寺額名書

衍極載元人陳旅題署書記略中一段云：閩中風俗，以正月六日遊烏石山寺。其外大父趙大蓬，指寺額曰：「是古題署法書也。」古時人人知有是法，王公貴人有所建立，不能書不書，必求能書者，雖微賤必書也。紹興後，無論能否，官大即書，一時迎合，争乞新題，易舊榜，于今存者什之一耳。米南宫、黄太史非不爽峭可喜，直可施之亭榭宴遊處。

唐以來，惟顔太師雄秀，而題署李北海爲最云。

古磚

杭吴山，萬曆乙巳年，里人建水神廟于上。奠礎日，豐草中的皪有光，視之則古廢磚，方二寸許，上有「安寧萬姓」四字，類蘇長公筆法。今在廟中。

中元大鵬年號

先輩陳中丞達，嘗于荒莽得石盆，甚巨，背刻「中元庚申僧本兹造」八字。按，中元乃光武年號，光武無庚申，庚申乃明帝之永平三年也。今石盆尚存。近余友林熙工，掘地得古磚，刻「大鵬二年」。大鵬年號無攷〔一〕，書之以質博雅者。

校勘記

〔一〕「大鵬年號無攷」，四庫全書本作「不知何代年號」。

古鏡

餘姚孫忠烈公，初巡撫至江西，治廨舍，得古鏡于深溝中，背刻其文曰：「光運忠扶，日月心感。天揚朗忠，獨難塞天。不世内靖，斯以昭明。」字畫奇怪，觀者多不識。後孫公死，好古者以意辨之，其文乃著。

錋鼎

嘉靖初，海虞王澄嘗獲一鼎，其識曰：「維紹興丙寅三月己丑，太師秦公檜一德協濟，配兹乾坤，乃作錋鼎，賜家廟以奉時祀，子孫其永保。」是高宗所賜檜之所受者，澄鄙其事，乃卽家山作萬松樓，祀岳武穆，而以鼎奉焉。黄云：以秦鼎祀岳，恐岳未必饗也。

西園雅集以下畫

宋駙馬王詵晉卿〔一〕，延東坡諸名流，當時李伯時寫爲圖，今世遞相傳摹。歲月既無所攷，西園亦莫究何在，然其人米元章有圖序甚詳。國初，黄文獻、楊文敏、林尚默各有攷據，儒衣冠十四人，蘇東坡、王晉卿、張文潛、蔡天啓、李伯時、蘇子由、黄魯直、陳無己、李端叔、晁無咎、米元章、王仲至、劉巨濟、秦少游也；釋道各一人，僧圓通、道士陳碧虛也；侍女二人，晉卿家妓雲英、春鶯也。

校勘記

〔一〕「詵」，原作「説」，據四庫全書本改。

唐文皇像

余嘗見閻立本寫文皇御容，絹素僅尺許，虬髯鳳目，神彩煥發，傍署云「臣閻立本寫」。今藏薛中丞家。

宋太祖像

先伯兄舊有趙文敏寫太祖真像擊毬圖，桑皮紙，游絲金筆，闊僅尺餘。今在泉南丁司寇家。

膠山絹海

古畫多用膠礬着絹，唐、宋名家皆然，惟元倪瓚輩始喜寫生，脱畫家蹊徑。唐章孝標咏畫屏風云：「雨滴膠山斷，風吹絹海秋。」唐、宋畫全用膠礬，此是一證。

古碑以下碑版

三代碑刻至今存于世者，唯岣嶁禹碑與周石鼓文耳，秦則李斯斷碑，僅二十九字，漢蔡邕石經與孔廟中郎碑、陳思王碑，蜀有樊侯碑，餘俱不可覓。

曹娥碑

曹娥江在浙之上虞，當時孫權據越，不知孟德何因與楊脩至江滸，讀其碑也。殷芸小説云：「蔡邕刻曹娥碑傍曰『黄絹幼婦，外孫虀臼』。魏武見，不能曉，以問群僚，莫有知者。有婦人浣于江渚，曰：『第四車中人解之。』乃禰正平，便以離合解爲『絶妙好辭』。」此説與諸書所載大異。余謂孟德決無到曹娥江之理〔一〕。或是當時傳印邯鄲淳曹娥碑文，而孟德與楊脩猜度之，只見墨本，非親摩碑石也。禰衡之解，又不知何據。語林云「操讀碑於汝南」，其爲摹本無疑。

校勘記

〔一〕「娥」，原脱，據四庫全書本補。

泰山碑刻

泰山秦碑，李斯篆，在秦觀東廳壁，僅存數字。唐摩崖碑，隸字，在岳神祠後，爲苔蝕其半。李白遊泰山詩六章，篆刻，方石，竪會真宫東廡。

無字碑

泰山頂有秦無字碑。唐武后乾陵亦有無字碑。蓋碑緣文而立，立而無字，誠不可曉。

番君碑

饒州番君廟碑，趙文敏書，厚七八寸。文敏在京，郡人欲乞其書碑，重不可載。乃鋸其碑面寸許，載至京，文敏書畢，仍合豎之。予至饒，見其合縫宛然。昔人之好事如此。書法遒勁，因搨數紙以歸。

晝錦堂碑

姑蘇志云：「國初，陳僖敏公治宅吴城，斸地得蔡君謨所書晝錦堂石碑。」按，晝錦堂在相州，君謨所書碑字甚鉅，何因得至蘇州？歐陽文集中言書碑事甚詳，未聞有兩書者。豈後人重君謨筆法，重摹刻之？如今之閶門翻刻法帖碑本之例。決非宋碑也。

武夷唐刻

武夷三十六峰，題刻甚多，而唐刻絶少。舊傳幔亭峰下，唐明皇遣使祀仙，刻「大唐天寶七載，歲在戊子七月，封名山大川。登仕郎顔行之記」，共二十四字。今不可覓，或云石墜水中，妄也。

虎渡橋碑

漳州江東驛虎渡橋左，有碑巍然，是宋淳祐中狀元黄朴撰文併書，字法全類柳誠懸，石材完好，惟篆首缺墜耳。余以癸卯冬與曹能始觀賞，各搨一通。第鄉人不知重，無有覆瓦爲亭者，惜哉。

碑厄

水經注：「洛陽天淵池中，有魏文帝九花樓殿基，悉是洛中故碑累之。」澠水閒談云：「景祐初，姜遵奉太后意，悉取長安碑石爲塔材。」道山清話云：「天聖中，詔營浮圖，姜遵在永興，毁漢、唐碑之堅好者，以代磚甓〔一〕。」國朝太祖登基金陵，悉取六朝舊碑，砌作御道。唐歐陽詹集云：「九江有祖將軍廟碑，顔真卿撰文并書。後州吏有脩坯之勞，狀其末蹟，剗磨舊文。詹作文以弔之。」平淮西碑，先琢韓退之，而刻段文昌，宋郡守陳某又琢段文，更刻韓文，一石遂遭兩厄。湖州天聖寺，趙孟頫撰書錯盤龍碑記，國初昇入郡治，作太守去思碑。歐陽公金石録所收古刻千卷，今什不得一二，皆遭此數厄耳。

校勘記

〔一〕「甓」，四庫全書本作「瓦」。

黨籍碑重刻

元祐黨籍碑，蔡京欲傳示後世，使其子孫有餘辱也。弘治中，吳興沈暐以其祖沈千名與涑水、伊川聯名，懼其久而磨滅，取搨本重刻于石。今世所傳碑，皆沈氏刻，子孫有餘榮矣。

元程二守

元绛、程師孟宋熙寧中先後守福州，山劖石刻多二公筆，至今傳爲佳事佳話。興除舉廢，皆稱二公。二公俱吳郡人，生平稱臭味交，故出守行事亦大相類。

丁刻字

趙子昂時〔一〕，鄱陽丁信可者，善刻字。凡承旨書，極喜信可鐫刻打搨，他手不如也。番君廟、乾元寺二碑，承旨所書，皆信可刻。今信可子孫猶日搨賣，丁氏食此碑已十餘世矣，他人不得搨也。余至鄱陽，目擊之。

校勘記

〔一〕「子昂」，崇禎刊本、四庫全書本作「承旨」。

柚皮打碑

桂海虞衡志云：「打碑用柚子皮蘸墨以代氈，宜墨而不損紙。」試之良然。

長慶石

萬曆甲申，吴興張穉通卜築玲瓏山，得一石。乃唐長慶間陸羽故物，高可尺許，有孟郊題曰「長慶甲辰餘英孟郊來訪竟陵陸宵翁」〔一〕，字法遒古，尚未剝蝕。穉通造軒貯之，名友石軒，好事者皆爲題詠。後贈謝在杭，爲王百谷索去，今爲王氏家物。

校勘記

〔一〕「英」，四庫全書本作「杭」。

文人二十四則

游夏文學

聖門列四科，惟以文學許游、夏。子夏於易則有傳，於詩則有序，於禮則有儀禮喪服篇，於春秋則授之公羊高、穀梁赤，於論語則鄭康成以爲子夏與仲弓所撰定者。許以文學，夫何忝哉！不知子游當時有何文學而魯論稱之也，當是世遠而撰述不傳耳。若非魯論并稱之，後世孰知子游亦文學也哉！

徐氏文人

古今文人之盛，惟徐氏歷代不乏。建安七子則有徐幹，一代文宗則有徐陵，河東三絶則有徐彦伯，江南文士則有徐鉉、徐鍇，詩派法嗣則有徐俯，晚宋四靈則有徐道暉、徐致中，國初四家則有徐賁，盛明四家則有徐禎卿，中原七子則有徐中行。此皆丁極盛之時而文士輩出名震霄壤者，至于單詞片語流傳文苑，不可勝紀矣。

祖孫

王羲之七世孫曰僧智永，謝靈運十世孫曰僧皎然，書法、詩學皆不愧祖風，後世侈譚之，不因沙門而薄其祖先也。韓侂胄爲韓魏公之裔，時論爲之嘆息，豈紫衣宰相反不如緇衣髡徒乎？信所重在彼而不在此也。

江淹夢

史稱江淹夢張景暘寄錦取還，文章日躓。又謂夢郭景純索舊筆還，爲詩才盡。何二夢相似之甚？然則淹之詩賦，皆少作邪。

沈約

獨異志云：「沈約家藏書十二萬卷，然心僻惡，聞人一善，如萬箭攢心。」噫！此謗語也。劉勰著文心雕龍既成〔一〕，未爲時流所稱，取定於沈約，投之車中。約取讀，大重之，嘗陳諸几案。倘萬箭攢心，定不爾爾。

校勘記

〔一〕「文心」，原脱，據四庫全書本補。

嚴武不殺杜甫

新唐書嚴武傳云：「武最厚杜甫，然欲殺甫數矣。」甫本傳云：「武欲殺甫，集吏于門。武將出，冠鉤于簾者三。左右白其母，奔救得免。」而舊史甫本傳云：「甫登武牀，瞪目視曰：『嚴挺之乃有此兒。』武雖急暴，不以爲忤。」然則武未嘗欲殺甫也。武卒，甫賦八哀詩云：「空餘老賓客，身上愧簪纓。」甫之感武者至矣。豈人有欲殺我者而反哀之耶？必不然矣。

李杜子孫

盛唐詩人莫過李、杜，其子皆早夭，至孫曾則泯然矣。晚唐詩人莫過元、白，又皆無嗣。惟韓退之子昶，孫綰、衮，俱登進士，蟬聯金紫。天之報施，誠不可知。

李益

柳子厚爲其父作神道表，碑陰載其先友六十七人，凡天下善士舉集焉，知名者僅二十人，其中能詩者，李益一人而已。唐以詩程士，爲官者未必人人知詩也。六十七人劣得一李益〔一〕，不亦難乎！

校勘記

〔一〕「劣」，四庫全書本作「僅」。

賈島馬端臨嚴羽羅願

賈島詩歌清淡奇峭，可與孟郊、張籍比肩，舊史不爲立傳，新史附名韓愈之後，數言而已。馬貴與博洽卓絶古今，嚴儀卿論詩理入三昧，羅端良翼雅富如武庫，宋史俱不爲立傳，并附名亦無之。史臣之不公如此。蓋冠蓋之華易登史册，布衣之傑難上石渠。賈島官不過主簿，貴與、儀卿終身草茅，端良位不甚顯，故史臣特略之。然數公之名，自有不朽。

信夫文士不因位顯，亦不藉史傳也。

文士好奇

唐劉蛻取生平所爲文千一百八十紙，起冢以封之，自作銘曰：「文乎文乎，其鬼神乎。風水惟貞，將利其子孫乎。」白居易寫生平所爲詩四部，置諸四大藏經中，與寺僧約曰：「不出院門，不借官客，有好事者任就觀之。」唐求詩成，置之木瓢，任流江中，識者得之，曰：「此唐山人詩瓢也。」陸龜蒙以平日詩文稿，藏之像設腹中，至宋咸淳中，里人醉仆其像，腹稿始傳。南齊褚澄著遺書十卷，刻石，納之墓中，後群盜發墓，得莆廣父子釋義以傳。古人藏文，各創獨見，不相師襲。元魯脩，鄱陽人，有詩朋十人，皆工詩賦，恐罹兵燹失傳，埏埴爲甓，刻瘞山中，名曰「詩冢」，宋濂爲之銘，蓋倣劉蛻也。劉蛻文冢，在今蜀梓州南二里兜率寺，庭前古柏數百株，皆虬枝龍幹，至今尚存。

香山飲酒

白香山喜飲酒，每飲酒必賦詩，集中飲酒詩九百首。今人無香山之詩，沈冥麯蘖，只可目爲酒囊，非真能飲酒者也。

樂天詩友

白香山詩，與元微之倡和，什有六七。元、白齊名，微之爲樂天作詩序，手自排纘成五十卷，不可謂不密矣。乃樂天作醉吟先生傳云：「與嵩山僧如滿爲空門友，平泉客韋楚爲山水友，彭城劉夢得爲詩友，安定皇甫朗之爲酒友。」獨不及微之，誠不可解。

元微之

元、白雖齊名，而微之品格不逮樂天遠甚。微之少通崔鶯鶯，作會真記，暴其事。既通籍，又夤緣宦官，得知制誥，爲武儒衡鄙厭，恬不知怪。文人無行，殆斯人與。

温李

北夢瑣言云：「温廷筠，舊名歧，一名廷雲，與李商隱齊名，時號温李。」今皆以李賀爲温李，非也。

誌銘兩手

明道間，洛陽張堯夫卒，尹洙作墓誌，歐陽脩爲之銘。志銘出兩手，亦古今希覯也。

憐才

王荆公見劉季孫「杖藜攜酒看芝山」詩，卽判監酒稅，見盧秉「但得有錢留客醉」之句，立薦于朝，因登卿貳。秦檜聞陸士規黄陵廟一絶，傾倒如平生。若宰執不憐才，反荆公、秦檜之不若矣。

進稽古録表

司馬温公撰稽古録成，黄魯直爲作進表。今黄集刻之，司馬集删之。可見古人文字，無所假借，亦不掩爲己有也。

祭文黄參

宋張子韶祭洪忠宣曰：「維某年月日，某官謹以清酌之奠，致祭于某官之靈。嗚呼哀

紙筆。黄云：文以足言，言以足志。如子韶云云，不幾于没字碑乎？豈可爲訓？惟武廟祭靳文禧云：「朕在東宫，先生爲傅。朕卽帝位，先生爲輔。朕今渡江，聞先生訃。嗚呼哀哉！尚饗！」其子洪邁深感其情。今世祭文濫觴可厭，使人人如子韶，不知省許多紙

哉！」則言簡意盡者也。

彭乘鄭景望張世南

宋彭乘著墨客揮犀，鄭景望著蒙齋筆談，張世南著游宦紀聞。三公言閩事甚詳，蓋曾宦于閩者。郡志俱逸其名，尚俟攷其人而增之。

黄華澹游

金王庭筠，字子端，河東人，大定間舉進士，官不達，寓彰德黄華山寺，自號黄華老人，善草書，有文集四十卷。子曼慶，亦能詩，自號澹游，善畫竹，仕至行省郎中。

句曲外史

元茅山道士張天雨，自號句曲外史，工書善詩，宋張九成之裔孫也。

躭犁生

洪武初長樂鄭琳，自號躭犁生，讀書播耨，不求聞達，同時與鄭定助教友善。練子寧有躭犁生賦，張顯宗爲之跋，又有建安蘇伯厚、張智等詩文。子萬奎，爲廣州教授，郡志所不載。

文人慳一第

國朝科目限人，長才者或慳一第。如文徵明、王寵文、彭文嘉、何良俊、田藝蘅、歐大任，文章俱足名世，獨靳一舉，竟以歲貢起家，豈非命耶？

郎田二先生

杭州近代博雅君子，仁和郎瑛、錢唐田藝蘅。瑛，字仁寶，號草橋，少孤，長爲諸生，尋謝去。家故饒，一以購書，所藏載籍、古圖畫、金石刻甚富，而貲日貧。瑛無所顧，獨敞大屋，樹高庋，列置數几，危坐諷誦，辨異同。所著有訂正孝經、大學、格物通各一卷，萃忠録一卷，青史衮鉞六十卷。後昆斬然，俱軼弗傳，傳者七脩彙稿耳。藝蘅，字子藝，號香宇，性放曠不羈，善酒任俠，喜著書。生平所著文集前後數十卷、老子指玄一卷、煮泉小品一卷、梅花新譜一卷、詩女史二十卷、留青日札四十卷。晚歲以貢爲新安博士，歸，常衣絳衣，挾二小鬟遊湖上。或逢友人，則令小鬟進酒，促坐談謔。時時挾内人遍遊諸山，日暮無驢，覓得其一，乃與内人共跨一驢入城。藝蘅詩文在六朝、初唐間，駸駸入作者之室。瑛辨証攷核，不減藝蘅，至于談詩，猶説夢也。然瑛事母孝，兩刲股皆愈，内行尤可述耳。

人物攷二十七則　男十九則　女八則

杜宇鼈靈

戰國時，杜宇君于蜀，舉荆人鼈靈治水，水既平，禪之位，死皆葬于郫。今郫南一里，二家對峙。鼈靈，一云鼈令。

八公名

蘇飛、李尚、左吴、田申、雷被、毛被、伍被、習昌。

兩京房

漢有兩京房，一爲楊何弟子，官齊郡太守，宣帝時人；一爲焦延壽弟子，東郡頓丘人，其説長于災變。今漢書京房傳及世所傳京氏易傳，皆延壽弟子也。

林閭

林閭氏，揚雄之師也。見路史七卷第十三之註。

白帝非叛

王莽篡漢，凡世之豪傑有志天下者，皆得起而誅之。公孫述欲誅莽，非一日也。方豪傑群起之時，孰不欲頓八紘、都萬乘？述不得罪于漢，而盡有益州之地，子養一方者十有三年，大有功德于蜀。臨陣殞命，與國存亡，一念不降，可謂賢矣。史書述叛，豈可與叛漢者同科？按，更始二年，述自立爲蜀王，明年夏四月，改元龍興。是歲，漢世祖以蕭王即位鄗南，改元建武，是爲光武皇帝。當是時，雌雄未定，成敗未分，萬一使述功成，則光武亦爲僭亂耳。然光武漢裔，漢德方興，蜀僻一隅，成功匪易。述與光武，猶項羽之與高祖也〔一〕，書之爲叛，不亦過乎？

校勘記

〔一〕「與」，原脱，據四庫全書本補。

寶誌公楊大年

寶誌公，宋元嘉中現于東陽郡古木鷹巢中，手類鳥爪。朱氏婦聞巢中兒啼，遂收育之，因以朱爲姓。楊大年始生則一鶴雛，家人驚駭，貯而棄之江。其叔父異之，追至江濱，開視則鶴蜕，嬰兒具焉，體猶有紫毳尺餘，既月乃落。世間怪事，往往有之，不但后稷之生爲異矣。

白馬三郎

常山有白馬三郎廟，宋季禱旱有應。紹興中，龍圖梁默奏于朝曰：「白馬三郎，王審知號也，生前已饗王爵，不宜猶用軍中之號。」改額「昭應」。常山與閩接壤，至今祠祀。

陳冕

陳子昂，字伯玉，見盧藏用叙并唐書，獨雲溪友議載「陳拾遺，名冕，字子昂」。雲溪，唐范攄也，當必有據。

雪峰檀越

雪峰祖師初至福州，求一菴基，弗得。侯官人藍文卿，指門首池畔大枯樹下草菴，與師居之。唐咸通十一年，見四方雲衲奔湊，難安廣衆，將所居屋宇三百餘間、米倉十二間、莊田二十所、水牛三百六十頭、諸莊田地，各立契書分明，歲收米一萬一百石，淨盡捨入常住，建大梵刹，卽今之雪峰寺也。乾符二年，閩忠懿王具奏，僖宗勅號禪師「真覺大師」，封檀越藍文卿「明護侯王」，男藍應潮「通祐神君」。今護法伽藍，實文卿父子也。歷數百年，香火不絕。使當時不發心捨此，誰其逼之？文卿不難一決，不惟獲福田利益，而寺存則香火永以不墜。今之擅文卿之富者，不乏其家産，留以遺所不知之何人〔一〕，至於布施，錙銖慳惜。悲夫！悲夫！

校勘記

〔一〕「之」，原脱，據四庫全書本改。

鐵冠道人

蘇子瞻在海外自號鐵冠道人，詹仲和亦號鐵冠道人，楊廉夫亦號鐵冠道人。洪武初，有鐵冠道人張景華，常與太祖言休咎未來事。

龜字諱

唐、宋人不甚諱龜字。張志和始名龜齡，開元歌者名李龜年，陸魯望名龜蒙，白樂天幼子名龜郎，咸通中會稽太守王龜，殷踐猷號五總龜，皇祐殿中丞李龜齡，宣和進士戴龜朋，彭千壽名龜年，善畫者劉崇龜，陳朝瑞名總龜，王十朋字龜齡，楊時號龜山，崇寧中黃德邵名龜年，淳佑中栝蒼教授潘元龜，洪駒父兄字龜父，咸以龜爲美稱也。然蘇子瞻嘲呂微仲晝睡，有六眼龜口號，則宋時亦以龜爲戲謔耳。予謂十朋、千壽、中立、德邵皆在子瞻後，豈子瞻時有此謔，而後人徑取以爲號耶？大抵子瞻謔事，多出宋、元小說，假托爲多，未必有是事耳。但不知龜字諱于何代。近世以龜命名者絶少，獨鉛山費冏卿弟名龜年，官廣西灌陽知縣。惠安亦有楊龜年，官教諭。

潘陳同母辯

齊東野語云：「陳了翁之父尚書，與潘良貴之父義榮，情好甚密。潘一日謂陳曰：『吾二人官職年齒種種相似，獨有一事不如公，甚以爲恨。』陳問之，潘曰：『公有三子，我乃無之。』陳曰：『我有一婢已生子矣，當以奉借，他日生子，即見還。』既而遣至，即了翁之母也。未幾，生良貴，後其母遂來往兩家焉。一母生二名儒，亦前所未有事。」噫，此說荒謬不根之甚也！㷻按了翁年譜，父陳偁，仁宗朝爲吏部尚書，以嘉祐二年生了翁，年二十三登進士，至宣和六年卒，享年六十八。又按朱子文集，良貴父名祖仁，贈中奉大夫，未受宋官。所云官職相似，一謬也。了翁宣和六年卒，良貴宣和初始爲博士，歲月相違，二謬也。朱子爲潘時作墓志銘云：「良貴有兄良佐，以儒學教授諸弟，良貴從授學。」是祖仁已有長子，安得言無子？三謬也。了翁閩沙縣人，良貴浙金華人，其母安能來往兩家？四謬也。欲誣名賢，創爲不根之説，名曰齊東野語，豈虚也哉！

菊坡

宋季崔丞相與之，號菊坡。至八世，其家有菊數本，皆一蒂兩蕊，人咸異之。

以字行

國初名臣多以字行，楊士奇名遇，練子寧名安，黄子澄名湜，李時勉名懋，李至剛名銅，唐之淳名愚士，吴伯宗名祐，張孟兼名丁，劉伯序名秩，董良史名紀，鄭居貞名恆，許廷慎名伯旅，胡虚白名奎，李昌祺名禎，王汝玉名璲，劉三吾名昆孫，桂彦良名德稱，金幼孜名善，劉子欽名敬，錢習禮名幹，周是脩名德，劉季箎名韶。至于蹇義舊名瑢，楊榮舊名子榮，胡靖舊名廣，李騏舊名馬，皆出上賜也。

葉給事林御史〔一〕

秀水屠侍御撰建文朝野類編，會輯諸書，詳備周悉。有葉福，字叔疇，閩縣人，建文庚辰進士，授給事中，極言宗室之非，宜建文君怒，杖幾死，亟遣人歸養其母。靖難兵攻金川門，首犯其鋒死，衣冠歸葬，久諱其事。楊文敏公入省，求其從孫，爲文碣其墓。萬曆初，奉恩詔祀于鄉賢祠。林文恪公脩郡志，始爲立傳。人鮮知之，故屠侍御未之列也。當時吾郡死建文之難者止福一人，而古田林英，字章叔，爲御史，自經死，妻宋氏亦自經，皆彙編所不載。按，朝野彙編乃陳眉公所纂，名史待，屠侍御借爲己書，更名彙編，志吾閩死事者止陳彦回、陳繼之，而不及福與英。今史相國世程，官南少宰日，率同鄉建三忠祠清涼山，祀二陳與福，英猶缺焉，蓋當時無有知其事者。志之，以俟後人補此佚典也。

校勘記

〔一〕「林御史」，原脱，據本書原目録補。

孫太初攷

太白山人孫一元，同時諸公與之倡和，實不知其何許人，鄭善夫序其詩曰「關西豪傑也」，李夢陽、殷雲霄、劉麟皆云「關中人」，惟王世貞云「太初，裔本王家，託跡方外」，馮夢禎云「關西王孫，易名爲孫一元」。爀近閱徐渭逸稿孫山人考云：「孫一元，父早亡而貧，以鈔書役某府中。府公嘉之，爲出貲，特補吏，密事多任之。會覲，槖白金四百兩，使山人致布政使。途被盜，無以報命，遂亡抵浙，寓西湖。休寧有范爔者，其祖與山人交厚，爔告渭曰：『嘉靖某年，諸暨縣丞孫鏞罷官歸，寓江都。爔大父世商於鹽，遇鏞頗傾蓋。一日偶及山人事，鏞大駭，一一道山人出亡事，便取所隨譜合之。鏞卽攜其子來，子貌亦似山人。鏞遂問吾叔今何在，爔大父云云。鏞强大父偕至湖州，拜其世母施氏并其已嫁妹，三人相對而哭。』渭攷諸暨官師表，嘉靖十二年縣丞果孫鏞也，乃曰蜀人。山人舊自稱秦人，非志者悞，乃山人謬託爲秦人也。」觀渭斯攷，則太初非宗室，亦非關中人也，明矣〔一〕。

校勘記

〔一〕「關中人也，明矣」，原爲夾注，據四庫全書本改。

嶽禱

太宰倪公岳父尚書文僖公，嘗代祀北嶽，以禱祀而生公，故名。豈「維嶽降神」耶？

滇二孝子

滇南范寅爲諸生，屢試不第，遂成心疾，出游不知所之。嘗語其子師顏云：「吾葫蘆山人也，爾他日於此訪我。」師顏尚幼，既長補諸生，以嘉靖壬子舉於鄉。鹿鳴次日，卽裹糧之四方尋父，凡山巖、市鎮、僻壤、遐陬，無弗到。行三年至蜀，有葫蘆寺，叩主僧〔二〕，謂：「三年前，有稱葫蘆山人者寓此，今化而瘞之近岡。」且出其手札，真寅筆也。師顏慟絶，芟莽得穴，刺血入骸，斂而返葬焉。御史黄中，疏而旌之。又有趙重華，大理太和縣人，父廷瑞亦諸生，亦以不第遠遊，莫知所往。華甫七歲，至年二十一，母没，乃出尋父，榜其背曰「萬里尋親」。至武當山，有字云「嘉靖四十四年十二月二十二日大理趙廷瑞至此」，華至日，乃萬曆六年十二月二十二日也。又間關至建康，祈于三茅君，夢玄帝謂之曰「爾父故在」，如是者三。覺而由丹陽至毘陵，遇老僧，示往無錫南禪寺，語訖不見。明日至南禪，見皤髮老叟曝背廊下，華心疑之，伏地曰：「我雲南人。」叟曰：「我亦滇人，出遊時一子七歲。」亦潸然淚下。各道姓名，相持而哭，迎歸故鄉。茅坤爲文以紀之。

校勘記

〔一〕「叩」，原作「扣」，據四庫全書本改。

長人

苻堅時，有夏默、獲磨、郙申香三人，身長一丈八尺，並多力善射。三人每食，飯一石，肉三十斤。

翟母漂母以下女人

漢高帝厄於楚，餧甚，翟母常饋食。及帝業成，母已死矣，高帝封其墓，至今名封丘縣。

漂母哀韓信而進食，後報以千金，至今廟祀。所謂一飯之德不忘也。今人報德如漢君臣者鮮矣。

美人名風

晉世美人以風名者，惠帝皇后諱南風，洛中謡曰：「南風烈烈吹黄沙。」石崇婢名翔風。

翔風

石崇妾名翔風，諸書互見不同，有曰朔風，有曰翾風。翔、朔、翾三字相類，必有一定者。

衛夫人

衛夫人，名鑠，字茂漪，晉汝陰太守李鉅妻、王逸少之師也。

崔鶯墓志

志稱崔鶯鶯嫁太常寺協律郎鄭恆。恆字行甫，文業著于當時，享年六十。夫人崔氏，享年七十有六。子六人。秦貫撰爲銘。其墓誌銘久瘞土中，明成化間，黎人得諸廢冢。冢居邑之西北五十里，曰舊魏縣，蓋古之淇澳也。乃鬻之崔氏，爲中亭香案石，又若干年而莫之知。尋得其家，有胥吏名吉者識之，遂白于邑長吏邢公，邢置之邑治，而其迹始著。陳眉公收其文于古文品外録，欲一洗崔氏冰玉之耻。予謂會真之記出諸微之，鶯鶯之名因以大著。若讀秦之墓誌，不過尋常一貴人妻耳，何足奇？

李易安

李易安，格非之女也。格非，字文叔，濟南人。見張文潛集。

易安更嫁

李易安，趙明誠之妻也。漁隱叢話云趙無嗣，李又更嫁非類，且云其啓曰「猥以桑榆之晚景，配兹駔驓之下才」，殊謬妄，不足信。蓋易安自撰金石録後序言：「明誠兩爲郡守，建炎己酉八月十八日疾卒。」且云：「余自少陸機作賦之二年，至過蘧瑗知非之兩歲，三十四年之間，憂患得失何其多也！」作序在紹興二年，李五十有二，老矣。清獻公之婦，郡守之妻，必無更嫁之理。今各書所載金石録序，皆非全文，惟余家所藏舊本，序語全載。更嫁之説，不知起于何人，太誣賢媛也。容齋隨筆及筆叢、古文品外録，俱非全文。

眇倡啞倡

秦少游傳眇倡云：「倡貧不能自贍，與母西遊京師。京師色府也，美盼巧笑以千萬計，若具兩目猶恐不售，况眇一焉，其瘠于溝中必矣。行抵梁，舍於濱河逆旅，有少年見而悦之，爲留飲終日。因大嬖，娶置別第，謝絶姻黨，身執爨以奉之，倡飯，少年亦飯，倡疾，少年不食。或有嘲之，少年忿曰：『自予得若人，視世之女子，無不餘一目者。夫佳目，得一足矣，奚以多爲？』」楊廉夫傳啞娼云：「倡錢唐人也，生無啼聲，父母欲棄之。年及笄，天質秀利，中益警穎。京師有大木賈，過錢唐，聞啞娼名，求見，大喜，倍價聘之。左右曰：『娼以聲取悦，啞而倍價以聘，何愚也！』賈曰：『婦以長舌敗人之家。予聘無長舌，不聘工歌且笑。』遂挾之歸。賈侍姬百十人，啞娼寵專房，一飲食非啞娼不甘。賈婦死，推啞娼爲繼，生三子焉。」夫倡至于眇、啞，宜乎無顧盻者，乃少年、大賈娶之，少游、廉夫傳之。信乎物無定價，隨所遇也。

名人生卒葬地十四則 名姬附

許由冢

箕山有許由冢，乃石槨。歲飢，有惡少發之輒合。至今猶存。

扁鵲墓

湯陰有扁鵲墓，墓前有土，可以療飢，鄉人試之輒驗，亦理之渺茫者。

徐君墓黄參

一統志：「河南襄城縣城北二十里，有徐君墓，墓前有樹，相傳爲季札挂劍處，名曰靈樹。」按史，季札使魯過徐，其地今在泗州。襄城非徐地，安得有墓？奚從而挂劍哉？史稱「札還至徐，徐君已死」，則其死在徐，明矣。其曰「解劍繫其冢樹」，則其冢在徐，亦明矣。襄城靈樹之説，何據？徐君墓在張湫安平鎮，余舟過其地，展墓而酹以詩。墓上草名劍草，可除眼疾。

郭璞墓

揚子江金山雲根島，在水中特起，志以爲郭璞墓在焉。六朝事迹謂璞墓在真武湖中大墩上。璞爲王敦所害，當時必有收其骨者。後世皆指水中之山爲璞墓者，以璞精地理，必擇其奇處而名之，金山、真武湖之説謬也。

李白生卒葬

李白，舊史稱山東人，父爲任城尉，因家焉，流夜郎，赦還，醉死于宣城。新史稱白生于巴西，卒葬姑孰東麓。元和末，觀察范傳正祭其冢，訪後裔，惟二孫女，嫁爲民妻，後改葬青山，立二碑焉。㶿按，全蜀藝文志載唐劉全白作白墓碣記云：「白，廣漢人，玄宗辟翰林待詔。因和番書並上宣唐鴻猷一篇，上重之，欲以編語之任委之。爲同列所謗，詔命歸山，遂放浪天下，以詩酒自適。代宗登極，拜拾遺，聞命之後逝矣。有子名伯禽。全白幼以詩爲君所知。邑有賢宰顧公，遊秦，遂表白墳而題其石，冀傳于將來也。貞元六年四月七日記。」以此攷之，白非生于山東、巴西，非死于姑孰、宣城，非葬于東麓、青山，而生當在廣漢，墓當在秦地，有子伯禽，非斬然後昆也。全白與青蓮同時，墓碣當爲實録，二史恐非傳信耳。項斯經李白墓云：「夜郎歸未老，醉死此江邊。葬缺官家禮，詩殘樂府篇。歸魂應到蜀，小碣豈旌賢。身没猶何罪，遺墳野火然。」

又

李白生卒，二史既自矛盾，後人又有采石捉月之説，愈不足信。按李陽冰序謂「白疾亟，枕上授冰，俾爲集序」，是白死于牖下，非江中，明矣。梅聖俞詩有云「便當騎鯨上青天，青山有家人漫傳」，又信捉月之事矣。陳眉公謂「李白生于彰明縣青蓮鄉，故號青蓮」，想别有據。

杜甫卒年

杜甫生于先天元年壬子，卒于大曆五年庚戌，享年五十有九。舊唐書云「甫以永泰二年啗牛肉白酒，一夕卒」，當是庚午歲，尚早四年，誤也。新史正之，云「大曆中卒」。

杜甫卒葬

唐書云：「杜甫客耒陽，嘗遊嶽廟，爲暴雨所阻，旬日不得食。耒陽聶令棹舟迎之，乃得還，啗牛肉白酒，一夕卒。」王洙序杜詩，亦沿史氏言「醉飽卒」。元稹墓志言：「甫扁舟下荆楚間，竟以寓卒，旅殯岳陽。殁後四十餘年，始克葬。」然則甫之埋骨于偃師也，明矣。又按劇談云：「甫客耒陽，一日舟中飲醉，江水暴漲，甫爲驚濤漂汎，其尸不知落何處。玄宗思甫，詔求之。聶令積空土于江上，曰甫爲白酒牛炙脹而死。」按，玄宗自蜀歸，公方爲諫官，帝晏駕，甫在蜀，代宗登極八年，甫始卒，年月失實，不足信也。然宋人有題子美墓云：「一堆空土烟蕪裏，空使詩人悲歎起〔一〕。捉月走入千尺波，忠諫便沈汨羅底。固知天意有所存，三賢亦同歸一水。」則又言甫死於水矣。

校勘記

〔一〕「歎」，原作「歡」，據崇禎刊本改。

李賀生卒

宋祁唐書李賀傳「卒年二十七」，李商隱作賀小傳「年二十四」，王元美卮言「賀年二十六」，所載不一。商隱與賀同時，當爲實録。

元微之卒葬

南部新書云：「元稹之薨也，卜葬之夕，爲火所焚，以煨燼之餘瘞之。」予按白居易爲元稹作墓志：「以太和五年暴疾薨于位，六年七月十二日祔葬于咸陽縣奉賢鄉洪瀆原。」未嘗言及火焚，足徵南部之妄。

白傅葬地

賈氏談録云：「白居易葬龍門山，河南尹盧貞刻醉吟先生傳於石，立墓側。洛陽士人過者奠以卮酒，冢前方丈之石常成泥濘。」㶺按居易志銘：「墓在華州下邽縣臨津里北原，祔侍郎、仆射二先塋。戒没後勿建神道碑，但於墓前立一石，刻吾醉吟先生傳一本可矣。」龍門山在今西安府韓城縣東北八十里，下邽縣卽古渭南縣，在華州城西五十里，相去遠甚，賈氏之言，似爲無據。

梅花道人墓

元梅花道人吴仲珪墓，在蘇州武塘，題曰「梅花和尚之塔」。今有橡樹猶存。

李空同墓

李夢陽，北地人，墓在河南府鈞州大陽山，侍郎崔銑作墓志。

朝雲琴操墓

朝雲墓在惠州西湖，有司爲治墓隧。琴操墓在天目山石佛殿角，後人爲之立碑，至是山者亦多題詠。甚矣人之貴附青雲以不朽也。

人倫盛事十二則

兩世史官

古有兩世爲史官者〔一〕，司馬談子遷，劉向子歆，班彪子固，王銓子隱，姚察子簡，李太師子延壽，劉知幾子餗。若吾閩林文安三世史官，古所希覯。

校勘記

〔一〕「古」，原作「人」，據江户初抄本改。

八龍五馬黄參

南齊柳元伯，子五人，皆領州，五馬參差于亭。唐殷文圭云：「荀家門内，羅列八龍；柳氏亭邊，參差五馬。」黄云：若吾家璞公、蟾公兩校書，璞公子仁溉三史、仁渥太子正字、仁滔御史、仁藻著作郎、仁渭秘書監，庶子仁澤武狀元，世稱「一門五學士家〔二〕」，亦何減八龍、五馬。

校勘記

〔一〕「家」，原脱，據崇禎刊本、江户初抄本補。

文惠文安

宋陳文惠堯佐，以太子太師致仕，卒年八十二，子十人：長尚書主客郎中述古，次比部員外郎求古，次主客員外郎學古，次虞部員外郎道古，次大理寺評事博古，次殿中丞修古，次秘書省正字履古，次光禄丞游古，次大理丞襲古，次太常丞太祝象古。我朝林文安瀚，以太子太保致仕，卒年八十六，子男九人：長鄉進士庭桂，次太子太保、工部尚書庭㭿，次指揮僉事庭楷，次慶遠知府庭杓，次廣東都司經歷庭樟，次潮州推官庭榆，次上虞縣丞庭枌，次鄉進士庭枝，次太子少保、禮部尚書庭機。古今多福多壽多男子，兩公而外，不多見也。二公俱史館知制誥，俱謚「文」，而子皆列宦籍，尤相等也。

狀元宰相

宋狀元爲宰相者六人，呂蒙正、王曾、李迪、宋祁、留夢炎、文天祥。國朝狀元爲相者十四人，吴伯宗、胡廣、馬愉、曹鼐、陳循、彭時、謝遷、費宏、顧鼎臣、李春芳、申時行、朱國祚、周延儒、商輅。

浙江文場

弘治壬子，浙江文場中夜半，場中人見東西立二巨人，一衣緋，一衣綠，合言曰「三人好做事」，遂隱不見。是年，胡公世寧、王公守仁、孫公燧同舉于鄉。卒之宸濠之變，胡公發其奸，孫公折其氣，王公平其難，三人相次成功云。見王允寧孫忠烈傳。

第十九名

建陽李有年，舉嘉靖庚子鄉試第十九名。其弟有則舉己酉，亦第十九名。有年子聞詔舉萬曆甲午，亦第十九名。父子兄弟榜次相同，亦一奇也。又建寧貳守吴興施可大，二子壽明、浚明，先後中萬曆壬辰、乙未會試，俱第十九名，尤奇矣。

掾曹〔一〕

國朝進取，不拘資格，有掾史而置身青雲者，自況鍾外，不可悉數。如閩縣吴復任工部侍郎，陳永祥任惠州知府，南平楊文達、惠安洪炬俱任太僕寺丞，連江孫瑛任吏部郎中，建安盧大政任吏部主事，侯官胡鼎任户部郎中，福清游元欽任濟南通判，高世岳任承天通判。孫瑛洪武中，陳永祥宣德中，吴復、胡鼎天順中，楊文達、洪炬正德中，盧大政、游元欽、高世岳嘉靖中。

校勘記

〔一〕「掾」，原作「椽」，據四庫全書本改，本條下同。

父子百歲

義烏人陳世恭，至萬曆戊寅，年一百六歲。子陳迪，亦壽九十八歲。

福清三老

宋季福清有三老。政和間林雄年百七歲，紹興中林洞年百十七歲，並恩授迪功郎，張魏公浚名其堂曰「眉壽」，二子，年俱九十餘。同時有吴齊，年九十三，亦恩授迪功郎。又蔡伯俙，三歲舉神童，年八十七卒。林瓌，年九十卒。

烏青九老姓氏

宣德間，湖州烏青鎮有九老。趙巇，官序班，年九十一；吴煥，年九十；趙歧，年八十九；孫孟吉，建文中太常博士，年八十五；水宗達，運司，年八十二；漏瑜，建文中御史，唐其諒，建文中縣丞，胡敏，錢郁，年皆八十。漏瑜，會稽人，唐其諒，鳳陽人，革除後流寓烏鎮，俱能詩，結社倡和，亦一時之盛。

莆田九老八老

嘉靖初，莆田有逸老會，皆鄉邦之望。都憲林茂達年七十五，憲副吴希由、逸士林嘉績俱年六十七，御史林季瓊、知縣宋元翰俱年六十五，憲副林有年年六十四，侍郎鄭岳年六十三，侍郎林富、寺丞李廷梧亦幾六十。有逸老詩集行于世。隆慶己巳，有耆老會。太守鄭弼年七十八，少參雍瀾年七十七，太守陳叙年七十六，運使林汝永年七十五，主事柯維騏年七十四，太守林允宗年七十二，尚書康大和年七十一。大和賦詩云：「故里重開耆老會，七人五百二十三。」後尚書林雲同年六十九，亦與斯會，真太平盛事也。

同居

世傳同居，皆曰張公藝九世難矣。熙寧中，上虞劉承詔家同居十世四百餘人，趙清獻爲越州，具奏上聞，旌表其門，人鮮知者。田子藝留青日札序至十八世，承詔不與。

徐氏筆精卷之七終

光緒七年秋七月巴陵方功惠校刊

徐氏筆精卷之八

晉安徐𤊹興公譔輯
同里邵捷春肇復訂定
温陵黄居中明立編次

人事二十五則

積善之家

人行一善，可謂之善矣。行數善，可謂之積善之人。如范希文父子捐麥舟事，可謂之積善之家矣。易曰「積善之家，必有餘慶」，非指一人一事言也。

智岩警語

世有怨府、畏途、禍胎、鬼趣，積習晏安於其中，未曾一念覺悟。今人於四者，無不蹈之，後患其能免乎？

罷官蓋棺

見一人罷官，功名富貴之念，當添一分淡；送一人蓋棺，妻妾兒女之情，當減一分輕。

殺人欠債

諺云：「殺人償命，欠債還錢。」今之豪家以威勢殺人，貨賄官府即脱，巨室以厚息逼人致死，官府亦不之究，是「殺人還錢，欠債償命」也。

裸葬

楊王孫家業千金，厚自奉養，及病，乃囑其子裸葬。今人家累千金，生前虀鹽布素，死而求美木紵絲，祭而烹豕刲羊，葬而伐石起冢，視王孫孰癡孰達哉？

好給沙門

何次道好佛，供給沙門，而不施貧乏。殷仲堪好道，不悋財賄，而嗇于周急。今有佞佛求福者，廣施貲財，不吝千金，而貧交尠一錢之贈。與其結納髡徒，不如周賑困乏。

郡吏碎玉

郡伯喻公政，偶裁答遠書，呼役取玉印色匣，役失手墜地，郡伯不問也。役請罪，反慰諭之。次日，役重價購匣償公，公喜而還其價。其雅量，與裴行儉吏碎瑪瑙盤，談笑自若，韓琦吏碎玉杯，神色不異，何多讓哉！

鬱林石

唐末陸龜蒙，績裔孫也，其門有巨石，是績鬱林擕歸者，至龜蒙時猶世保其居。李德裕殷勤戒子孫，不聞子孫保守。信夫子孫賢不肖，非祖父文字可訓戒也。今鬱林石移置察院前，巍然數尺，號「廉石」，吴文定作廉石記。

避嫌

宋宰相韓億，謚忠憲，四子綜、絳、維、縝，同奏名禮部。忠憲上疏曰：「臣子叨陛下科第，雖非有司觀望，然臣既備位政府，天下將謂由臣致此。臣教子既已有成，又何必昭示四方，以爲榮觀哉？」乞盡免殿試唱第，誠懇再三。仁宗嘉歎，遂俞所請。我朝陳循、王文之子不第，因而彈劾試官。萬曆初，江陵柄國，二子皆及第，一子進士，未幾削奪流貶，方之忠憲，能無愧乎？

妒婦

南唐樞密杜業妻張氏甚妒，烈祖命元后召誡之，張雪涕曰：「業事陛下所藉者，駑馬之力未竭耳。若縱之，反貽其禍，將誤於任使矣。」烈祖獎嘆，以銀盤綵緞賞之。夫妒婦，既不利其夫，而又甘言以誑人主，反獲厚賞，可畏哉！

惡婦

婦人之惡，過於男子，生前無論，卽死後猶能爲祟，如妒婦津是已。温韜發掘唐帝諸陵，剔取金寶，惟乾陵以風雨屢作，不能發土。人云或有游戲侮慢，及取其瓦石，皆有靈響。

延師舫

陳履吉、林熙工，皆余友也。熙工修淨業，足跡尠入城市，履吉雅重之。一日，具贄幣，拜熙工爲師，執弟子禮，特造一船，扁曰「延師舫」。履吉長熙工一歲，鬚髭盡白，同輩無不笑之，目爲病狂。履吉曰：「今之司理縣令，皆少年科第，無道德學問足以教人。而人望風投拜，惟恐其不我納也，一與晉接，人以爲榮。吾之求師，非求少年權貴。世自病狂，吾何病之有？」然熙工儼然受其隅坐，兩見其高也。

交友

利瑪竇，歐邏巴人也，著天主實義，人傳誦之。而交友論尤切中人情，有云：「古有二人同行，一極富，一極貧。或曰：『二人爲友，至密矣。』竇法德古之名賢。曰：『既然，何一爲富者，一爲貧者哉？』」言友之物皆與共也。又云：「視其人之友如林，則知其德之盛。視其人之友落落，則知其德之薄。」

死友

張幼于有友姚文學懋言，借齋中養疾。疾篤，其伯氏懋樂欲舁之歸，幼于艴然曰：「生爲吾友，死卽非吾友耶？」竟卒于館舍，幼于服緦送之。嘗閱陳沂蓄德録載：「吴文定寛爲修撰時，有同年賀恩寢疾，將易簀，託于公之旁廡，公卽掃室請遷。及卒，舉殮于中堂，使其子服衰以答弔者。」幼于此舉，可謂不愧文定矣。

通財

余嘗慨朋友無通財之誼。聖門諸賢，推顔子、原憲爲最。顔則簞食瓢飲，所居陋巷，原則三旬九食，捉衿見肘，甕牖繩樞，貧亦極矣。乃同時有子貢，廢箸鬻財于曹、魯之間，最爲饒益，且結駟連騎以訪原憲。又有公西華，乘肥衣輕，當時亦不能分給二子，稍稍不至乏絶。可見通財之義，賢者猶難之，况末世乎？善夫利西泰交友論曰：「一貧一富，號曰相知。某人曰：『既云相知，胡爲一貧一富哉？』」

温公僕

司馬温公家一僕，三十年止稱君實。許魯齋在中書，欲買一僕，牙儈以能應對、閒禮節者進，輒謝去，後得蓬首垢面愚騃者用之。或詰其故，曰：「聰明過我，我反爲其所使矣。」噫！此腐儒之見也。至司馬公爲其僕呼君實，乃公之盛德，若人家畜此奴，不大誤事耶？後世腐儒，遵此爲訓，是主僕皆憒憒者耳。閩中福、興、漳、泉人家，僕輩頗跳梁，然皆識體。至延、建、邵、汀，主人肅客而捧茶，僮奴隅坐，主人不以爲怪，僕愚騃垢面，終身不知着衣戴帽，魯齋之言誤之也。

狐鼠蚊盜〔一〕

晝伏夜動者，狐也，鼠也，蚊也，盜也。四者秉陰氣，人之所惡也。士君子昏夜乞哀，其狐鼠蚊盜之類與〔二〕。

校勘記

〔一〕「蚊」，原脱，據四庫全書本補。

〔二〕「盜」，原作「賊」，據四庫全書本改。

壽夭

户樞不蠹，流水不腐，是以安逸者常多疾病，勞碌者恆鮮損傷。好花易謝，不材天年，是以智巧者恆致夭折，魯鈍者多享遐齡。

同干支

先府君與同邑宋某同生正德癸酉年，月日時俱同，同補諸生，同食餼，同月生女，又同遲嗣續，至丁内外艱、偶值疾病，無弗同者。嘉靖戊午，宋以病卒，無嗣。辛酉，府君生余伯兄，及爲邑宰，並生余及弟，較宋某多三十四年。前半世無弗同，後則迥異。宋號瑶坡，忘其名。

又黃參

吉水羅循、莆田吴希由同干支，同登弘治己未進士，官俱止憲副，俱以癸巳卒，羅以四月，吴以九月。但羅子洪先及第第一人，而吴子止廣文也。吴爲四川憲副，備兵威茂，斬馘無算，而羅或以陰德昌後耳。按貢舉考，羅循，陝西白河人，三甲有羅僑，乃吉水。循當作僑，以部本爲正。三元考云洪先父循，亦誤。

又黃增

余鄉有干支同者。惠安戴一俊，與晉江周良賓，同生嘉靖戊子年，月日時無弗同者。戴以壬子、癸丑聯第，而周至甲子、乙丑乃成進士，則遲十二年也。然起家俱户部，俱出守，戴温州，周明州，俱浙東，俱轉憲副，俱以守調簡，同也。戴歸田之後，周始登第，周卒年六十一，戴年逾八十，戴有子亮機舉癸卯，周有孫廷瑛舉乙卯。則同而不同、不同而同也。

又余友陳封君賓，與邑人王惟翰别駕同干支。王領丁卯鄉薦，而陳以是年舉觀察，亮采、福澤、壽考復過之。豈自身科名與子孫榮膴亦互相虧盈耶？余同年洪方伯啓睿，與韓城薛方，同生丙辰、乙未、辛丑、丁酉，同第萬曆壬辰，同試政吏部。然洪舉乙酉，薛舉辛卯，洪由祠部郎督學兩浙，歷參知、廉訪、左右轄，皆在浙，薛以臨淮令擢民部，調銓部，歷稽勳、考功、文選，請告，洪亦以其年致政。薛後起太常少卿，丙辰不禄，洪亦以其年卒，壽俱六十一，同也。

又星士連堪與余言，延平羅某與一同年某同干支，同第某科進士，同授楚令，同行取，羅得南刑部，某得南刑科，情甚昵，晨夕過從亡厭。會南中大疫，羅舉家死亡略盡，羅亦染是病幾殆，而某獨無恙，每日輒來視羅。羅後疾稍可，怪某不來，詢之，則先一日死矣。蓋羅以闔門代死，而某及其身，豈非命耶？

因閲三命通會記樂善録云：「太學二士人同命，又同發解，約差遣相近，彼此知災福。後一選鄂州授，一選黄州授。黄州者死，鄂州者爲襄事，祝曰：『我與公同干支，出處同，公先我去，我卽死亦後七日矣。若有知，幸入我夢以告。』其夜果夢某來云：『我生富貴，享受過，故死。公寒素，未享用，故活。』後鄂州者官至典郡，以壽終。則儉約長年，奢溢損壽，此又一徵也。」

又載：「家司徒懋官與申副使价命同，司徒死亂兵，申死牖下，而申先死。朱宫保衡、李大參廷龍命同，朱第壬辰，李第癸丑，遲蚤差二十餘年。而官之崇卑，命之修短，又無論矣。萬侍郎寀、饒太守才命同，然萬成進士，饒止鄉舉，萬官卿貳，饒止郡守，萬以謫戍死，而饒則否，饒多子，萬又少子。豈子孫官爵互爲乘除，造物亦忌于多取耶？」因並述之，以質知命之君子。

飲食

高帝不忘情于頡羹，韓信不負諾于漂絮。靈輙赴難以酬恩，淵明乞食思冥報。誰謂口腹之微無關心身之重？

祈禱

武王疾，而周公以身代，聖人亦不能以命自安。孔子病，而子路以禱請，賢者亦不免以神爲佞。是以聖人賢者作之于前，愚夫愚婦惑之于後。

再拜

玉藻：「君酒肉之賜，弗再拜。」子思於繆公餽鼎肉，稽首再拜而受。孟子亦曰：「以君命將之，再拜稽首而受。」子思、孟子先與禮舛矣，毋怪後世之廢古禮也。

諺

今人諺語，皆本于古，句法恆相類，如掩耳偷鈴、刻舟求劍、坐井觀天、抱薪救火、守株待兔、膠柱調瑟、落井下石、隔靴搔癢、炊沙作飯、見兔放鷹、灼艾分痛、臨寒索裘。又如水中摸月、佛面削金、管中窺豹、夢中説夢、屋下架屋〔一〕，人皆常談，鮮有究其義者。

校勘記

〔一〕「下」，四庫全書本作「上」。

雅事八則　俳諧附五則

山林公案

友人陳履吉云：「山中何景最奇？曰雨後、露前、花朝、雪夜。何事最奇？曰釣同鶴守、果遺猿收。」華亭陳仲醇云：「三月茶筍初肥，梅風未困。九月蓴鱸正美，秫酒初香。勝客晴窗，出古人法書名畫，焚香評賞，無過此時。」二語足爲山林公案。

睡訣

陸文量睡訣云：「半酣酒，獨自宿。軟枕頭，煖蓋足。能息心，自瞑目。」余不甚喜睡，嘗有訣云：「俗事簡，聲色恬。不怯冷，無苦炎。厚襯褥，低下簾。倦卽臥，自黑甜。」友人陳履吉云：「手宋人陳編，輒自引寐，此山窗睡訣也。」過矣，過矣。

煮茶

友人羅高君曰：「山堂夜坐，汲泉煮茗。至水火相戰，儼聽松濤。傾瀉入杯，雲光瀲灧。此時幽趣，未易與俗人言。」

弈棋

弈雖小技，然日長一局，是最清境界。林君復生平極清，至以着棋與擔糞並稱，煞風景矣。不如楊廉夫云：「棋損閒心，畫爲人役。」語和緩有致。

鐵冠

楊廉夫號鐵冠道人，所戴鐵冠重四錢六分，向藏高太醫家，陳眉公今收得之。聞其買鐵冠時，正在除夕前數日，公私之逋蝟集，猶抽力置此，足稱名士。

竹如意筍籜冠

南齊明僧紹隱勞山，詔徵不就，賜竹根如意、笋籜冠，隱者以爲榮。

着裘帶帽

華亭孫雪居太守，十月便以薪草縛柑桔上。陳眉公曰：「此爲木奴着裘。」余小園中喜種菊，結苞時以龍眼殼罩之，直至臈後，放殼始開。陳惟秦嘗戲余云：「此爲菊花戴帽。」可爲的對。

種菜

宋宇種菜三十品，雨後按行園圃，曰：「天茁此徒，助余鼎俎。」周顒曰：「春初早韭，秋末晚菘。」王維詩云：「松下清齋折露葵。」三君皆得農圃風味，此況未可與肉食肥漢道也。

客酬主以下俳諧

有人宴屠緯真，酒酸，持杯勸曰：「李白斗酒詩百篇，君非青蓮後身耶？」緯真笑曰：「令我能吸三斗，他日可爲宰相。」其人悟而易酒。張幼于赴吴令招，酒酸，幼于先以巨觥勸吴令，令曰：「主人未勸客，客反勸主人。」辭再三，幼于必勸主人飲，一入口，知其意，卽易酒。

睡丞黄參

張東海睡丞志云：「嘉興丞某，嘗訪一鄉貢，坐俟其出，輒睡。主人出，恐覺之，相對默坐，亦睡。丞覺，不欲妨主睡，坐待，又睡。主既覺，丞猶睡，不欲覺之，又睡以待。丞覺，晚矣，主睡方酣，遂不交一語而去。」余友沈從先，吴人，亦善睡。嘗宿予齋頭，予晨起，有親故出殯，往返七十里，暮歸，睡猶未覺也。黄云：余家從兄，以葬王父母舉家送殯，留一僕守舍，與之米，使自炊。三日歸，則反扃其户，呼之不應，竊意其鑿垣以遁，而四壁宛然。因斬關而入，猶在哼囈中，米仍未炊也。蓋睡兩晝夜，視沈更酣耳。

蹲鴟

顏氏家訓云：「江南有一權貴，讀誤本蜀都賦注，解『蹲鴟，芋也』乃爲『羊』字。人饋羊肉，答書云『損惠蹲鴟』，舉朝驚駭。」張九齡知蕭炅不學，故相調謔。一日送芋，書稱蹲鴟，蕭答云：「損芋拜嘉，惟蹲鴟未至耳。然僕家多怪，不願見此惡鳥也。」九齡以書示客，滿座大笑。

君臣無鬚

李勣常疾，醫云：「得龍鬚燒灰可療。」太宗自剪鬚燒灰賜之，服訖而愈。李勣姊病，自爲粥而燎其鬚。余嘗戲謂在杭曰：「貞觀時，君臣皆無美髯。」在杭詫余無典故，余以勣事答之，一座絶倒。

判語諧謔

鄭安晚居青田，府鹿食民稻，犬噬殺之，府囑守縶犬。主幕官擬云：「鹿雖帶牌，犬不識字，殺某氏之犬，償鄭府之鹿，足矣。」浙右有富人，捨竹園于寺，後其子貧甚，取其筍，僧執爲盜，聞于官。守判云：「當初捨園，指望福田。既無福田，還他竹園。」二事出隨隱漫録，亦足解頤。又宋季偶嚴酒禁，有婦首其姑藏私醞，聞之官。官判云：「姑誠有罪，然爲婦者宜代受杖。」遂杖其婦而遣之，尤一快也。

天象地輿七則

赤雪

仙家有絳雪。晉朝雜事云〔一〕：「太康七年，雨赤雪二頃。」唐五行志：「貞元二十一年正月，雨赤雪于京師。」孫甫有論赤雪疏。非祥兆也。

校勘記

〔一〕「朝」，原作「潮」，據崇禎刊本、江户初抄本改。

甜雪

周穆王時，西王母獻嵰州甜雪。見拾遺記。

金馬碧雞以下地輿

金馬、碧雞二山在雲南，神在成都。漢遣王褒祀金馬、碧雞之神，實在蜀也。蜀有碧雞坊，薛濤曾居之。

廬山

周武王時，方輔先生與李老君跨白驢入山煉丹，得道仙去，惟廬存，故名廬山。又云周威烈王以安車迓匡續，續仙去，惟廬存，因命其山爲靖廬山。邦人以先生姓呼匡山，又曰匡阜。

山川異聲

平涼有彈箏峽，峽口水流風吹滴厓，如彈箏之韻。金陵靈谷寺有琵琶街，湖口有石鐘山，武夷有鼓子峰，皆山川之異聲也。

武夷木樓

武夷鼓樓岩，舊志云「石樓四楹」，非也。萬曆癸未五月，陳孔震司馬憑陳羽士引至鼓子峰前鐘模石下，緣石壁至其所。見木造鼓樓一區，高廣三四尺，瓦甓皆以木，窗檽户牖皆具，制甚精巧，釘頭出木外四五分，不知何代物。傳云飛來，或然也。司馬至時不難，及歸怖甚，幾作昌黎華山之慟，程羽士力掖之，始得下。

呂梁洪石硯

呂梁洪，行署之北山，韞美石，可爲硯。嘉靖初，張鏜爲主事，分司其地，始剖石製硯。姚明山淶紀其事云：「此石貞潤，受墨不讓端、歙。」徐州又有一種花斑石，非此類也。

國憲七則

國朝事勝前代

謝鐸云：「我太祖遠過于宋者五事：一，攘夷狄以收服諸夏；二，肇基南服而一統天下；三，威加勝國而鋒刃不交；四，躬自創業而臨御最久；五，申明祖訓而家法最嚴。」陸文量云：「本朝政體度越前代者數事：公主寡，不再擇壻；中官有寵者，賜袍帶，不與朝臣並任；王公不敢擅殺人；重臣不得自辟下僚；文廟不用塑像，只用木主；嶽鎮、海瀆之神，不加封號；文武官員不得挾妓。」眉公曰：「更有十事：生員不許陳民間利弊；九鎮鎮府以文臣爲將，天子自爲居守；閣臣六卿，外廷會推，内廷不得專擅；母后不稱制；勳戚不干政；皇子講官即宮坊寮寀，不立博望苑，不開天策府；無殉葬；不用黥、刖、劓、閹之刑；京師有熱審，省直有減刑，非大典不輕赦；三品以上始蔭子，入監紈袴不得濫朝籍。」余曰：最善者，不改元；官員蒞任，不用謝表；大夫士庶俱戴網巾，不用團扇，用摺扇；海濱之地不運糧；選官惟進士、舉、貢、監、吏，不別開科目。此尤極便于官民，前代未有也。

國朝御寶

國初舊製十七顆：「皇帝奉天之寶」，卽傳璽也，兩郊大祀及聖節青詞，宮中用之，司官不與焉；「皇帝之寶」，詔赦用之；「皇帝行寶」，頒賜用之；「皇帝信寶」，徵戎伍用之；「天子之寶」，祀百神用之；「天子行寶」，册封蠻夷用之；「天子信寶」，調番卒用之；「皇帝尊親之寶」，薦徽號用之；「皇帝親親之寶」，展宗盟用之；「廣運之寶」，諭臣工、鈐號籍用之；「制誥之寶」，凡制用之；「敕命之寶」，凡敕用之；「敬天勤民之寶」，飭覲吏用之；「表章經史之寶」；「欽文之璽」。嘉靖十八年，新製七顆〔二〕：「奉天承運大明天子寶」「大明受命之寶」「巡狩天下之寶」「垂訓之寶」「命德之寶」「討罪安民之寶」「敕正萬民之寶」。自「皇帝之寶」以下十五顆，皆司官所得請用。「表章經術」以下九顆，皆藏乾清宮。萬曆丙申，宮燬，移貯文華殿，內臣守之。司官有時請用，用訖仍輸於內。

校勘記

〔一〕「顆」，原作「順」，據崇禎刊本、江户初抄本改。

印文

内外諸司印文，俱用疊篆，以九畫爲止。字用成雙，不及雙者，足以「之」字。而總兵所挂印文，則用柳葉篆。其玉璽與王府之寶，則用玉箸篆。其印形方，大小有差。一品者三臺，二品者二臺，俱銀，三品以下者銅，惟應天府特賜銀印。巡按御史鐵印，柄端有孔條穿之。其餘職衙門，則形稍長，不方，謂之條記。

永樂天順正德

南唐賊張遇賢、宋方臘俱改元永樂，遼述律號天順皇帝，宋西夏賊號正德。我朝同此三號，儒臣失考之過也甚矣。宰相須用讀書人。

周太祖十二樂

五代周太祖廣順元年，邊蔚議改漢十二成爲十二順之樂：祭天神，奏昭順之樂；祭地祇，奏寧順之樂；祭宗廟，奏肅順之樂；登歌、奠玉帛，奏感順之樂；皇帝行幸及臨軒，奏治順之樂；王公出入，送文舞，迎武舞，奏忠順之樂；皇帝食舉，奏康順之樂；皇帝受朝、皇后入宫，奏雍順之樂；皇太子軒懸出入，奏温順之樂；正至皇帝禮會登歌，奏禮順之樂；郊廟俎入，奏禋順之樂；酌獻、飲福，奏福順之樂；祭孔宣父，齊太公降神，同用禮順之樂；三公升降及行，同用忠順之樂；享籍田，同用寧順之樂。今五代史無志，故樂名闕焉。十二樂，見郭茂倩樂府，足補史氏之缺。

金花帖制

唐登進士有金花榜帖，用塗金黄紙，闊三寸，長四寸，大書姓名，下有兩知舉花押。仍用白紙作大帖，貯金花帖，外亦書姓名二字，蓋以此報其人也。見崑山志。

茶户

北苑團茶，盛于宋，民編徭役，名曰茶户。及至我朝，久罷其貢，而茶户子孫年費數十金輸官，多至破産。歷洪武，迄萬曆初，無有議免其額者。泰和郭公子章，理建州，廉得其狀，請于兩臺，蠲其税。夫團茶之貢久廢，禍及茶户十數代子孫，無名横征，莫此爲甚。

郭公初仕，卽能釐數百年積弊，真有實政在民者。不識當時丁、蔡輸貢日，民之苦又何如也。

核疑八則

孟子出妻

荀子言「孟子惡敗，而出其妻」，韓詩外傳言「孟子欲出妻，因母言而止」，二説不同，書可盡信哉？

高柴爲武城宰黄參

人知子游爲武城宰，不知高柴亦爲武城宰而化行。民有不服其親者，改之，行喪如禮。君子之德風也，以身先之，而民不遺其親。右見陶元亮士孝傳，家語亦云「仕爲武城宰」。按檀弓云：「成人有其兄死而不爲衰者，聞子羔將爲成宰，遂爲衰。」恐成未必爲武城，或誤也。

子平

宋有徐子平，精星學，術士宗之，但稱曰子平。子平，名居易，五季人，與麻衣道者同隱華山。今之推子平者，祖宋末徐彦昇，實非子平也。

積惡公忿

人有積惡，公忿莫可誰何者，著書人多厚誣之，以快天下之忿，如秦始皇爲呂不韋子。賈似道爲逃婢姦生，又謂其母遇賈涉挑而從之，又謂賈涉通爨婢生似道，嫡不相容，賣爲石匠妻。曖昧之事，誰其知之？奸暴過甚，後世並辱其母，是以君子惡居下流。

大姨夫

邵氏聞見録云：「歐陽文忠與王拱辰同爲薛簡肅婿，文忠先娶長，拱辰娶其次，後文忠再娶其妹，故有『舊女壻爲新女壻，大姨夫作小姨夫』之戲。」余按歐公文集，公初娶胥氏，年十七卒，繼娶楊氏，年十八卒，三娶薛簡肅第四女，偕老焉。而王拱辰所娶者，第三女也，拱辰喪室，又娶薛氏第五女。則王爲大姨夫，非歐公也。

太祖御像

長洲王錡寓圃雜記云：「吴故墟之西有天王堂，其南廊土地像爲劉總管所塑，甚精絶。永樂初，襄陽閻儁爲蘇州衛百户，偶睹此像，卽伏地泣。人問其故，答曰：『我高皇帝之容也。』蓋儁侍帝左右五年，諦視甚熟，故感泣耳。自是遍傳吴中。」余以萬曆壬辰秋客吴，友人錢允治與余遊吴故墟，入一寺，寺前有土地端坐，錢曰：「此我高皇帝像也。」余駭詢其故，錢以前言對。其塑像方面大耳，隆隼豐額，與今時所傳畫像大異。近閱張民部萱疑耀云：「萱直西省，始見内府所藏高、成二祖御容。高皇帝美丈夫也，鬚髯皆如銀絲可數，不甚修，無所謂龍形、虬髯、十二黑子也。成祖豹頷環眼，兩髭横分，鬚長裹臍。皆翼善冠，衣緑，不正立。」然則高皇之像，蘇州天王堂土地所傳非謬矣。吴黄暐蓬軒類記亦載天王堂事。

玉璽圖説

天啓四年九月四日，磁州東八里臨漳縣務本村漳河北岸，有田夫邢姓者，正耕野間，瞥見異風數陣，河岸攤塌，聲震林木。隨滚出黄白色物，如斗大，光芒陸離，精彩奪目，三尺許，乃除去浮土，得玉璽。不敢自秘，因呈本道。按而驗之，重一百二十兩，方各四寸，面厚一寸二分，螭龍鈕，高一寸八分，篆文曰「受命于天，既壽永昌」。於都懿哉！余觀此寶，埋光掩彩，不知閲幾千年，聖明在御，遂獻禎符，是天終不愛道、地終不愛寶也。所謂「既壽永昌」，且爲我皇上發之。矧夫黄河澄清，鳳皇來儀，諸瑞畢至，迺爾未有禎祥迭見如今日之盛者。億萬斯年，惟願皇上相傳若此，敢不靖共厥位以輔受命于無疆哉？分巡河北道副使齊東張夢鯨撰。

按南村輟耕録云：「至元三十一年甲午春正月，太師國王之孫曰拾得者，嘗官通政院事，既歿，家計窘極，其妻脱脱真縈病，一子九歲，以玉貿供朝夕。及出玉印也，取視，色混青緑而玄，光彩射人。其方可尺四寸，厚方之三，背鈕盤螭四厭，方際紐盡。璽堺之上，取中通一横竅，可徑二分，舊貫以韋條。面有象文八，皆若蟲鳥魚龍之狀，其文曰『受命于天，既壽永昌』。此傳國璽文也，秦以和氏璧所造，厥後有天下者寶之，以君萬國。御史楊桓率百官進獻皇太后御前，傳旨賜收玉之家楮幣三千五百貫。御史中丞崔彧進傳國璽牋，歷攷累朝傳授亡失之由。」見輟耕録。但篆文係鳥跡，非若天啓四年臨漳所拾者也。崔彧牋曰：「徽宗爲金所虜，凡有寶璽，金皆取之。內璽十有四，青玉傳國璽一，與至元所獻同。」則知南渡二百年無傳國璽也明矣。天啓四年所獻璽，與至元所獻大小不侔，篆文亦異，豈徽宗十四璽中之一乎？記之，以俟博古者。

石鐘

湖口石鐘山，水經注以爲「水石相搏若洪鐘」，唐李渤以爲「潭上有雙石，聲清越若鐘」。蘇東坡親履水濱，聽風濤鏜嗒，遂非李說，千百年幾成聚訟。東坡好奇者也，又酈道元載之水經可據，若李說，山石之響，宇内何處無之？烏足以名是山哉？

博聞八則

瓦棺

人死，藏魄于木，古禮也。金陵瓦棺僧事甚異。陸放翁筆記云：「靖康丙午，臨邛夾門鎮山險處得瓦棺，長七尺，厚二寸，與木棺同，骨猶不壞。」然則昔之以瓦爲棺，不獨一僧也。

金蓮炬

金蓮炬送歸院，始于令狐綯。宋王珪、蘇軾、晁迥、史浩亦被此寵，今人但知蘇軾。

鐵硯

古人用鐵硯者，桑維翰也。洪厓先生欲歸河内，舍人劉守璋贈以揚雄鐵硯。以鐵爲硯，始自揚雄，維翰効之耳。

琵琶故事黄參

琵琶故事，烏孫公主、王昭君、潯陽商婦最著，皆婦人也，男子無聞。黄云：善才非男子乎？

放黿

毛寶放黿事，實其軍人，見寶本傳。諸書誤以爲寶，相沿不察。寶守邾城，石虎遣將攻城，寶突圍出，溺死江中。

戮鱷

人但知韓文公能驅鱷魚遠徙，而不知宋陳文惠堯佐詔縣吏操網捕鱷，戮而烹之。唐有鱷既徙，至宋猶出食人，文惠一戮之後，不聞鱷再爲患，然則文惠之功在昌黎上矣。文惠有自撰戮鱷文。

放鶴

徐州雲龍山，有山人張天驥放鶴亭。山人有二鶴，甚馴，旦則望西山而放，莫則望東山而歸。蘇子瞻爲作記。今人但知林和靖孤山放鶴亭，而天驥之名不著，特表出之。

捕蟬

今之穉子捕蟬，每用桃膠塗竹竿稍上，粘之卽得。曹子建云：「怪柔竿之冉冉兮，運微粘而我纏。欲翻飛而逾滯兮，知性命之長捐。」蓋自古已然矣。

占驗三則

朱子前定數

義烏東平山，有宋平昌刺史劉豪墓。隆慶戊辰長至，裔孫尚恭重修墓碑，掘數尺，見墳臺，臺上有磚，方尺許，刻晦菴卜墓數云：「天聖戊辰葬此丘，蔭十八紀出公侯。子子孫孫垂不替，繩繩武武永無休。五百四十一年損，十七八歲裔孫修。戊辰戊辰新一石，重修重修千百秋。秘書郎朱熹書。」按，天聖戊辰至隆慶戊辰，年數良是，而長至又恰戊辰，仍孫劉仕龍在宋贈武節侯，修墓裔孫果年十七歲〔一〕，文公之數亦奇矣。劉之曾孫煇、熺，皆文公門人，故爲之卜而刻之墓。

校勘記

〔一〕「孫」，原脱，據四庫全書本補。

吴司空夢

新建吴司空桂芳未第時，至鯉湖禱夢，仙書云：「蘭陵美酒，賞心樂事。功蓋天下，澤及萬民。」公密記之，人問夢，只以前兩句對。及登第，出守揚州，莅任之日，見酒肆中懸一招牌，則前兩句，憬然有悟，但後兩句未驗耳。後公累官漕運總督，經略淮海，晉工部尚書，以勞瘁卒，贈太子少保，制云：「功蓋天下，澤及萬民。」乃殁後始驗也。

水去就好

華亭曹别駕藩爲諸生日，禱于鯉湖，夢一童子云：「君榜上已有名，但水去就好。」甲午試北畿，從閘河入京，竟不第。迨丁酉歲，焦弱侯爲考官，録其文，魁禮經，寫榜人誤書「藩」字作「蕃」，所謂「水去」之應也。别駕與余言。

醫學 四則

褚氏平脉〔一〕

南齊褚澄精于醫，著書十篇，刻石殉葬。後盜發其冢，書傳人間。第三篇平脉言：「女子肺脾命在左，心肝腎在右。」與今人診脉殊異，録之備攷。

校勘記

〔一〕「褚」，原作「楮」，據四庫全書本改，本條下同。

學醫五難

祝允明云：病家貴驕，不肯敬從，一也；病人愚愎，强謂自知，不能服從，二也；愚下之輩不辨良庸，時有劣工謬得俗譽，愚下必棄上匠而委劣工，三也；劣繆之徒信其妄施，偶中他力，自執爲是，四也；良雖薦藥，服者他參，用而復疑，愈不專工，敗乃分謗，五也。

喉閉藥

喉閉之疾，用鴨嘴礬調釅醋灌之，卽吐膠痰。見癸辛雜識。

稀痘方

王損菴筆塵云：「姑蘇有一僧，賣稀痘藥，服之神驗。王荆石相公許以重利，欲傳其方，峻拒之。後以十金得之於其徒，乃玄參、鬼絲子二味等分，蜜調服也。公欲廣其澤，見人卽說，後罕驗。」蓋秘方廣傳則不効，人莫喻其理。王先生曰：「衆生業力大，製方者心力幾何，不能轉之，故也。」予謂古方療病，今人多不驗。痘瘡五年一發，或時年宜用涼用温，未可執一而治。予幼年見閩中治痘，什九用參蓍。近年用補者死，多用涼劑。此可以破其說矣。

靈異十一則　附果報四則

阿育王塔

四明鄮山阿育王塔，晉太康三年從地涌出。其狀青色，似石非石，高一尺四寸，方廣七寸。露盤五層，四角挺然。中懸金色小鐘，舍利綴于鐘下，圓轉不定。繞塔四周，俱是鏤空諸佛、菩薩、金剛、聖僧、八部等像。神工聖迹，非人力所及。萬曆丙子，平湖陸五臺公瞻禮，初見舍利大如芡實，已如彈丸，已大如瓜，最後大如車輪，五色變幻，光彩射目。壬子，太和郭孔泰〔一〕、孔陵到山瞻禮，舍利初視若黍珠，已如豆，如蓮子。同觀者或見如新菱出殼，兩角垂絲，絲綴以珠，或見如葡萄色，或見如桃瓣，或見如金蓮花。瑞相種種，莫可殫述，始知佛大神通，歷千百年不滅也。

校勘記

〔一〕「太」，崇禎刊本、江户初抄本、四庫全書本作「泰」。

金雞洞〔一〕

武夷接筍道士程應玄者，曾入金雞下洞。從舟中仰視，洞若不甚深廣，所堆木若有限，比履其所，甚宏邃。内有三丈餘楠木，上閣仙蜕十三函，每函頭顱一二片、脛骨一二莖、手骨一二節，皆裹以錦帕。一函中有鶴骨頭與足各一。又有楠木刳一舟，長丈餘，闊三尺，内細羅香末并香灰幾滿。而洞中香灰成堆者，亦纍纍然。上金雞洞，視下洞爲小，人不敢到。萬曆丁丑五月，有張富郎者，年八十餘，冒險入其中，則見數人鼾睡香灰内，傍有銅磬覆地。富郎翻而視之，磬下一雞，遽展翼鼓扇，香灰眯目，倉皇俯伏。半晌稍息，亟由籃縋下，半空籃掀，富郎墜入舟子懷中，無恙。後年九十終。應玄親見富郎道其詳，陳司馬又親見應玄紀其實。

校勘記

〔一〕「洞」，原脱，據本書目録补。

金雞洞香爐

武夷金雞洞，舊志云：「嘉靖甲午，飛來鐵香爐，可三百斤。」戊戌，御史李元陽作記謂：「洞中見新置一物，如香奩狀，丹朱爗爗〔一〕，約方六七尺。侍御先一日望洞中無有，次日乃有見。洞在二十仞之上，下臨不測。何一宿之頃能致之速耶？」據此二說，則洞中飛來者先爲香爐，後飛者不知何物也。邇年陳司馬孔震記云「只見洞傍小石巖中有一爐，若盤盂」，而不見所謂六七尺及三百斤者，豈變幻無常耶？

校勘記

〔一〕「爗爗」，四庫全書本作「炫耀」。

石鏡

高州府城有冼夫人廟，祀梁太守馮寶妻。廟前古碑一通，厚可尺餘，有石鏡，一點白色，形類碁子，通明瑩徹，視之可見後殿屋宇器物。余幼游高涼，及壯，所見異物僅此耳。

蛇精蟒精

范鎮東齋記事云：「蔡君謨知福州，疾不視事者累日，夜夢登鼓樓，憑鼓而睡。通判有怪與鼓角將累日不打三更者，因對：『數夜有大蛇盤據鼓上。』君謨既愈，與通判言所夢，正與鼓角將所説同。遂以君謨爲蛇精。」米襄陽志林云：「米知無爲軍，嘗呼譙門鼓吏曰：『夜來三更，不聞鼓聲。』吏言：『有巨白蛇纏繞其鼓，故不敢近。』米頷之，叱吏去，不復問故。郡人疑其蟒精。」

朱晦菴魏鶴山

宋咸淳間，蜀人彭澹軒罷江東倅，遊武夷山。嘗獨行林藪，入草菴中，見二士夫峨冠博帶對食。招彭坐，俎中豕首一、羊肺一、雞一，所言皆先天圖、易傳、性理之學，玄妙深奥不可曉。彭問其姓字，右坐者曰：「姓魏，山林野叟，無字可稱。」問左坐者，不答。日暮辭出。彭明日攜僕挈榼再往，無徑可達。下山至一富家，言所以，富家曰：「異哉！昨日至朱祠致祭，正俎中之肴。」方悟左者朱晦菴，右者魏隺山也。此段載異聞總録，可備武夷山志之缺。

人異

成化間，漳平縣有朱孔良家，婦懷孕三年乃生子，子生即轉身行步，三日升樓而去。彌月復來，又去。周歲復來，自斷髮爲一結，取小匣盛之，與母別曰：「數十年髮解，則吾復生。」遂去，不復來矣。正德間，母猶存，發視之，結如故，絶無影響。邑志載此事，亦大異也。

鱉異

錢塘張尚書曾孫某，典簿堯恩之子也。有塘栖呂氏，饋張活鱉，張付烹炰。俄聞釜中有慨嘆聲，張異之，取視，而鱉斃矣。剖其腹中，有人長二寸，眉目口鼻肢體手足無一不具，跏趺坐蓮花上。金中丞公子魯親見之，爲余言，時萬曆戊申年也。

黿異

孫太初居南屏山時，養一黿，後去道場山，遺黿于南屏僧寺。孫化十數年，僧明鏡夢青衣人求救曰：「某孫太初伴也，願師明晨索我于花臺之下。」僧寤，往發，得一黿，徑尺，爲石所壓，其筒半裂，而蛆叢集。僧欲瘗之，越夕不知所往，然歲歲聞其聲，至今不絶。

魚異

仁和張問渠者，冢宰元洲之兄也。母陳畜朱魚二十餘頭，玩弄日久。母歿，問渠哀毁，不忍往視，皆變爲白。群客聚觀，咸謂魚常變色，無異也。比及去喪之日，魚復變赤，儼同除喪。人謂孝感所致。

金字牌

萬曆己酉五月十四日，揚子江心風浪大作，有渡船載百餘人，幾覆。忽見浪中有鬼面者，持一牌起，書「金」字一字。衆謂：「必有金姓者在舟，當死。」果有姓金者一人，衆欲推之入水。金本持齋誦經，乃曰：「若活衆命，吾何惜死？然數止此，安能倖免？」乃躍入水中。時風狂舟速，金彷彿若有人扶之者〔一〕，巨浪送上郭璞墓墩，而立見舟翻覆，俱溺死，獨金得生。江右劉觀南觀察，親見其事。

校勘記

〔一〕「者」，四庫全書本作「出」。

黿蟒以下果報

趙昭儀既死，趙后夢中見帝，問：「昭儀何在？」帝曰：「以數殺吾子，今罰爲巨黿，居北海之陰水穴間，受千歲水寒之苦。」後北鄙大月王獵于海上，見巨黿出于波上，首猶貫玉釵，有戀人之意。大月王遣使問梁武帝，武帝以昭儀之事答之。武帝后郗氏崩數月，帝常追悼之。一夕，聞寢殿外騷窣聲，視之，乃見一蟒盤躃上殿，睒睛張口向帝，帝大驚。蛇爲人語曰：「蟒則妾郗氏也，以生前嫉妒六宮〔一〕，其性慘毒，罪謫爲蟒耳。無飲食可實口，無穴窟可庇身，又鱗甲有蟲，唼嚙肌肉，痛苦若加錐刀焉。感帝平昔眷妾之厚，故託醜形，祈一功德拯拔也。」以妃嬪之尊，一旦嫉妒，則罰爲黿爲蟒，今之殘忍妒婦，亦將來之黿蟒耳。二事須頒行，以警長舌。

校勘記

〔一〕「前」，原作「存」，據四庫全書本改。

犬異

錢塘江氏過淨慈寺，歸夢其亡壻卜四爲寺之堆雲菴犬，自言：「生前爲嘉定徐氏子，因負寺債，遂墮狗胎，于兹三年，願丈人爲懺除之。」明發，江氏至寺，見犬大慟呼曰：「卜四官，何以至是？」犬淚下，摇尾隨江氏去。萬曆壬寅年事，僧大壑爲余言。

毁佛

魏莊渠毁佛，搥碎六祖遺鉢，折寺院無數，後嗣乏絶。聶雙江毁寺，亦無嗣。誰云佛無報應哉？

雷震毁寺

蜀成都府彭縣有寂光寺，廣袤五六里，香火甚盛。其地有縉紳劉志淵者，垂涎梵宇，可拓私居，斥逐僧流，毁除佛像。方埋佛入地，忽霹靂一聲，震志淵立斃，身首異處。後有邊司徒之子一范，破産恢復，再建叢林，劉氏子復争之。事在萬曆庚子、辛丑間，時傅金沙、張芝陽俱爲蜀憲，倡義重興焉。

珍玩七則

火玉

唐武宗時，夫餘國貢火玉，光照數十步，積之可以然鼎，寘室内不必挾纊，古所無也。

窑變

饒州府學神庫中，有窑變香爐一、花瓶二。相傳舊爲回青所畫，變成赤色，今花紋或淡或濃，宛然錦繡。上署「永樂四年造」。但神爐非玩器也。

宋硯

三十年前，吾鄉宋硯最多，人不知重，故家收藏與凡硯等。余目擊宋硯不下百數，二十年間，轉鬻吴、越殆盡，蓋鄉人利其厚值故也。余友林熙工，家藏一硯，石質完好，背刻「嘉佑御賜鄭穆」六字。林得于鄭之子孫，真世寶也。穆字閎中，侯官人，居館閣三十年，官至祭酒，閩先達也。此硯款識宛然，爲吾鄉第一。

流黄劍

上元夫人佩流黄劍，會王母於漢武宫中。

軟倭刀

嘉靖中，胡總制宗憲有軟倭刀，長七尺，出鞘地上，卷之詰曲如盤蛇，舒之則勁自若。唐天寶時，有軟玉鞭，光可鑑物，屈之則如環，伸之則如繩，亦異國所獻。鐵玉，最堅剛之物，能屈伸之，理之不可曉者。

鵲尾爐

費崇先信佛法，以鵲尾香爐置膝前。陶貞白有金鵲尾香爐。

料絲燈

料絲出滇金齒者勝。詢之土人，云以瑪瑙、紫石英諸藥品，搗爲屑，煮腐如粉，然必市北方天花菜點之方凝，即繅爲絲，織如絹狀。上繪山水人物諸色，極晶熒可愛。以煮料爲絲，故名料絲。

花卉果木十三則

桃花故事

謝在杭文海披沙，徵芙蓉事極多，謂他不能稱是。予以桃花爲名亦甚夥，因列于後。

桃花水三月桃花源武陵　桃花渡四明地名。　桃花雨天寶中，雨如桃花，明年有馬嵬之變。　桃花浪杜詩「三月桃花浪」。　桃花蜆海錯　桃花蹊　桃花紙楊炎在中書，糊窗用桃花紙，塗以水油。　桃花醋唐世風俗貴葫蘆油、桃花醋。　桃花石在定海桃州山，昔安期生以醉墨灑石，成桃花。　桃花馬馬名　桃花粳閩穀名　桃花扇　桃花帳　桃花縹二千石後名〔一〕，出漢宮儀。　桃花信毒藥　桃花米宋武帝張妃事。　桃花癲　桃花妝貴妃事，開寶遺事。　桃花酒酒漬桃花，益人顔色，見太清卉木方。　桃花犬宋太宗淳化中綿州貢。　桃花灘在貴溪縣。　桃花巖在邵武。　桃花觀玄都觀，在朗州。　桃花面「人面桃花相映紅」，崔護詩。　桃花賦皮日休　桃花洞在杭州。　桃花精博異記紅衣人送酒事。　桃花嶺談圃：「石曼卿判海州日〔二〕，泥裹桃核拋嶺上，二三歲花開如錦。」　桃花鋪安慶太湖縣。　桃花臉　桃花腮　桃花塢杭州皐亭山、鍾山獨龍岡。　桃花煞咸池煞　桃花犬山西廉使趙澤民家獵犬，見秘笈。　桃花偈志勤禪師　桃花汗貴妃　桃花井師曠聞天老曰：「井上種桃，花落井中，不祥。」　桃花廳在許州，梅聖俞有詩。　桃花絲青、齊間，桃花垂絲二三尺，練以松脂相纏，織鞋履，雲仙雜記。　桃花骨守宮塗臂而骨紅，名「桃花骨」。　桃花行李嶠作桃花詩，帝采入樂府，因名。　桃花寺見宋趙師秀詩。　桃花夫人即鬼夫人，見杜牧詩。　桃花茶東坡詩問大冶長老乞桃花茶。

校勘記

〔一〕「後」，當作「綬」。

〔二〕「日」，原脱，據四庫全書本補。

凌霄金錢

凌霄花、金錢花皆有毒，不宜近眼，花露入眼則失明。

刺桐

嶺南異物志曰：「刺桐，南海至福州皆有之，叢生繁茂。」唐陳去疾家于閩郡，因言方物云：「刺桐，葉綠花紅。」今泉州名刺桐城，問之泉人，亦云不識此樹何狀。福州蓋未之見矣。

枸杞

枸杞，續仙傳：「朱孺子見二犬入杞叢下，異之乃尋，掘得二杞根，形如犬，故名狗杞。」杜子美以「狗杞」對「雞棲」。白樂天詩云：「不知靈藥根成狗，怪得時聞夜吠聲。」後世方書皆曰枸杞，誤也。

大茶

天台記：「丹丘出大茶，服之生羽翼。」又蒙山頂茶，一服祛疾，二服無病，三服換骨，四服卽爲地仙。故盧仝歌云：「既覺兩腋習習清風生，蓬萊山在何處，玉川子乘此欲歸去。」皆有所據，非漫語也。

異草

善語國有草，食之令人不眠，名却睡草。洞冥記興慶池南有草，紫葉而香，醉者嗅之卽醒，名醒醉草。開元遺事常山有草，置諸門，夜有人過輒叱之，名護門草。酉陽東海祖州有草，人死三日，覆之卽活，一株可活一人，名不死草。十洲記瓊州有草，視其節知一歲風候，名知風草。一統志黃帝時，有草生于庭，佞人入則指之，名指佞草。御覽漢武帝時，異國獻草似蒲，帝思李夫人，懷此草輒夢見之，名懷夢草。酉陽

禹餘糧

張華博物志曰：「扶海川上有草，名蒒。其實食之如大麥，七月熟，民斂之，至冬乃訖，名自然穀，或曰禹餘糧。」唐詩云：「澗有堯時韭，山餘禹日糧。」

嘉客紅

宋福清翁昭文，先儒亢從子也。圃中非時生荔支，其母曰：「豈有嘉客踵門耶？」頃之，莆田林光朝至，因名爲「嘉客紅」。可補荔譜之缺。

龍荔

交南有一種龍荔，實如小荔枝，味如龍眼，木與葉亦類閩、廣。陳剛中詩云：「龍荔綴如珠。」

三寸柑

凡柑皆圓，獨成都產者形如鴨卵，故杜甫詩云：「三寸黃柑猶自青。」三寸，言其長也。余嘗過臨江府，地產黃柑，有長三寸者。

嘉慶子

唐韋述兩京記：「東都嘉慶坊有李樹，極美，故稱嘉慶李。」千百年後，稱李子皆曰嘉慶子〔一〕，他物未有如此之得名悠久也。

校勘記

〔一〕「李子」，原作「李乾」，據四庫全書本改。

丹青樹

西京雜記云：「終南山有合離樹，紅綠相雜，班駁如錦繡，長安謂之丹青樹。」

蚊樹

嶺南異物志曰：「有樹如冬青，實生枝間如枇杷，每熟卽坼裂，蚊子群飛，惟皮殼而已，名蚊子樹。」今永福山中有之，鄉人爲余言。

鳥獸蟲魚六則

梟非不祥

梟，惡鳥也，人聞其鳴輒爲不祥。昔謝艾梟鳴牙旗，乃兆軍勝。張率更梟鳴庭樹，乃兆授官。唐章顓將放榜日，梟鳴簷際，逐之復還，顓曰：「我失意無所恨，兼恐橫罹災患。」須臾榜出，顓登第。然則梟非惡鳥也。

念佛鳥

九華山産念佛鳥，形大如鳩，色黄褐翠碧間而成文，音韻清滑，如誦佛聲。唐韋蟾詩云：「静聽林飛念佛鳥，細看壁畫馱經馬。」

龍九子

龍生九子，所載不同。一曰蒲牢，好鳴鐘鈕之獸；囚牛，好音樂器之獸；鴟吻〔一〕，好吞殿脊之獸；嘲風，好險殿角之獸；睚眦，好殺刀頭之獸；負屭，好文碑旁之獸；狴犴，好訟獄門之獸；狻猊，好坐佛座之獸；霸下，好重碑座之獸。又云瓦猫，好險簷前獸；饕餮，好水橋下獸；蠻蚣，好慵門前獸；憲章，好囚獄門獸；蜥蜴，好腥刀頭獸；蒲牢、霸下、負屭、鴟吻〔二〕，與前同。

校勘記

〔一〕「鴟吻」，原作「蚩珠」，據四庫全書本改。

〔二〕「鴟」，原作「嗤」，據四庫全書本改。

猫睡

猫之善捕鼠者，日常睡；終日跳擲者，必不捕鼠。見陳止齋集。猫不捕鼠者，名麒麟猫，有味。

鮫魚皮

吾閩産銅鐵〔一〕，鑄刀劍甲天下。劍鞘以鮫魚皮爲之，堅硬如石。海中有魚，名鮫魚，或以爲鯊魚皮，非也。李長吉劍子歌云：「鮫鮐皮老蒺藜刺，鸊鵜淬花白鷳尾。」正指此也。魚皮隱起，細刺如蒺藜，故云。

校勘記

〔一〕「吾閩」，四庫全書本作「閩中」。

鱟車螯蠣

閩中產鱟，見韓退之詩。車螯，見歐陽永叔詩。蠣，見蘇子瞻詩。

徐氏筆精卷之八終

光緒七年秋七月巴陵方功惠校刊

續筆精

續筆精卷之一

三山徐𤇆興公著

布衣贈謚

金華自宋呂東萊倡明理學，而儒風大振，歷宋、元至我朝有六先生焉，北山何基、魯齋王柏、仁山金履祥、白雲許謙、楓山章懋。惟東萊、楓山仕於朝，而四先生皆以布衣名重當時。何謚文定，王謚文憲，金謚文安，許謚文懿，足見□□□□□艸澤而靳易名之典也，迨至於今則不然矣。魯齋著書尤多，合之可千卷，未三百載俱散佚，惟文集與研幾圖行世耳。

孔聖手植檜考

按孔聖手植之檜，歷周、秦、漢、晉千歲至懷帝永嘉三年己巳而枯，計三百有九年至隋恭帝義寧元年丁丑復生，五十三年至唐高宗乾封三年又枯，至金宣宗貞祐二年罹於兵火，後八十三年甲午，是爲元世祖至元三十一年，故根重發，至我朝洪武二十二年己巳，凡九十六年。其高三丈有奇，圍僅四尺，根本枝葉凌雲而盛，與始植無異。按，孔聖卒於周敬王四十一年壬戌，至弘治九年丙辰，凡二千九百七十五年。檜之重發，至弘治丙辰已二百三年，及正德辛□已歷三千年，榮枯不時，自是神物，今復枯萎矣。萬曆中，孫慎行詩云〔一〕：「夫子庭前檜，傳□夫子栽。霜皮皆左紐，兵火有餘灰。雨露依壇杏，闌干上石苔。斯文應未喪，重發待時來。」

校勘記

〔一〕「云」，紅筆補。

荆山

天下荆山有四：一在河南閿鄉縣，爲黄帝采首山之銅鑄鼎者；一在陝西富平縣，禹貢云「荆山既旅」即此地，帝王世紀云「禹鑄鼎於荆山」；一在湖廣南漳縣，山巓有石室，曰抱玉岩，□杜居□；一在河南禹州，齊武帝嘗於此采玉。□二鑄鼎，□采玉〔二〕，山名同而事亦同也。」

校勘記

〔一〕「□采玉」，當作「二采玉」。

宣王石鼓考

石鼓高二尺，廣一尺有奇，其數十，其文籀，其辭頌天子之田。初潛於陳倉野中，唐鄭餘度取置鳳翔之夫子廟，而亡其一。宋皇祐四年，向傅師得之民間，十數乃全。大觀二年，自京兆移汴梁，初置辟雍，後移保和殿。靖康二年，金人輦至燕，剔取字中嵌金，置鼓王宣撫家，後移大興府。至元大德十一年，虞集爲大都教授，得之泥草中，始移國學大成門內，左右列。國朝□國子監廟門內。今剥漫，而可計數，其方要當□百□□七言〔二〕，先所存無考。宋治平中存字四百六十有五，元至元中存字三百八十有六。據今拓本，甲鼓字六十一，乙鼓字四十七，丙鼓字六十五，丁鼓字四十七，戊鼓字三十二，己鼓字四十一，庚鼓字八，壬鼓字三十八，癸鼓字六，共□百□十五字〔三〕，惟辛鼓無一存矣。古今辨論，言人人殊。韓愈、張懷瓘謂宣王之鼓，韋應物謂文王之鼓，至宣王刻詩焉，鄭樵謂秦氏之文，歐陽脩謂宣王而疑之，趙明誠謂宣王而信之，程琳、董逌謂成王之鼓，馬子卿謂宇文周所作，皆臆説也。韓愈、韋應物、蘇軾、梅堯臣、揭奚斯皆有觀石鼓文歌。我朝李東陽、何景明、王維楨〔三〕、王家屏、沈一貫、劉應秋、鄧宗齡、董其昌、方逢年、于奕等皆有作也。予而得林天駿摹本，雖□全弗古，近收得真本，漫爲之考。世間刻石，此爲最古者也。按楊用脩丹鉛録云：「石鼓文，韋應物以爲周宣王臣史籀作，韓退之、蘇子瞻皆以爲然，而後人或以爲周宇文時所刻，則疑之，卑□甚矣〔四〕。」□按宣王之世去古未遠〔五〕，所用皆科斗籀文。今觀説文所載籀文，與今石鼓文不同，石鼓乃類小篆，可疑一也。觀孔篆比干墓及吴季札墓，當是科斗，則宣王時豈有小篆乎？又按南史，襄陽人伐古冢，得玉鏡竹簡古書，江淹以科斗審之，知爲宣王時物，則宣王用科斗書可知矣。□豊云〔六〕：「岐本周地，平王東遷以賜秦襄公矣。自□岐地屬秦，秦人好田獵。是詩之作，其在獻公之前、襄公之後乎。地秦地也，字秦字也，其爲秦物可知。」此説有理，慎切信之，書之以俟知者。㘭探得者僅三百二十五字也。

校勘記

〔一〕「□百□□七」，當作「六百五十七」。
〔二〕「□百□十五」，當作「三百二十五」。
〔三〕「楨」，當作「禎」。
〔四〕「卑□」，當作「卑之」。
〔五〕「□按」，當作「余按」。
〔六〕「□豐」，當作「鞏豐」。

雲麾將軍碑

萬曆初，内鄉李蔭令順天之宛平縣，署中掘地得柱礎六。微有字跡，洗視之，唐李北海雲麾將軍碑也，存者百八十餘字，碑首存「故雲」二字。李因築室，砌碑壁間，曰古墨齋。今世所傳雲麾碑，乃陝刻者。宛平殘碑，人所未睹。雲麾□〔一〕，唐能手小李將軍是也。予又按楊用脩丹鉛録云：「雲麾碑，在陝西蒲城縣，已斷裂。正德中，劉達夫御史謫蒲城尉，訪出，以鐵束固之，復爲完物。」臨淮侯李□恭詩云〔二〕：「蒼頡史籀不可起，蝌蚪鳥跡亦已矣。能書千載推鍾王，更有北海踵芳軌。得意最是雲麾碑，當年落筆風雨隨。何意斷之作柱礎，神物知爲造化私。」言宛平之刻也。」

校勘記

〔一〕「雲麾□」，當作「雲麾者」。

〔二〕「李□恭」，當作「李言恭」。

宋板兩漢書

王弇州先生舊藏漢書，宋板宋楮，字書端重，乃趙松雪故物。卷首畫松雪像，丰儀秀整，標題亦出松雪之手。弇州亦畫一像，清癯玉立，翩然欲仙。松雪首戴青紗涼笠，而露髮頂，弇州則戴晉巾。弇州歿後，則鬻之錢受之宗伯，價五百金。予於己卯春於海虞毛氏汲古閣見之，真世間所希覯者也。毛氏又有小板者，亦弇州故物，雖缺數卷，亦奇寶耳。頂笠之像，胡元俗也。

夷堅志

宋洪邁所著，胡元瑞筆叢謂其書有百卷，而世行者什之一耳。元瑞曾得全本，秘之帳中。近晤蘭溪友人章無逸，知此書無逸收得之。及至常熟，毛子晉出家藏宋板者見示，甲至癸□□□百卷〔一〕，與無逸所收同。料不久有好事者付之梓氏矣。

校勘記

〔一〕「□□□百卷」，當作「流號計百卷」。

董宗伯書畫

近代書畫推華亭董宗伯，然世人多作僞以亂真，欵乃公名，不涉。眉公常作文壽董云〔二〕：「□□出公手十無一，而借名衣食，贋筆往往傳播於輦轂，流通於外夷，殘煤短楮，購募餅金。當吾世而即見其聲價百倍者，惟公一人。」據眉公之言若此，今四方耳食者爭相購求，皆是饞鼎，殊可笑也。

校勘記

〔一〕「常」，當作「嘗」。

八龍

漢荀淑有子八人，皆名士，號「八龍」。宋徐偉有子八人，亦號「八龍」。

茅容饌

茅容留郭泰宿，旦日殺鷄治饌而供母，自以草蔬同泰飯，泰起拜曰：「卿賢乎哉！」予謂容實矯情干譽，泰則好異沽名。夫以一鷄之微而不餉客，必不令客知之可也。即欲奉母，俟客去，殺之可也。乃欲以孝干譽。泰固長者，寔中其奸計耳。後世反侈爲美談，何耶？

賈島墓

墓在順天府房山縣，十里榛蕪，不可識。弘治中，御史盧某訪得於石樓村，讀仆斷石碑有據，乃植碑，闢地三畝。太師李東陽別立一碑記之焉。又景州西南五十里，有賈島村，一曰賈島□〔一〕，實其所居之地。李頻詩云：「一官終遐徼，千山隔旅墳。」李洞詩云：「旅葬新墳小，魂歸故國遥。」姚合云：「有名傳後世，無子過今生。」鄭谷云：「水繞荒原縣路斜，耕人訝我久咨嗟。重來應恐無尋處，落日風吹鼓子花。」按，范陽人，無子，不能歸葬，七百年後重爲闢地立碑，詩人之重於後世如此。

校勘記

〔一〕「賈島□」，當作「賈島峪」。

浦城人物

浦城在閩上游，山水奇秀，宋三百年間名賢輩出，而爵位無不尊崇。楊徽之，兵部尚書，謚文莊；楊億，工部侍郎，謚文正；吴待問，禮部侍郎；章得象，樞密使，封郇國公，謚文簡；楊偉，禮部侍郎；吴育，資政殿大學士，尚書左丞，謚文肅；吴充，觀文殿大學士，謚正憲；張説，龍圖閣直學士；章衡，集賢院學士；章楶，知樞密院事，謚莊簡；周常，禮部侍郎；陳師錫，龍圖閣學士；章誼，端明殿學士，謚忠恪；真德秀，參知政事，謚文忠；詹體仁，太府卿，直龍圖閣；徐應龍，吏部尚書，魏國公，謚文肅；徐清叟，參知政事，謚忠簡；徐榮叟，參知政〔一〕，謚文靖，此皆見於宋史而翹翹著名者。又有黄鑄，開府儀同三司；章峴，金紫光禄大夫；范鏜，龍圖閣學士；何述，徽猷閣待制；黄輔國，户部侍郎；周武仲，龍圖閣學士；章誼，端明殿學士，但有爵位而無所表見者也。惟楊文公有武夷集三十卷，尚存抄本，未及授梓。而真文忠西山集，板置建州府署，散失大半。其他如黄鑑談苑十五卷，黄元文集十二集〔二〕，徐羽東野集四十卷，楊訓禮記解二十卷、文集十卷，楊公度文集十卷，楊備金陵覽古詩三卷，練定青邱集二十卷，姚易文集十卷，何去非文集二十卷、備論四卷、司馬法講義三卷、三略講義三卷，吴駿詩集解二十卷、文集十卷，葉常文集五十卷，周固壁水集十五卷，楊□文集四十卷，張豸雙溪漫史二十卷、松窗摭遺十二卷，徐鳳文集二十卷、内制十卷。元朝楊載詩集四卷，官雖不達，而著作甚富，問之浦人，無有知者。迨及國朝，不惟達官寥寥，而作者亦爾乏絶。豈山川之秀，獨鍾於前代？抑造化乘除之數乎？偶閲浦志，漫記之。

校勘記

〔一〕「政」下當補「事」。

〔二〕「集」右側墨笔書「卷」字。

吴公度

吴中立，字公度，號景山，浦城人，登隆慶辛未進士，即上疏乞終養。親終，絶意仕進，築室於武夷之杜轄岩，終老焉。山陰張文忭太史爲同年，特至岩中，勸之仕，不聽。先後直指使者上其清脩於朝，授禮部主政。中立堅卧二十年不起，尋卒。所著詩集，綽有山林之致。酬張太史云：「十年期訪武夷君，此日青尊坐白雲。九曲波光增瀲灔，千峰紫氣覺氤氳。却憐天上夔龍客，不棄山中鹿豕群。别後相思何處好，樞衡五夜動星文。」中立著易銓、古本學庸大旨、道德經圓覺經注解、河上遺言、星律諸書，俱軼弗傳。予三過杜轄岩，緬想高風，低回不能去云。

詩經句同

詩采薇篇云：「昔我往矣，楊柳依依。今我來思，雨雪霏霏。」出車篇云：「昔我往矣，黍稷方華。今我來思，雨雪載途。」小明篇云：「昔我往矣，日月方除。曷云其還，歲聿其暮。」其詞固有大同而小異者。曹子建詩「昔我初遷，朱華未希。今我旋止，素雪云飛」，又「始出嚴霜結，今來白露晞」，皆祖此也。

子建詩

詩：「湛湛露斯，匪陽不晞。厭厭夜飲，不醉無歸。」曹子建六言云：「客賦既醉言歸，主人稱露未晞。」本詩語也。

林若撫詩談

吳郡林若撫詩談云：「唐風山有樞篇，註者云『答前篇蟋蟀之意，而解其憂』，非矣。蓋是時沃强晉弱，國人明知國非其國，而未敢言，故第諷其取樂，恐一旦見滅，則衣裳、車馬、庭内鐘鼓、酒食俱爲他人有。其詞直，其情危，其意迫切而有餘悲，胡云解憂也？」「鄭風『彼狡童兮，不與我言兮』狡童指息也，亦猶箕子麥秀歌曰『彼狡童兮，不我好仇』蓋指紂也，注以爲淫女之詞，非是。詩序説與春秋傳得之矣。」「魏風『猶來無棄』，詩緝云『母尚思之，無棄母不歸』，得其旨矣。朱註謂『死而棄其尸』，謬哉。」「召南采蘋『于以湘之，維錡及釜』，朱註以湘訓烹，非也。湘字從水，當是瀞濯也。」「小雅四月篇『山有嘉卉，侯栗侯梅』，朱註：『侯，維也。』按西京雜記『上林苑有紫花梅、侯梅』，晉宮闕記『華林桃園，侯桃三株，白桃三株』，則侯非維義，明矣。」「邶風式微篇『微君之故，胡爲乎中露』，微即『微管仲』之微，胡康侯謂『以事求人，而人不有其事』，然矣。朱註以非字訓之，以爲非君之故，胡爲而辱於此。果若斯言，是怨懟其君也，豈風人温厚之旨哉？」

二曹句同

曹子桓芙蓉圃詩結句云：「遨遊快心意，保己終百年。」子建公讌詩亦云〔一〕：「飄飄放志意，千秋常若斯」語意相類，總之原於十九首蕩滌放情志者也。

校勘記

〔一〕「亦云」，紅筆補。

詩病重複

劉越石：「宣尼悲獲麟，西狩涕孔丘。」謝靈運詩：「揚帆采石華，挂席拾海月。」謝惠連：「雖好相如達，不同長卿慢。」陸機：「時逝柔風戰，歲暮商飈飛。」孟浩然：「行閒殘照入，池上夕陽微。」蓋宣尼即孔丘，揚帆即挂席，相如即長卿，柔風即商飈，殘照即夕陽也。此詩中之大病。

靈運詩病

謝靈運詩只一機柚〔一〕，如：「晨策尋絶壑，夕息在山樓」「朝旦發陽厓，景落憩陰峰」「曉月發雲陽，落日次朱方」「宵濟漁浦潭，旦及富春郭」「迎旭凌絶磴，映眩歸溆浦」「朝遊登鳳閣，日暮集華沼」「倏爍夕星流，昱奕朝露團」，凡此發端，雖微有異同，命意不甚相遠。至于「昏旦變氣候，山水含清暉」「時竟夕澄霽，雲歸日西馳」「清旦索幽異，放舟越坰郊」「我行乘日垂，放舟候月圓」，及「朝搴苑中蘭，畏彼霜下歇」「暝還雲際宿，弄此石上月」，大都不出此意。然總本自楚辭「朝發枉渚，夕宿辰陽」二語變幻者也。且其遊名山，志所紀形勝，具見于詩。詩之措詞命意，則略于山居一賦，所謂「遡溪終水涉，登嶺始山行」，即賦中「入澗水涉，登嶺山行」句，此類甚多耳。

校勘記

〔一〕「柚」，當作「軸」。

靈運逸詩

謝靈運登泰山詩：「岱宗秀維嶽，崔崒刺雲天。岞崿既崄巇，觸石輒遷綿。登封𪋤崇壇，降禪藏肅然。石閭何晻藹，明堂祕靈篇。」本集不載。近張紹和梓七十二家，亦缺此篇。

杜楊二妓

吳淞范牧之，名允謙，吳人，爲忠宣公之裔，以隆慶庚午舉于鄉。杜生遇于閶門，目成久之，見而執手嘆曰：「吾兩人得死所矣。」言罷大泣，衆驚不祥。定情旬月，膠粘不解，俱載入長安。不三月，而牧之病肺死，杜生護喪歸。至江心，命浴，浴罷更衣，左手提牧之宣和硯，右手提棋楸，一躍入水，左右不能救矣。越天啓壬戌，又有楊幽妍者，在貢院負艷聲，一見華亭張聖清曰：「儂得偶，此生死可矣。」張爲廉憲所望之子，而不喜狹邪遊，至是與幽妍目成，合于舟次。及張應試白下言旋，幽妍瘵疾轉深，聖清不得已納之。比入家，遂不起，而聖清旋卒矣。陳眉公深憐二妓，兩爲之傳。

前生

古今載籍紀前生之事甚多，尚屬疑信之半，以予所目擊者，則粵西宣化舒君尤異也。大司馬舒君應龍，生子弘志，年二十登萬曆丙戌及第第三人，授編脩，未幾夭卒。越數年，徭丁有產男者，背上有「舒弘志」三字。人報司馬公，親見字蹟宛然，乃抱歸鞠育之。幼時每言編脩平日事，司馬公名之曰弘慈。天啓甲子以禮經魁粵西鄉試〔二〕，崇禎丙子授繁昌令，戊寅謫興化郡幕。時莆田陳大中丞應元僑寓秣陵，舒君筮仕，又更名國華。一夕，中丞夢有舒翰林者相拜，寤而異之。越辰則舒君投刺，中丞詫以爲姓同矣，惟「翰林」二字未解，亦不曾聞其前生之繇。晤間談及，始稔其詳，乃爲二詩紀其事。又一異也。予以戊寅偶至杭城，逢舒君赴興化任，出中丞詩相示，益詫爲異。舒君爲予友吴君爾施所取士，工於詩，不獨制藝取捷耳。

校勘記

〔一〕「甲子」，紅筆補。

龜山操

孔子龜山操：「吾欲望魯龜山蔽，手無斧柯奈龜山何？」蓋欲變魯而季氏阻之，然權不在我，亦無如彼何矣。其托諷微而婉也。

詩用賦語

潘安仁秋興賦云「嗟秋日之可哀兮，諒無愁而不盡」，而殷仲文詩「獨有清秋日，能使高興盡」，全用賦語也。謝康樂詩云「圓景早已滿，佳人猶未還」，而江文通雜體詩云「日暮碧雲合，佳人殊未來」，襲其意也。東方朔七諫初放篇云「便娟之脩竹，寄生於江潭。上葳蕤而防露兮，下泠泠而來風」，而謝康樂山居，賦其竹則有「衛女行而思歸詠，楚客放而防露作」，「防露」二字，摘方朔語也。庾信詩云「含風摇古度，防露動林於」，古度，樹名，見吴都賦，林於，竹名，越女試劍竹，見竹譜；又云「上密防露，下歸來風」，盧照鄰云「對霜連錦砌，防露拂瑶階」，俱用其語。建昌朱宗侯肇鄣家多美竹，名其館曰「防露」，予曾訪之，坐竹中而嘉其名。予山齋創自先伯氏，亦多植竹，伯氏名曰「綠玉」，予欲更曰「林於」，以其出於伯氏，不忍易也。

唐詩用鮑句

鮑明遠詩云「千岩盛阻積，萬壑勢縈迴」，李太白云「千岩泉灑落，萬壑樹縈迴」，正襲其語。明遠又云「長歌欲自慰，彌起長恨端」，杜子美云「愁極本憑詩遣興，詩成吟詠轉淒涼」，雖蹈其意，而翻作七字，綽有化腐爲新之力。明遠又云「豎儒守一經」，王摩詰云「豈學書生輩，窗間老一經」，演爲十字，無痕迹。

杜詩襲祖

杜審言詩「牽絲紫蔓長」，子美云「水荇牽風翠帶長」；審言「雲陰送晚雷」，子美云「雷聲忽送千峰雨」；審言「鶴子曳童衣」，子美云「儒衣山鳥怪」；審言「風光新柳報，宴賞落花催」，子美云〔一〕「星霜玄鳥變，身世白駒催」，變幻祖〔二〕，非獨創也。徐晶詩云「翡翠巢書幌，鴛鴦立釣磯」，子美云「翡翠鳴衣桁，蜻蜓立釣絲」，而杜語覺勝。

校勘記

〔一〕「云」，紅筆補。

〔二〕「祖」下當補「句」。

釀老春

李太白詩：「紀叟黄泉裏，還應釀老春。夜臺無李白，沽酒與何人？」林若撫語予曰：「唐人以酒爲春，既云釀老春，復用酒字，不失之重耶？」若撫嘗見古本作「沽却」，便爽然自失矣。

唐詩字誤

林若撫曰：「李頎『早晚薦雄文似者』，然『者』字殊未可通，必『馬』之誤，蓋薦雄文似相如也。『莫是長安行樂處』，『是』必『滯』之誤。」可謂善説詩矣。

古詩摘粹

「開篋淚沾臆，見君前日書。夜台今寂莫，猶是子雲居。」高常侍哭梁少府作也，本五言古詩，唐人摘四句以入樂府。「冥漠爾遊岱，淒涼予向秦。雖言異生死，同是不歸人。」庾開府傷周處士作，五言長篇，林若撫欲摘此發端四句以爲絶句，真妙解也。

藏經石板

順天房山縣，有唐龍朔中高僧募刻藏經石板，七洞皆滿，書法類歐虞，碑記峙立，匝繞山阿，又皆仿佛右軍，非五季趙宋諸人所及。華亭張太守泰階作歌云：「山僧蚩蚩不解事，大貝連城等閒棄。砙知昇石支堦墀，不省前朝是碑記。關西古刹久已湮，一簡兩簡稱家珍。何獨燕山反充棟，法書梵唄留貞珉。」蓋傷之也。

明月關

唐王昌齡從軍行云「秦時明月漢時關」，論者病之，不知蜀江油縣七十里武平驛有明月關，又七十里至龍安府，非無所本也。華亭林仁甫曾守龍安，爲予言之。按，楊炯折楊柳詩云「心馳明月關」，昌齡本之耳。

高柴

論語「柴也愚」，註引家語「執親之喪，泣血三年，未嘗見齒」，然家語寔無「泣血三年」之句。柴字羔，不知何所取義。

孔子家語

王文恪守溪震澤長語云：「家語今本爲近世妄庸者所删削。有王肅註者，今本所無多具焉。」漢藝文志載「家語二十七卷」，顔師古注云「非今所有家語也」。予家有王肅註者，中缺二十餘板。何尚書孟春註家語行世，自云未見王肅本。近至虞山訪毛子晉，出宋刻王肅註見示，與余藏本稍異，未遑較對耳。

汗粉

梁元帝「汗輕紅粉濕」，魏牧云「鉛華汗不霑」，孟浩然云〔一〕「汗濕偏宜粉」，轉相倣效，未免蹈襲。

校勘記

〔一〕「云」，紅筆補。

春申君

春申君因李園而進園妹於楚王，竟爲園所殺。唐張祐詩云〔一〕：「薄俗何人議感恩，諂容卑跡賴君門。春申還道三千客，寂寞何人殺李園？」杜牧云：「烈士思酬國士恩，春申誰與快冤魂？三千賓客皆珠履，欲使何人殺李園？」吴郡林若撫詩云：「豫讓心銜國士恩，斬衣猶可快冤魂。春申亦有三千客，至竟何人死棘門？」皆未足以定三千客之罪。夫李園既進其妹而生子，時朱英勸春申而殺李園，不聽，且曰：「李園弱人也，僕又善之，未幾死於棘門。是春申之計失矣，客何尤焉？」予曾有詩云：「食客三千盡在門，各穿珠履耀平原。冤魂地下多遺恨，不許朱英殺李園。」庶幾爲三千客卸罪也。

校勘記

〔一〕「祐」，當作「祜」。

唐詩警句

徐安貞：「暮雨衣猶濕，春風帆正開。」見於雲溪友議。孟浩然：「微雲淡河漢，疏雨滴梧桐。」見於皮日休孟亭記及王士源序。王灣：「月華照杵空隨妾，風響傳砧不到君。」見於河嶽英靈。求其全篇，概不可得，乃知唐詩散失者多矣。

聽猿

孟浩然：「清猿不可聽，沿月下湘流。」王維云：「猿聲不可聽，莫待楚山秋。」皇甫冉云：「清猿不可聽，偏在九秋中。」抑何暗合若是！

香奩集

唐韓偓香奩集二卷，沈括筆談以爲和凝之作也。㷻按集中無題詩序云：「予自辛酉歲戲作無題十四均〔一〕，故奉常王相國首相繼和，故内翰吴侍郎融相次屬和。予因作第二首，内翰亦再和。予復作第三首，内翰亦三和。予又倒壓均成第四首，學士笑謂予曰：『謹豎降旗，何妍如是也〔二〕！』」今唐英歌詩仍吴融所著〔三〕，中有和韓致光侍郎無題十四均又倒次原均一首，與此序合，且體裁、聲均靡有不同，是可不辯自明。和凝，五代人。

校勘記

〔一〕「均」，紅筆眉批：「均字當是韻字之誤。」又有黑筆眉批：「予案：均，韻之古字，不誤。」

〔二〕「姸」，原作「未研」，紅筆改。

〔三〕「仍」，當作「乃」。

蠡口

予同林若撫至虞山，舟過蠡口，阻風泊兩日。蠡口之名，謂范蠡載西施入五湖，從此江口而去。若撫，吴人也，言其非是，引楊用脩辯「西子下姑蘇，一舸隨鴟夷」之謬，蓋墨子有「西施之沈其美」爲證。又引皮日休詩曰：「響屧廊中金玉步，采蘭山上綺羅身。不知水葬今何處，漢月澄澄欲效顰。」商隱詩曰：「腸斷吴王宫外水，濁泥猶得葬西施。」徐寅詩：「漢皇不及吴王樂，且與西施死處同。」陳陶詩曰：「江南何處葬西施，謝豹空聞采香月。」然采香徑在吴地〔一〕，西施水葬無疑也。元陳旅詩曰〔二〕：「會稽凜凜吴日驕，少師乃是師閎夭。姑蘇臺下箭如雨，艷骨應埋館娃土。」而蠡載入五湖，寔無稽之談。蠡口之名，亦互會之説也〔三〕。予與若撫及予兒延壽各賦蠡口詩，風定始揚帆而行。」

校勘記

〔一〕紅筆眉批：「采香徑似當改作采香涇。」

〔二〕「元」，紅筆補。

〔三〕「互」，當作「附」。「也」，紅筆補。

無題

林若撫賦無題詩云：「藕盡金盤未斷絲，鷄栖桑樹見無塒。井梧秋老虚懷子，石闕年多不吠碑。塵掩殘機寧作疋，燈昏覆局杳難棊。從歡栽蘗爲藩後，教妾朝朝怨苦離。」八句俱藁碪體，即蘇長公「蓮子擘開須見憶，楸枰着後更無期」亦不過此。若撫詩富萬首，論詩尤精。

戎昱

宋之問云：「不知庭雪今朝落，疑是林花昨夜開。」戎昱翻之云：「應緣近水花先發，疑是經春雪未消。」俱有致。

蹈襲同時詩句

李獻吉樂府云：「河之水，流濺濺，望夫不見立河干。」何仲默絶句云：「河水流濺濺，言采河邊蘭。君從河水去，我獨立河干。」未免蹈襲。陳約之望太行詩云：「迢遞太行山，連天跨海間。蚪峰全蔽日，鳥道半臨關。未盡五丁技，猶傳八駿還。艱哉不可上，望望損朱顏。」皇甫子循太行道云：「太行之阻當重關，孟門中豁不可扳〔二〕。蚪峰千仞跨海外，鳥道百折盤雲間。神功當識五丁力，穆帝猶聞八駿還。巉巉茲地危哉艱，古來行者摧心顏。」皆將約之詩演作七言，亦係蹈襲耳。

校勘記

〔一〕「扳」，原作「拔」，紅筆改。

柳枝詞

國朝賦柳枝詞者多矣。國初晏鐸云：「河橋楊柳半無枝，每爲行人贈别離。羌虜不知蕭瑟盡，月明猶向笛中吹。」近時王野云：「狂夫遊俠久離家，賦妾思爲楊柳花。化作浮萍江水上，也隨波浪到天涯。」皆可歌可咏也。鐸，蜀人；野，徽人。

戍婦行

國初宋氏題郵亭壁歌，彤管遺編、皇明詩鈔俱摭入，而不知此詩乃陶振子昌所作，見瓊臺清嘯集，名曰戍婦行，初非出于宋氏也。振，吴江人，自號釣鰲叟。國初至金陵，進紫金山、金水河二賦，爲聖祖所寵遇。其七言歌行擅場。

易卦言獄

易之言獄者凡五。噬嗑，離上震下。離，明也；震，動也。明在上而動在下。動者，未服之象。大象曰：「先王以明罰勅法，故曰利用獄，未必用刑也。」賁，艮上離下。艮，止也；離，明也。止在上而明在下。大象曰：「君子以明庶政，無敢折獄。明體在下而上止不動，所以明庶政，無敢用片言以折之也。」豐，震上離下，上動而下明。豐之時大而多，故不可淹緩。在下之事既明，在上者動而必行。又以折獄用刑也。故大象曰：「君子以折獄致刑。」旅，離上艮下。在上者高而明，在下者止其所。艮之爲義，時止則止，時行則行，亦有光明之道。是上下皆明，獄得其情，刑當其罪之時也，聖人猶貳之。大象曰：「君子以明慎用刑，而不留獄。」中孚，巽在上而兑在下。巽入而兑説，有孚信而無明體。故大象曰：「君子以議獄緩死。」蓋疑難之獄也，聖人慎刑，皆本乎明，若上不明，而輕易議獄，非也。

門人服緦

唐杜審言爲崔融所奬引，融死，審言爲融服緦麻。近常熟錢受之少伯〔一〕，爲高陽孫相國凱陽所取士，而登鼎甲。崇禎戊寅冬，虜犯高陽，相國全家被戮，焚盡屋宇。宗伯聞訃，爲位而哭，爲服緦麻，祭奠如禮。予越歲訪宗伯于虞山，猶素服麻巾相見。

校勘記

〔一〕「少伯」，當作「宗伯」。

廳字廨字

廳字從广，如庭廉之義，今皆欠一點，從厂。厂乃山石崖岸之類，非也。廨字亦然。

樊宗師越王樓詩

樊宗師文體僻澀，韓退之稱之，乃好奇之過。今世所傳絳守園池記，宋吴師道註釋其義，近鄞縣楊南仲、陳爕五刻而傳之，亦好奇也。予偶見宗師所撰蜀綿州越王樓碑刻，與絳園文法相類，漫類於左〔二〕：「綿之城，帝猲玁。掀明威，瀰石硝，馳涪瀨。左凌凌紅秭，□天池〔三〕。送行癸壬，且掬跎踢於西北，蟠紅頠青。越王正故爲樓，重軒疊飛，門明窗蒙傘。蹇蹇予始登，謂日月昏曉，可窺其祁。雷電合，風雲溝，霜辛露酸，星辰介行，鬼神變化。草木頌，繡髻銜，蘘芰皆可察極。既縈視其江帶，又極視其土岡，斷暴遠近，山嶮嶮若閬之東皇。天原開，見□山〔三〕，我可黄河瞯然爲曲直。淚雨落，不可掩，因口其心曰：『無害苦其目，果星星過歸。果星星過歸，尚悲不能解。』賦詩以釋，□不可〔四〕。顧謂郡中諸君，能無有以華艷其念蓄怒。綴云：『危樓倚天門，如闉辰星宫。櫰薄龍虎怪，洄洄繞雷峰。徂秋試登臨，大靄屯喬空。不見西北路，考懷益彫窮。石瀨薄濺濺，土山窅穹穹。昔人傖爲逝，所適酡顔紅。今我兹之來，猶校成歲功。輟田植科畝，游圃歌芳叢。地財無蕞厚，入室安取豐？既乏富庶能，千萬慙文翁。』唐綿州刺史樊宗師紹述文，元豐元年正月戊申汲郡段緘安道書併篆額。」按，緜州本漢廣漢郡之涪縣，唐初改緜州，天寶初改巴西郡，乾元初復爲緜州。又按唐書，宗師元和三年歷金部郎中、綿州刺史，而作越王樓詩正此時也。碑版頗完好，惟序内剝蝕數字。斯詩楊用脩著全蜀藝文亦未載。越王樓者〔五〕，唐太宗子越王正爲緜州刺史時建，杜甫詩云：「緜州之府何磊落，顯慶年中越王作〔六〕。孤城西北起高樓，碧瓦朱甍照城郭。」即此也。

校勘記

〔一〕「類」，當作「録」。
〔二〕「□天池」，當作「簪天池」。
〔三〕「□山」，當作「荊山」。

〔四〕「□不可」，當作「益不可」。

〔五〕「者」，紅筆補。

〔六〕「年」，紅筆補。

安祿山辯證

予近見一唐碑記云：「大唐先天二年，歲在辛丑，弟子安祿山稽首和南盡虛空徧法界〔一〕、常住一切諸佛：弟子業緣五濁，受蔭閻浮，恒爲二鼠相催，四蛇所迫。加以法王垂澤、梵帝流恩，伏聞大聖大慈，能救衆生之苦，真實不虛，遂發微心〔二〕，於此蓬山敬造彌勒像龕一鋪。金蒙已就。上爲帝主人王、七代父母，下及法界蒼生，普同供養。謹白。」至宋寶慶丙戌，□城安廣之刻其旁曰：「李唐傳裔授丕圖，治亂興衰可得無〔三〕。三百幽休傳廢祚，萬年遺臭著妖胡。題名細認書時誤，或者翻疑好事誣。安得并刀鏟遺跡，從教一洗此山污。」又有清遠居士題一絶云：「妖胡作逆罪滔天，翠輦倉皇幸蜀川。千載業緣磨不盡，却來邀福向金仙。」右宋人二詩，皆以爲反賊之安祿山也。碑之後另有一刻云：「按唐睿宗先天元年，明年改元延和。是年明皇受内禪，明年改元開元。開元二十九年，明年改天寶。天寶十四年，范陽節度安祿山反，明皇幸蜀，肅宗即位於靈武，改元正德。正德二載，禄山爲其子慶緒李猪兒殺之。禄山，本營州柳城胡，姓康。母阿史德爲□〔四〕，□突厥中〔五〕，因禱子於軋犖山而妊，故以軋犖山爲名。軋犖山少孤，母改嫁魯將姓安延名偃者。既長，偃攜以歸國。又因唐□軍安道買與相厚善〔六〕，約兩家子爲兄弟，軋犖山遂冒安氏之姓，更名禄山。禄山冒姓更名，係在長成之後，而大蓬所書安禄山姓名乃先天二年。唐書無先天二年，而此以先天二年書，或是朝廷改元詔未下之時，故書以先天二年。此未足證其訛，惟安禄山則必是當時編氓，適然同此姓名耳。蓋禄山之死於肅宗至德二載，年五十餘。今自至德二年逆數之，至睿宗延和元年，凡四十六年。是時禄山僅十歲，尚未冒姓更名。又自營州柳城至大蓬，地之相去如此其遠，則大蓬所書禄山姓名，非范陽反賊可知。俗人承訛，未嘗考證，不知曾不之榮，而反爲十二仙之辱。紹定二年夏至，太守雍國虞公委蓬池簿尉劍陽朱時敏辯正，又命邑令廣漢何充勒石其旁，一洗大蓬千載之羞。」

𤊹按，大蓬山在成都府治之西，高厓矗天，瀑布飛瀉，其碑刻尚存，不知彌勒像尚存否也。寶慶中安廣之并清遠居士二詩失考，故朱時敏目之爲俗人，宜矣。

𤊹又按，唐睿宗先天元年壬子，即玄宗之元年，明年癸丑改開元，無先天二年也。睿宗亦無延和年號。

校勘記

〔一〕「編法盻」，紅筆改作「偏法盻」，當作「遍法盻」。全唐文補編作「通法界」。

〔二〕「微」，原脱，據全唐文補編補。

〔三〕「興衰可」，紅筆補。

〔四〕「爲□」，當作「爲�星」。

〔五〕「□突厥中」，當作「居突厥中」。

〔六〕「唐□」，當作「唐將」。

食䲦

宋孔平什説云〔一〕：「曹植七啓言食味云『搴芳蓮之巢䲦』，䲦非庖厨物也。」江鄰幾什志云：「客有投縉雲山寺中宿者，僧爲具饌羞，鼈甚美，但訝其無裙耳。入後屋見黄泥數十團，大如缶。問行者，即向所食者在其中。取䲦以黄泥裹之，三日䲦服氣，肥息特異。」

然則曹植之啓不謬，而平仲未之知耳。平仲、鄰幾俱臨江人。

校勘記

〔一〕「平」，當作「氏」。或在「平」後補「仲」。

智永百歲

僧智永，名法極，王右軍七代孫，年百歲乃終。見研北什志，係元人陸友仁著。法極之名，人鮮知者。

夢墨樓

唐伯虎家居吴城之西，嘗夢有人惠墨一囊，繇是詞翰、繪事擅名一時，因搆夢墨樓，坐卧其中。今已百餘年，而樓尚存，屢易主矣。予戊寅至吴，則樓又屬江都司烟爲業。僅三楹，不甚宏敞，登之可望山光塔影。文相公湝墀爲之題扁曰「六如夢墨樓」。

種花誤謁

今人稱縣令多用種花故事，然考晉書潘岳本傳，並不道及；陶潛有五柳樹，未嘗言在彭澤。唐類書北堂、通典、藝文俱不載，惟白氏六帖載此二事。然王子安上明員外啓云：「彭澤陶潛之菊，勝氣猶存；河陽潘岳之花，芳風遂遠。」苕溪詩話載沈彬詩云：「陶潛彭澤五株柳，潘岳河陽一縣花。」其誤用所從來久矣。

泉州閣帖

泉州淳化閣帖十卷，宋季南狩遺于泉州，已而石刻湮地中。久之，時出光怪，櫪馬驚悕〔二〕，發之，即是帖也。故泉人名其帖曰馬蹄真跡。宋沈源釋文序云：「是帖納郡庠，歲遠剝蝕，其後莊少師復摹以傳。」則今帖非馬蹄真跡，乃莊氏摹刻也。其石先屬張氏，後以其半質錢于族，秘匿不返。今所傳者既非宋遺，而莊摹者亦皆割裂，遞更遞失矣。惟蔡沙塘少參家所藏七塊，完好不剝，蔡甚寶。欲得莊刻之全，必求數家而合之，然不易也。莊少師，名夏，登淳熙八年進士，有文名。

校勘記

〔一〕「悕」，紅筆改作「怖」。

原壤

原壤，孔子之故人，其母死，夫子助之沐槨。壤登木曰：「久矣予之不托於音也。」歌曰：「貍首之斑然，執汝手之卷然。」壤之放於禮法之外，夫子知之素矣。及其見夫子而來，乃蹲踞以俟，其輕世傲物之態復爾。夫子固善戲謔者，遂罵之曰：「幼而不孫弟，長而無述焉，老而不死是爲賊。」實戲謔之言。脛骨無肉，叩之極痛，亦戲謔之舉。仲尼不爲已甚者，何至於故人既詈之而後撻？故壤甘受而不怒。若以敗常亂俗責壤，則昔之母死而歌，其敗常何如？夫子當痛絶之矣，寧肯曳杖而訪之乎？壤實夫子所最敬重之人也。詩曰：「善戲謔兮，不爲虐兮。」正夫子之謂歟！

嬰杵

嬰杵存趙孤之事，經傳不見，何哉？孔子作春秋，重死節，雖微必書。左氏去晉平不遠，亦不載於傳，至史記趙世家始表而出之。微太史公，則二人之奇節泯之矣。

王弼墓

姚叔祥見□編云〔一〕：王弼墓在偃師縣東，冢高三丈許，前有石碣，題曰「偃師伯王弼墓」又有元時希顏所立碑，文草草，不及三百言。此即陸機過少年議易處。今環墓皆民居，望縣郭麗譙，皆在眉睫，乃曰此去別無村落，則知閭閈有變遷矣。

校勘記

〔一〕「□」，原作空格，紅筆右旁批「疑空字」，當作「只」。

琴磚

姚叔祥云：今善琴者多以琴磚作案，外有錦文，中空。至滎陽，見家户牆壁，率以此磚築址。問所從來，居人云每從地中掘取，多至千百。此鄭地也，不知古人造此何用？或云墓磚，用以洩水。今閩中故家亦有此磚，用以彈琴，第不及數片耳。

郙閣銘

秦中牌板雄甲天下〔一〕，而西安爲最。聞嘗脩灞橋，多舁古碑以代基築。有漢人郙閣銘，遠在寧羌，人不知搨，筆意完好。姚叔祥云。

校勘記

〔一〕「牌」，當作「碑」。

越絶書

著越絶書不係姓，乃作隱語於書中，姓名俱在，實袁康、吴平兩人同著者也，皆東漢人。

宣和摹拓蘭亭

永和蘭亭之會四十二人，柳公權書之，題云：「四言詩，王羲之爲序，序行於代，故不録。其詩多，不可全載，今各載裁其佳句而題之，亦古人斷章取義也。」五言詩，孫興公爲序，柳註云〔一〕：「文多不備載。」爀家藏宣和中内府搨本，始知今世所傳興公序與詩，皆經柳所裁，俱非全篇。我國初周府刻蘭亭宴集圖，其詩合四言、五言於圖像之上。近代益府仍舊文重刻之，詩與柳書多有異同，即以王爲前序、以孫爲後序者，亦非矣。王弇州曾購得公權真蹟，損司寇一年之俸，價亦不貲。然予得宣和墨本，實所難置者，又是吴郡周天球故物也。□謝在杭嘗語予曰：「蘭亭諸賢，皆一時之選，賦詩只四言、六言，亦有不成者，真咄咄怪事。」予時未見柳公權所裁，無以應。若在杭睹斯刻，則釋然矣〔二〕。

校勘記

〔一〕「云」，紅筆補。

〔二〕「釋」，原作「云」，據紅筆眉批改。紅筆眉批：「公字疑應釋字。」

周公

周公相武王以誅紂，牧野之功，公實專之。當主少國難，殷民方頑，而公所使者三監連兵，奉舊主以據舊服。微子以大德而處近郊，成王之心能釋然乎？此公不得不東遷，而

之子，親感大白之必得武庚、管蔡誅之而後已也。管蔡當文王之世，臣商久矣，日與其君之子，親感大白之禍，憤激忘親，其心即夷齊叩馬之心也。甚哉文王孫子之多賢也！周公繼武王無競之功，而定天下之亂；管蔡承文王事殷之節，以正天下之分。周公之過，管蔡之死，不亦宜乎？武庚，商之嫡也，而以叛書，豈父受誅，子不得復仇耶？周公東征，疾之以鴟鴞，若以少康視之，將以爲鳳毛矣。紂之去武丁未久也，故家遺俗、流風善政猶有存者，武庚因是以起。而周嫉之甚，絶之甚，目爲鴟鴞，而滅其嗣。夫周公誅人之父，滅人之國，遷其重器以賜諸侯，乃反以取子毁室爲武庚罪，則亦不思其反矣。至斧破斨缺，三年然後克之，可見播遷遺黎，至死不肯二於周〔一〕，其果頑民乎哉？至於死生有命，非人之所能代。公繫易三百八十四爻，於進退存亡之道，籌之未嘗不熱〔二〕，乃以身代死，録書而藏之金縢，何爲也哉？

校勘記

〔一〕「二」，紅筆改作「貳」。

〔二〕「熱」，當作「熟」。

伯夷太公

伯夷、太公，俱以天下大老就周之養，其志一也。然一則奮勇於牧野，子孫嗣封於東海者七百餘年，一則矢志於首陽，兄弟淪没於遼西者，民到於今稱之。其事若懸淵漢，而君子兩無軒輊，何也？齊封有興廢，孤竹之令名無窮。奮乎百世之上、興起百世之下者，非伯夷，其誰與歸？

忍辱

韓信能忍辱於袴下之少年，張良能忍辱於圯上之老叟，後俱建功立業，故禪家以忍辱爲上。

蕭何不治垣屋

蕭何爲漢治未央宫，亘四十里，極其壯麗，而爲家不治垣屋，何之機智深矣！

烟雲過眼

蘇東坡寶繪堂記云〔一〕：「烟雲之過眼，百鳥之感耳。」謂留意於書畫者發也。元周密所見書畫，著烟雲過眼録四卷，東坡公語也。

校勘記

〔一〕「云」，紅筆補。

叠山妻女兄弟

人但知謝叠山之死宋，不知其妻李初匿貴溪山中，元兵入山，令曰：「苟不得李氏，屠而墟。」李聞之曰：「豈可以我累人？」遂出就俘，自縊死獄中。女通判周銓妻，早嫠無子女，父死於燕，母死於獄，乃自投橋下死，鄉人名其橋曰「孝烈」。弟君烈、君澤，三姪女，皆死於獄。兄君禹，在九江不屈，斬於市。其一門視死如歸！

弋陽汪氏甲第

弋陽汪俊，弘治丙辰進士三甲第一，授簡討，歷官吏部侍郎。弟偉，弘治□辰進士三甲第一〔一〕，授簡討，亦歷官吏部侍郎。偉弟佃，正德丁丑進士三甲第一，授編脩，歷官太常少卿。俊、偉、佃俱繇翰苑晉大位。長兄僎〔二〕，年十八舉于鄉，成化辛丑進士，歷官工部郎中，早卒。父鳳，成化乙未進士，歷官貴州參政。計四十年中，父子兄弟五登甲第，亦一時之盛。惟佃有文名，著東麓稿行于世。

校勘記

〔一〕「□辰」，當作「丙辰」。

〔二〕「長」，紅筆補。

北宗神秀

禪宗有南北宗之分。神秀乃五祖旁出，傳燈、正脉諸書皆略載之，蓋因菩提一偈未見性故也。爀按唐張燕公爲秀撰碑銘，乃知秀本姓李，尉氏人，身長八尺，秀眉大耳。少爲諸生，通老莊玄旨、書易大義、三乘經論、四分律儀。年五十，始參五祖弘忍，服勤六年，不舍晝夜，後辭去。儀鳳中，隸玉泉寺。久視中，老矣。詔請肩輿上殿，傳聖道者不北面，有盛德者無臣禮，推爲三帝國師。神龍二年二月二十八日化威，僧臘八十。生於隋末，百有餘歲。其喪也，詔使吊哀，侯王歸賵，册謚大通禪師。及葬，宸駕臨訣至午橋，王公悲送至伊水，幡花百輦，香雲十里。即舊居後岡起塔，賜錢百萬。其卒哭也，在龍華設大會，八千人。燕公亦拜會下，爲作碑銘二千餘言。然秀在武氏尊隆如此，南華衣鉢視之漠如也。

吴古梅

宋吴龍翰，字式賢，號古梅，新安人，鄉貢元也。春曉留淮上詩：「淮山歷歷春雲澹，淮水湯湯夜月輝。此處杜鵑啼不到，江南行客未成歸。」又樓居云：「覓得樓中一覺眠，將身化蝶入壺天。平生睡債何時足，春在梅花紙帳邊。」又宫人斜云：「碧玉重重鎮墓門，魚膏點火照黄昏。春風幾度生芳草，還似君王舊日恩。」又買舟南還云：「萬里煙波興渺然，片心繫在灞橋邊。歸裝詩少不成擔，自拗梅花湊滿船。」又「花磚日轉瓊箋暖，蓮燭星歸玉漏沈」「烟波鷗鷺春風外，桑柘牛羊夕照間」「鳥睡香奩花影動，蟬吟涼景柳陰移」「銀床梧落秋風裏，金掌盤欹曉露時」「三徑就荒黄菊在〔一〕，數椽雖小白雲多」，皆工鍊。古梅淳熙遊晦翁之門。

校勘記

〔一〕「在」，紅筆補。

吴月溪

正德中，新安詩人吴鐄，字希聲，工於格律。如「千里雲山孤枕夢，一天霜月兩鄉心」「茅屋僻居來紫燕，竹窗驚夢語黄鸝」「居山我伴陶宏景〔一〕，蹈海誰從魯仲連」「錦箏聲裏長春地，銀燭光中不夜天」「夢裏思家千萬里，病中爲客兩三年」「茗椀供人煨竹筍，酒尊留我話桑麻」「茶香四座清延客，花影半簾閒抱孫」「夜語亂蛩難計數，晚歸孤雁不成雙」「歸鳥銜林黄葉落，游魚吹浪緑萍開」「籬落炊煙平没岸，稻花流水曲通渠」，翛然田野之趣。絶句題楊妃辭歸圖：「沈香亭北宴春風，醉晚歸來御苑東。回首三郎正酣睡，倩誰扶上五花驄？」山行云：「山一程來水一程，布袍藜杖晚風輕。秋虹隔雨過溪去，緩緩尋詩緩緩行。」山居間咏云：「百歲栖遲屋一間，前臨流水後邊山。誰云閒是黄金買，越有黄金越不閒。」所著月溪集，佳句甚富，不能盡採。

校勘記

〔一〕「陶宏景」，當作「陶弘景」。

文正謚

按史記：「周公旦、太公望開嗣王業，建功于牧野。終將葬，乃制謚，遂敘謚法。」計一百九十二解，而無「正」字。宋司馬文正、范文正、李文正、王文正皆謚，而避真宗諱也。李西涯居首輔，楊石齋每以「文正」二字告之，卒果謚焉。史臣未考宋之避諱，不按周公謚法，沿襲爲用，失之矣。

詩人入蜀

蜀道難，古記之矣，然唐詩人多有入蜀者，如陳子昂、杜甫、李白産於蜀，毋論已。若王維、張説、王勃、岑參、高適、劉禹錫、白居易、張祜、崔塗、盧象、李頻、李群玉、段文昌、李德裕、武元衡、柳公綽、司空曙、雍陶、張籍、韋處厚、于鵠、歐陽詹、李商隱、武韋皋、元稹、鄭谷、張蠙、韋莊、温庭筠、陳羽、曹松、薛逢、高駢、錢珝、蘇頲、賈島、顔真卿、白敏中、裴度、吕温、盧藏用皆有詩文，摹寫山川。閩地非蜀道之險，而詩人至者寥寥而已，詩亦不多見也。

趙忠清

宋宗室趙汝騰，古田人，登寶慶進士，累官端明殿學士，福郡志列之名臣，未稱其文學。然汝騰亦善詩，有爛柯山陪徐霖校書山居云：「清溪繚遶樹蒼茫，中有虚無廣莫鄉。自笑仙官分黑白，不知人世幾星霜。今朝攜我遊霞洞，他日須君作石梁。此是晦翁之九曲，武夷精舍盍商量。」又度仙霞嶺云：「鷄鳴秣馬度仙霞，鳥道迢迢去望賒。暗水盡從荒澗落，好山剛被暝雲遮。」公謚忠清，有墓在古田十二都，距邑十里，賜葬也。

芍藥

芍藥，一名將離，故溱洧之詩曰：「伊其相謔，贈之以芍藥。」蓋不忍離別而贈以香草也。

蘆葦

葦之小者曰蘆，未秀者曰葭，又荻、萑也〔一〕，篆文作薍，易說卦「萑葦」。詩行葦註：「葦，初生曰葭，稍大爲蘆。」萑之初生曰薍，一曰騅。詩大車註：「菼，騅也，初生爲菼，長大爲薍，成則爲萑，一物四名也。」郭璞云：「菼似葦而小，蒹似萑而細。」是蒹小於萑，萑小於葦也。

校勘記

〔一〕「萑」，當作「萑」，本條下同。

園圃田疇羹臛齏菹

種樹曰園，種菜曰圃，有菜曰羹，無菜曰臛，細切曰齏，全物曰菹，耕水曰田，耕地曰疇。

禹穴二大字

四川龍安府石泉縣治之北石紐村，大禹生此。石穴杳深，人迹不到，掘地得古碑，有「禹穴」二字，乃李白所書。識者因知會稽禹穴之誤。予家得石紐「禹穴」二大字，徑丈餘，搨本甚鉅，字形甚古，「穴」字尤奇，相傳太白書，殊不可知也。

三山志

淳熙中狀元梁克家，守福州，著三山志四十二卷，中有稱縣曰望、曰緊者，人多不解其義。蓋唐制，三千户爲望，二千户爲緊，宋志因之耳。

閩令雅量

萬曆己丑間，閩邑令陳惇臨，潮陽人，寬洪慈愛，士民戴之。偶獄中逃一重犯，緝獲數月不得，公因住俸聽參〔一〕。忽一日，從汀州擒至，百姓簇擁，觀公發落。須臾公上堂，無一語，只云：「仍發監。」且囑司獄者令後子細，竟無怒容。公催科不擾，判事仁恕。前令朝京，借庫銀數百兩以去，遂轉銓部，未及補還而官敗。公在任六年，積俸爲之償完，不涉庫吏一錢，亦不使前令知也。其厚德多類此，後擢南道御史。

校勘記

〔一〕「住」右，紅筆注「疑停字」。「住俸」，無誤。

讀書

羅海張益奇有云：「精神有限，學問無窮，豈能兼總群籍？惟是世所未有、人所未讀者，常供吾目，令忘食忘憂。一段真趣躍然於案頭，方可不愧鬚眉，俯仰天地。」

刻集

吾郡國初以來，文獻甚盛，名賢鉅公皆有著作，生前皆不刻板，至身後或子孫、門人始取而授梓焉。至萬曆中，林雙台方伯、王雲竹參知、林仲山司空，因當道門人之請，三公謙讓，強之始梓□選。方伯名其集櫟寄，參知名其集曰缶音，司空名其集曰覆瓿，前輩之不敢以作者自居如此。嗣後漸次效法，刊行于世，亦皆素有名於詞苑者。迨至天啓、崇禎，不論雅道流俗、纔識之無，莫不菑木，殊爲可厭也。雖然，詩文不親自經理，後世子孫往往棄若土苴，竟泯泯無傳，咸遭不刻之弊也。曹能始鋭意蒐羅，或得於麋爛醯雞之中，選而行之，功亦不淺。

青松社

宋元豐間，歸宗真浄文禪師，與濂溪周先生，結青松社於廬山寺左之溪，曰鸞溪以擬虎溪，青松以擬白蓮。

銅鼓

漳州友人陳子潛，曾參戎粤中，爲予言雷州雷廟中，舊有二銅鼓，高四尺，面廣三尺，花紋細密，製與蜀鼓相類，聲甚洪亮。萬曆末，農人夜見地中有光，掘地又得一鼓，較前尤鉅，今亦輋置廟中。然則前代銅鼓，皆伏波征蠻時散於各方耳。

改詩

白樂天琵琶行「千呼萬喚始出來」，楊用脩謂「始」字改「才」字勝，且謂作者亦必心服。予謂非然，畢竟「始」字爲妙，况「才」「來」一韻，尤有礙耳。

鶊蟀

六朝詩文用字多工巧，徐陵云「春鶊始轉，秋蟀載吟」，「鶊鵠」「蟋蟀」但摘一字。

一門閨秀

買愁集載葉總憲自叙，其二女巧慧，早亡，後降仙得二女臨乩唱和閨門數千言，心情惻悱，筆墨風華。姑附誌于此。

吴江葉憲副紹袁夫人沈氏，字宛君，長於詩詞。生二女，長昭齊，季瓊章，俱能詩賦。昭齊年二十卒，瓊章十七歲卒，未委禽也。一門閨秀，當代所稀者。宛君著作甚富，春日云：「百勞啼徹草烟肥，畫縠新裁謝女衣。寶鏡春風花欲笑，繡簾明月夢初歸。芙蓉彩鳳窺青鎖，楊柳宫鴉遶翠微。自是片雲隨意去，碧苔空見淡烟飛。」秋思云：「颯颯西風秋葉黄，疏桐明月最淒涼。池塘水落鷩鸂鶒，山逕烟深隱鳳凰。翠袖霞連湘渚闊，碧雲樹拂塞天長。沈吟立盡蒼苔月，幾葉秋聲幾斷腸。」春夜云：「風雨瀟瀟似素秋，挑燈無賴夜屏幽。紅飛自妒桃花薄，緑嫩新添柳葉柔。細草睡鷩蝴蝶夢，畫簾聲斷子規愁。春光九十餘多少，寂寞依然付水流。」昭齊春日感懷云：「簾幕低垂掩洞房，緑窗寂寞鎖流光。近來情緒渾蕭瑟，春色依依到海棠。」秋日偶題云：「一番摇落一番嗟，咫尺天涯夢裏家。莫道秋來不憔悴，滿庭都是斷腸花。」瓊章早春云：「遲遲簾影快清宵，日照地塘凍若消〔一〕。公主梅花先傅額，美人楊柳未垂腰。紗窗繡冷留餘線，綺閣香濃遶畫綃。試問侍兒芳草色，階前曾長翠雲條。」雨夜聞簫云：「紗窗徙倚倍無聊，香燼金爐懶更燒。一縷簫聲何處弄，隔簾微雨濕芭蕉。」邊怨云：「沙磧連天白草枯，東征將士盡防胡。笳聲落日戍衣冷，歸雁書中有淚無。」舟行云：「黄鳥啼時春已闌，扁舟載酒惜花殘。遠山如黛波如鏡，宜入瀟湘畫裏看。」宛君有鸝吹集，二女有芳雪軒、返生香集，不能盡載。

校勘記

〔一〕「地」，當作「池」。

張女郎詩

漳南友人張勖之，内人沈氏能詩，有女年才十二，幼習經史，過目即記憶不忘。示予詩草一帙，皆詠史之作，吕望云：「聖主由來重得賢，天生王佐豈徒然。精神自叶非熊卜，一戰終成八百年。」咏亞夫云：「天子威名誰不懾，亞夫號令更嚴明。自從按轡徐行後，始識將軍細柳營。」咏韓信云：「韓子勳勞定天下，漢王胡不念功臣。僞遊一事要行詐，堪歎弓藏便殺身。」咏四皓云：「四公高卧白雲端，漢祖曾經召致難。不是留侯施巧計，危疑太子賴誰安？」咏武侯云：「漢世傾頹幾陸沈，英雄競作戰争心。鼎分不有卧龍在，空歎茅廬梁甫吟。」諸體甚多，不能悉録。時崇禎己卯歲也。女郎名淑俔，字天妹，稺年若此，他時著作又不知宏富如何，即恐漢之徐淑不啻過耳。

鯉湖夢驗

長泰戴方伯燝，少時禱夢于鯉湖，仙人示以詩云：「相逢只在梁山下，直到王楊問主人。」

公以萬曆壬申鄉榜九十名，而公厥祖中丞時宗，中鄉榜八十九名，中丞號梁山，而「梁山下」一句驗矣。丙戌公登進士，相國王公錫爵主試，又出楊公德政本房，而「王楊」一句又驗矣。公位至蜀藩方伯，繇王楊九折坂歸，至梁山縣而卒，所夢又驗矣。

楊用脩律句

楊用脩學富思巧，七言律詩屬對精工，唐之許渾不能及也〔一〕。如「秦源欲問桃花渡，楚望渾迷杜若洲」「張騫銀漢通牛斗，方朔金門隱歲星〔二〕」「摧頹杜甫吟朱鳳，憔悴王褒望碧鷄」「宣室鬼神思賈誼，中原將帥用廉頗」「朗月肯教玄度共，碧雲知爲惠休移」「近得王家湖水帖，遥傳謝氏敬亭詩」「不數潘安河内縣，堪留衛玠洛陽車」「坐隱能留王質斧，好奇能寄李邕碑」「諸葛蔓菁遺壁壘，陶潛松菊舊柴扉」「惠連池草偕靈運，杜甫檐花對鄭虔」「書載洛中三十乘，經傳柱下五千言」「飄飖俠客遊燕市，窈窕仙娥下楚臺」「山中宰相無塵事，江上仙翁有道經」「問左又興秦戍役，殿前曾識漢官儀」「零雨多情孫楚堠，月明同夢庾公樓」「坐如泥塑還和氣，醉似山頽未盡情」「寇公心事雷州竹，屈子情辭灃浦蘭」「風流陶令歸何早，文藻桓譚論更新」「茅容避雨山邊店，宗慤乘風海上船」「蛩驅那成兩别〔三〕，隨騧行見出駢胎」「士師柳下難稱枉，漁父蘆中易愴神」「坡老旅情昌獨酒〔四〕，雍陶鄉思米囊花」「懸金呂覽言空詡，鍥石中郎迹未陳」「陶令葛巾從滲漉，管寧紗帽任欹斜」「謝安儘有平堅策，杜甫曾無救瑄章」「揚子談經餘舊閣，相如題柱有遺橋」「板居未變先秦俗，刳木猶疑太古舟」「愁看歐氏瀧阡表，喜建蘇家旅譜亭」「四愁多阻張衡望，九辨堪興宋玉哀」「灞陵猶記將軍獵，沛邑能忘猛士歌」「重看周雅歌祈父，又聽陽關唱杜秋」「元龍湖海多豪氣，長孺朝廷有直聲」「漢帝樓船窮島嶼，周王車轍滿乾坤」「星辰衡嶽當朱鳥，雷雨湘江起卧龍」，皆用事典則者也。

校勘記

〔一〕「許」，原空格，紅筆補。
〔二〕「星」，紅筆補。
〔三〕「那」下當補「堪」。
〔四〕「獨」，當作「歜」。

魏受禪壇碑

邵文莊公寶過魏武故都，見有魏受禪壇，又有受禪碑。碑皆矯誣之詞，千載之下，讀而唾之。其地有廟焉，以祀魏文。南面帝服，欲懲亂賊，毁其廟，易所祠，以祠漢愍帝。祠、碑〔一〕，以示天下後世是也。然以愚揆之，愍帝何可祠祀〔二〕？即祀矣，必神。不神，栖於魏祠而安享俎豆也？文莊斯舉，未爲得耳。

校勘記

〔一〕「碑」，紅筆補。

〔二〕「祀」，紅筆補。

敖陶孫

宋季敖陶孫，字器之，嘗作詩譏韓侂胄，坐斥。著有詩評，自漢魏至宋，皆隨人譬喻。楊用脩引入丹鉛録，題曰孫器之評詩，不知爲敖姓，誤爲姓孫也。敖實吾閩福清人，今後裔繁盛。

椅背詩

予少時見故家舊椅，嵌螺鈿詩一首云：「門前流水竹疏疏，舟過時聞夜讀書。姓字未知何必問，料應不是俗人居。」至今不省爲何人所作也。

點絳唇鷓鴣天

江淹詩曰：「白雪凝瓊貌，明珠點絳唇。」唐鄭嵎詩：「舊遊鷄鹿塞，家在鷓鴣天。」宋人詩餘有點絳唇、鷓鴣天，本此。

許氏説文

予近歲於常熟毛子晉家，見宋板許氏説文，與今世所傳者大異。今本用沈約韻編次，則非漢人故物，明矣。

膏煎

蘇秦云：「膏以肥自焫，翠以羽殃身。」陳留父老云：「薰以香自燒，膏以明自煎。」淮南子云：「鐸以聲自毁，膏以明自鑠。」甚矣，人之不可以才自炫也！

雒字

「河洛」二字，近避熹宗御諱，改爲「雒」字。按春秋及左傳皆「雒」字。後漢書：「洛陽以火德王，爲水剋火，遂爲雒陽。」

睍睆黄鳥

楊用脩謂：「詩古註：『睍睆，黄鳥色也。』非，聲也。」予意下句「載好其音」似爲重複，訓之爲色，古註可憑也。至於「綿蠻」，亦訓爲「羽毛之文」，而不曰鳥聲，則鑿矣。

李泰伯深于孟子〔一〕

小説家載李泰伯不喜孟子，楊用脩辯之曰：「泰伯集内始論引『仁政必自經界始』，明堂制引『明堂，王者之室』，刑禁論引『瞽叟殺人』，富國策引『楊氏爲我』，潛書引『萬取千焉』『男女居室』，省欲論引『文王以民力爲臺沼』，送嚴介序引『章子出妻屏子』，由是言之，泰伯深于孟子者也。」

校勘記

〔一〕「李」，原作「季」，據紅筆眉批改，本條下同。紅筆眉批：「季泰伯爲李泰伯之誤，李覯字泰伯。」

鳳毛

唐謂丞相爲「老鳳」，翰林學士爲「大鳳」，中書舍人爲「小鳳」，蓋中書省爲「鳳池」也。杜子美和賈至舍人早朝云「池上于今有鳳毛」，正指「小鳳」而言。晉人目謝超宗爲「鳳毛」，亦云小也。

漳州石幢經

漳州開元寺佛殿前左隅有石幢，幢上刻尊勝經八面。唐咸通四年癸未，漳州押衙兼南界遊奕將王剬，及母陳大娘、男薰，發願造此寶幢。宣義郎、前建州司户參軍劉鏞書，字類虞褚，久頗剥蝕，猶可觀也。

田氏女

錢唐田子藝，嘉靖中博雅名公也，有女玉燕，字雙飛，能詩。詠花云：「枝枝咲日麗名園，不是成蹊自有源。三徑苔痕休待掃，紅英席地掩柴門。」詠夜柳云：「依依柔態不勝飄，幾度東風拂柳條。何事姮娥偏妒影，却教暗裏舞纖腰。」詠月云：「玉輪一片碾長天，傍晚妝台鬥鏡圓。若個開簾能睡去，喜他秋夜恰如年。」

丘夫人

麻城丘長孺夫人陶氏，唐句最工。長孺既□，夫人集云：「魂歸冥漠魄歸泉，落日深山哭杜鵑。忽見陌頭楊柳色，悠悠生死別經年。」「不堪芳草憶王孫，地迥難招自古魂。往事悠悠增浩歎，獨留青冢向黄昏。」「江流曲似九迴腸，愁思非春亦自傷。明月不知人世變，夜來依舊下西廂。」「鶯聲不散柳含烟，寒食家家送紙錢。心折此時無一寸，杏花零落寺門前。」「磬聲初盡漏聲長〔一〕，添得離人兩鬢霜。堦下青苔與黄葉，九泉何處不心傷。」「窗殘夜月人何在，一見清明一改容。墜葉飄花難再復，生離死別恨無窮。」夫人之弟劉金吾，廣蓄歌姬，金吾殁後，有感云：「十里鶯啼緑映紅，每驚時節恨飄蓬。何時最是相思處，月落長安半夜鐘。」「樓上殘燈伴曉霜，天涯一望斷人腸。回身掩淚挑燈立，拭却千行更萬行。」「一枝殘菊不勝愁，離恨歸心雙淚流。無限別魂招不得，滿天風雨下西樓。」「寂寞閑階草亂生，紅霞映樹鷓鴣鳴。重門深鎖無人到，顛倒青苔落絳英〔二〕。」「殘花惆望近人開，南國佳人去不回。回首可憐歌舞地，年年春色爲誰來？」「落花寂寂委青苔，黄竹歌聲動地哀。天若有情天亦老，争教紅粉不成灰。」「濕雲如夢雨如塵，自有春愁正斷魂。人面不知何處去，空留鶯語到黄昏。」「高樓獨上思依依，海闊天高音信稀。日晚江南望江北，山川滿目淚沾衣。」「烟籠寒水月籠沙，楊柳絲絲拂岸斜。小院迴廊春寂寂，夜來風雨送梨花。」「耿耿銀河雁半横，凄涼長似別離情。鴛衾別久難爲夢，斜倚薰籠坐到明。」「千山萬水玉人遥，人事音書漫寂寥。惆悵一年春又去，更無消息到今朝。」「青山重疊樹蒼蒼，雨霽憑高只自傷。無路從容陪笑語，此生無處問劉郎。」「斜背銀燈暗下帷，錦衾香冷夢來稀。多情自古還多恨，今日思君淚滿衣。」「楊柳依依細雨晴，碧天如水夜雲輕。春來處處聞啼鳥，獨擁寒衾不忍聽。」「杏花榆莢晚風前，祇是當時已惘然〔三〕。江上見人應下淚，楚山花木怨啼鵑。」寫情寫景，自然渾成。

校勘記

〔一〕「磬」，原作「罄」，紅筆改。

〔二〕「倒」，紅筆補。

〔三〕「惘」，當作「惘」。

開元錢

唐武德中，廢五銖錢，更錢，文爲「開通元寶」，是歐陽詢所書，今錢猶有存者。「開通」乃錢名，唐無開通年號也。右見格致叢書。予謂的是「開元通寶」，蓋因泥歐陽所書年代相遠，故強解爲「開通」。然考之錢文，「開」上「元」下，「通」左「寶」右，錢之正式。若「開通」，則迴文矣，其實非是。

陳長翁

宋淳熙間，高郵陳造，字唐卿，自號江湖長翁，登進士第，僅官簿尉〔一〕，史傳俱逸其名，所著文集四十卷，向未行世。遭元兵燹，雲孫婦孫氏避亂如蘇，獨攜一子及版負長翁集以行，曰：「此先世之寶也，間關九死，得不散落。」至今郵人不能言其宅里丘墓。迨萬曆戊午，武林李公之藻以郎官治水江淮，始得貢士王應元抄本，鍥而行之。斯集非孫婦版負、貢士手録、水部梓傳，後世誰知長翁之詩若文哉？所著雜文，有漢唐風，而詩則不離宗調也〔二〕。七言亦多佳句，如「居同蟻穴情猶閉，歸笑鳩巢老未營」「雁陣低空危欲墜，龍公驅雨未成眠」「元亮有詩新止酒，休文多病不勝衣」「潮水去來常有信，岫雲出入自無心」「白氈風霜雞唱後，黃塵岐路馬蹄前」「下筋慣雲子味〔三〕，開尊仍費雪兒歌」「露溥青蓋高荷曉，風約黃陂小麥秋」「酒次賦成千載計，床頭易熟數年加」「酒可消閒時得醉，詩憑寫意不求工」「清時合退羊腸步，宦路難加馬腹鞭」「冥心擬學無能子，授訣今傳不老仙」「定免帶圍憂沈約，何須檄手待陳琳」「儒書投老空成癖，舞袖平生不解長」「醉臨庾亮樓頭月，夢闖回翁洞裏天」「人咲鉛刀那用割，自知襪線豈能長」

「吴門肯問鱸魚膾，東武當營燕子樓」「薙本擊强休領覽，棠陰問俗見風流」「近臨西蜀窺鮫室，舊傍東溟看蜃樓」「詩不受催空急雨，帽無緣落任西風」「至音忽作鏘金發，急筆甯須擊鉢催」「元亮歸來猶責子，德公老去竟無官」，皆有天然之對，亦宋詩之錚錚者也。唐卿以長翁自號，謂物無用曰長物，語無當曰長語，翁亦然矣。

校勘記

〔一〕「官」，紅筆補。

〔二〕「宗」，當作「宋」。

〔三〕「筋」，當作「筯」。「慣」下當補「嘗」。

師春

晉太康三年，汲縣民發魏襄王冢，得穆天子傳、紀年、師春等書，皆竹簡漆文。師春乃録左氏卜筮之事，獨姜后事，左傳不載。師春之名，不知何取，大抵戰國卜師所輯也。今録於左：「周穆王姜后孕，越姬嬖，竊而育之，斃，以玄鳥二匕〔一〕，塗以彘血。王發書而卜之，兆曰：『蜉蝣之羽，飛集于户。鴻之戾止，弟弗克理。重靈降誅，尚復其所。』于是王問諸史豹，曰：『蟲飛集户，是曰失所。惟彼小人，弗克以育君子。』史良曰：「是謂闞親，將隕其身。歸于母氏而後獲甯，册而藏之，厥休將振。』居三月，越姬死，七日而復，言其情：『爾夷隸也，胡竊君之子？不歸，將寘而大戮。』反王子于治。」友人陳貞鉉強解曰：「卜師所輯，春其名乎？抑以春秋卜筮爲可師乎？」是未可知也。

校勘記

〔一〕「匕」，原作「七」，紅筆改。

吴淑徐鉉著作

宋博士吴淑洪州□□賦，乃騎省常侍徐鉉之壻，著事類賦，後代盛傳。鉉擬徐幹作質□類□篇、韻譜十卷，俱逸不傳；著稽神録二十卷，今只存二卷；文集三十卷，今一二家抄録，未有梓行；惟重編許氏説文併唐文粹行於世。鉉無嗣，時有祭文云：「淳于意兮生一女，鄧伯通兮終無子。」

栢梁詩

漢武栢梁詩首倡云「日月星辰和四時」，陳貞鉉引管子書「日主夏，月主冬，星主春，辰主秋」爲註，殊有見解。

潯陽壽聖觀

潯陽有壽聖觀。宋光甯時，楊真君宗權有道術，二帝敬禮之，賜觀以居，後祀焉。觀故背江，面匡廬。萬曆辛亥，漳州楊方伯瑩鍾先以部郎榷九江關，改觀背山面江。鬭地二尺許，得一石碑，云：「隆有替，替還隆，四百年後遇同宗。拓基更向，卓勝前功。坐倚匡山增聳固，面臨潯水起朝宗。」末題「嘉定己巳年記」。從己巳數至辛亥〔一〕，實四百有三年矣。宗姓既符，背面一如所記。

校勘記

〔一〕「數」，紅筆補。

五色賦

唐寇豹與謝觀同在崔裔孫門下〔一〕，以文藻知名。豹謂觀曰：「君白賦有何佳語？」對曰：「曉入梁王之宅，雪滿群山；夜登庾亮之樓，月明千里。」觀謂豹曰：「胡不作赤賦？」豹曰：「田單破燕之日，火熾燎原；武王伐討之年〔二〕，血流漂杵。」文山效作黑賦曰：「孫臏銜枚之際，半夜迷踪；達磨面壁以來，九年閉目。」座中一客賦青曰：「帝子之望巫陽，遠山過雨；王孫之別南浦，芳草連天。」一客賦黄曰：「杜甫柴門之外，雨漲春流；衛青油草之間，沙含夕照。」文山評：「『月明千里』得白之神，曰火曰血，不免着迹，且『燎原』事與田單不相干。」一客改之曰：「堯時十日並出，鑠石流金；秦宫三月延燒，照天燭地。」楊用脩評曰：「曰血曰火，及并出延燒，皆非佳境。」乃改曰：「孫綽賦天台景，高城霞起而建標；杜牧詠江南春，十里鶯啼而映緑。」自謂稍有風韻。又賦黄曰：「靈均之歎木葉，秋老洞庭；淵明之餐落英，霜清彭澤。」信勝舊矣。黑賦亦非佳境，別擬一聯云：「周庭之列畢蘇，裳如蟻陣；陳閣之迎張孔，髩似鴉翎。」㘈偶遊清漳〔三〕，與友人楊參和酒次談及，楊評曰：「孫臏銜枚未見黑，杜甫春流未見黄也。」予因廣而賦之，黑曰：「連昌夜色沈沈，珠簾反挂；内史池光灧灧，墨汁常流。」黄曰：「枝頭晛晥，幾千金衣公子；殿上輝煌，丈六寶相如來。」紫曰：「令尹東來之轍，氣滿函關；相君北拱之袍，色摇漢闕。」碧曰：「子晉夜月吹笙，緱山桃發；文通春波賦别，南浦草芳。」丹曰：「黄帝藥草煉成，九還出鼎；貴妃荔支馳至，一騎飛塵。」緑曰：「新郎馬上之衣，紅裙争春；賤妾閨中之服，黄裏攸宜。」藍曰：「空中雨過雲收，蔚然天色；湖面風輕日暖，熨爾波光。」絳曰：「王母節下雲中，軿羅仙女；馬融帳開堂上，坐列生徒。」至于白、赤，前人已賦之矣，不復贅也。詩經古註：「晛晥，色也。」

校勘記

〔一〕「裔」，當作「貽」。

〔二〕「討」，當作「紂」。

〔三〕「漳」，原作「彰」，紅筆改。

孔門弟子

孔門弟子七十二人，見於論語問答者只二十七人，餘皆無聞，如曾參、子張、樊遲□□□□□□子歿方二十餘歲。

驪山温泉

驪山温泉，在臨潼南半里，有室三楹，人呼爲宫，非貴人不得浴。四周砌石，如玉環狀，中有小石，鑿七竅，泉由是出。相傳甃石起秦始皇，後漢武脩飾，唐玄宗廣之。古今石刻壘於門外，若屏障。官池之左曰混池，以小民。東行，即華清宫故址。

三世解元

莆田黄壽生，永樂六年應天鄉試第一名。孫黄乾亨，成化十年福建鄉試第一名。乾亨子黄如金，弘治十七年福建鄉試第一名。壽生，建文二年中式，因革除繳還公據，復學充貢，復中應天。如金、乾亨皆進士。

續筆精卷之二

閩縣徐𤊹興公

古文參同契

隋、唐經籍志無其目，惟神仙傳云魏伯陽所作。徐景休箋注，漢桓帝時以授淳于叔通於世。五代時，蜀道士彭曉分爲九十章，以應火候之九轉，餘鼎器歌一篇以應真鉛之得一。其説穿鑿，非伯陽本意也，讀者不知孰爲經，孰爲註。朱子作考異，亦據彭本，元俞玉吾所註，又據朱本。悟真篇云：「叔通受學魏伯陽，留爲萬古丹經王。」楊用脩得石函古文十一篇，蓋未經後人妄紊者，爲之序曰：「形似之言，譬況之説，或流而爲房中，或認爲爐火，使人殞命亡身，傾資蕩産，成者萬無一二，陷者十之八九。」然楊之石函本，不可復睹矣。

六馬圖

唐太宗昭陵，在陝西涇陽縣北九峻山，去縣治二十里。山下有廟，廟中有石刻太宗平竇建德、王世充、宋金剛、劉黑闥、薛仁杲及御乘六馬圖。今尚存，第陝人無有搨者。

水心劍合前

秦昭王三月三日置酒河曲，見金人捧水心劍曰：「令君制有西夏，乃霸諸侯。」唐萬齊融詩云：「禽浮似挹羽觴杯，鱗躍疑投水心劍。」沈佺期詩云：「皇情尚憶垂竿佐，天祚先呈捧劍人。」王維詩云：「金人來捧劍，畫鷁去迴舟。」皆用昭王故事。

唐代搜圖書

唐代帝王每遣使搜括圖書。蘇頲送賈舍人云：「遺文徵缺簡。」儲光羲送沈校書云：「秦閣多遺典，吴台訪闕文。」錢起送崔集賢云：「還劳五經笥，更訪百家書。」韋應物送顏司議云：「無爲久留滯，聖主待遺文。」李端送耿湋云：「漢使收三篋，周詩采百篇。」盧綸送耿拾遺云：「傳令收遺集，諸儒喜餞君。編簡知還續，蟲書亦自分。」或至洛陽，或至吴中、江淮、蜀路，處處尋訪，收入秘府也。

諺詩

古諺，雲氣斑駁曰「風花」；又，雨乍落乍止，日光穿漏曰「天笑」；又，田叟見日喜，謂「天上黄綿襖子出」，又云「樓梯天，曬破磚」，又云「黎星没，水生骨」。楊用脩田家喜晴謡云：「玉女投壺玉皇側，海童拖霖海天黑。風花閃日日咲雲，雲氣烘爲雀頭色。須臾變作樓梯天，黄綿襖出曬破磚。茅簷夜坐黎星没，蘆絮飛殘水生骨。」括諺語拓成章，效李長吉，酷似也。

李頻梨岳廟

唐李頻爲建州刺史，卒於官，民立祠梨山。宋代歷顯神通，屢加封號，詩人血食六百餘年。有詩二卷，真西山懼其散落，製二大木牌，鍥詩于署東西兩廊。國初，建人鏤板行世，歲久散失。崇禎乙亥，予客建州，重刻公詩，謁公廟，壯麗寬宏。廟中暨宋朝封敕十數碑，字皆工妙，未遑施搨。木牌尚存，但謀之解司理，重梓其詩。越三年戊寅，廟燬，碑俱灰燼矣，惜哉！頻死無子，唐張蠙哭公詩云：「素風無後嗣，遺蹟有生祠。」曹松云：

「瘴中無子奠，嶺外一妻孀。」公卒後，櫬歸婺州葬，鄭谷云：「令終歸故里，末歲道如初。」曹松云：「定是浮香骨，東歸就故鄉。」公之歸葬，歷歷有徵，近年建州有争墳地者，謂公埋骨於建，謬妄甚矣。

習家池

襄陽習家池，唐人詩云：「醉中求習氏，且醉習家池。津頭習氏宅，本自習家流。」按，襄陽記：「漢侍中習郁於峴山南作魚池，池邊有高堤，種竹及芙蓉、菱芡之屬，是游宴名處。山簡每臨此池，未嘗不大醉，曰：『此我高陽池也。』襄陽小兒歌之。」習郁，漢人，山簡，晉人，非同一時。

二謝句同

謝靈運詩云：「群木既羅户，衆山亦當窗。」惠連詩云：「窗中列遠岫，庭際俯喬林。」句意相同，然惠連「列俯」二字尤勝。

青牛朱鳥

徐陵玉台新咏序云：「青牛帳底，餘曲未終；朱鳥窗前，新聲猶在。」唐李嶠謝賜口脂表云：「青牛帳底，未輟爐香；朱鳥窗前，新調鉛粉。」青牛、朱鳥故事無考。

澄泥硯

絳縣澄泥硯，縫絹袋置汾水中，踰年而泥沙之細者已入袋矣，陶以爲硯，水不涸。古硯心凹，所謂硯瓦。予於濟南鄉中一澄沙硯，製甚古樸，千年物也。

僧坐化

崇禎戊寅中秋日，福清縣漁溪有僧坐化。僧姓何氏，名昇，泉州雒陽人，幼不茹葷，年稍長，出家於石竺山者六年。因母再嫁漁溪農家，則歸而助後父耕耨以養母者又七八年。崇禎戊寅秋，自壘土作一龕，坐其中，囑其母曰：「吾將西歸，死後當封固土龕，至次年中秋開驗。若肉身不壞，則爲造菴奉吾像。若稍有壞，則掘一坎而瘞吾骨。」鄉里如其言封之。至己卯中秋開視，宛然如生，鄉人異之，爲創菴焉。年才三十有三也。予以庚辰春過斯地，一瞻禮之，齒舌手足但乾縮而已。僧向不識字，能作偈示衆，亦近來一異事也。

齊大守善謔

皖城齊琦名，萬曆癸丑進士，官終紹興郡守。生平好詼諧，令人絶倒。皖有縉紳，延師課子，而供具甚薄。語於齊，齊曰：「吾代若作一詩諷之。」詩云：「天生德于予，博學而篤志。温良恭儉讓，恭寬信敏惠。魚我所欲也，三月不知味。蔬食菜羹瓜，膰肉久不至。有酒食先生，我則異於是。」

瀛涯紀行

永樂十三年癸巳，文皇帝差大監鄭和往西洋諸番〔一〕。時會稽山樵馬歡同行，賦瀛涯紀行詩云：「皇華使者承天勅，宣布綸音窮絶域。鯨舟吼浪泛滄溟，經涉洪濤渺無極。洪濤浩蕩擁瓊波，群山隱隱浮青螺。占城港口暫停息，揚帆迅速來闍婆。闍婆遠隔中華地，天氣蒸人人物異。科頭踝足語侏𠌯，不習衣冠疏禮義。天書到處騰歡聲，蠻魁酋長争相迎。南金異寶遠馳貢，懷恩慕義攄忠誠。闍婆丈往西南去〔二〕，三佛齊過臨五嶼。

蘇門嗒喇峙中流，海舶番商經此聚。自此分鯮往錫蘭，柯支古里連諸番。弱水南濱涉山谷，去路茫茫更險難。欲投西域還凝目，但見波光接天緑。舟人矯首混西東，惟指星辰定南北。忽魯謨斯近海傍，大宛安息通行商。曾聞博望傳晉史，何如當代覃恩光。書生從役忘卑賤，使節三陪遊覽遍。高山巨浪罕曾觀，異寶真奇今始見。俯仰堪輿無有垠，際天極地皆王臣。聖朝一統混華夏，曠古於今孰可倫？使節勤勞恐遲暮，時值南風指歸路。舟行巨海若遊龍，回首遐荒接烟霧。歸到京華覲紫宸，龍墀納拜皆奇珍。重瞳一睹天顔喜，爵禄均頒雨露新。」所歷凡十九國，著瀛涯勝覽二卷，述夷國風俗甚詳。奉使寶船六十三號，大者四十四丈，中者十七丈。官八百六十八員，都指揮二員，指揮九十三員，千户一百四十員，百户四百三員，户部郎中一員，陰陽官一員，教諭一員，舍人二十名，醫官、醫士一百八十名，軍二萬六千八百名，正使太監七員，監丞五員，少監十員，内官、内使五十三員，總計二萬七千六百七十員名。馬歡之名無考，所著瀛涯勝覽，焦太史國史經籍志亦不載。予家有國初抄本，近坊間有刻，但節略，非全文，不載此歌。馬歡訛作馬觀，此詩並前後序俱弗録。後序，正統己巳監察御史古汴劉弘撰，云：「歡，字宗道，會稽人，與仁和郭崇禮，皆通西域天方之教。」近浙中刻瀛涯勝覽，不載此歌。

校勘記

〔一〕「大」，當作「太」。

〔二〕「丈」，當作「又」。

虹橋板

武夷四曲絶壁之上有虹橋板，亂插石罅中，人可仰睇而不敢取。萬曆末年，偶墜一片，長丈餘，不知何木。木性乾枯，持之甚輕，鄉人得之。建陽友人黄師先購爲玩，截尺餘貽予。予供之齋中，因刻銘云：「始皇至今，千八百載。陵谷易遷，桑田爲海。曾孫宴罷，幔亭散彩。」虹橋片木依然在，其屑有香氣，人病，服之可愈。

太華

唐張説西嶽碑云「西嶽太華山者，當少陰用事，萬物生華，故曰華山」，不叶去聲也。然許渾過潼關詩「殘雲歸太華，疏雨過中條」，崔顥行經華陰詩云「岧嶢太華俯咸京」，皆叶去聲。

孔氏子孫年壽

史記孔子世家卒年七十三，伯魚年五十，子思年六十二，子思生白年四十七，白生求年四十五，求生箕年四十六，箕生穿年五十一，穿生慎年五十七，慎生鮒年五十七，鮒弟子襄年五十七，襄生忠年五十七，忠生武，武生安國，安國早卒。自孔子至安國十二世，無有壽及七十者。

唐昭陵

唐太宗昭陵陪葬諸臣一百六十五人，諸王七人，公主三十一人，宰相馬周已下十三人，丞郎三品唐儉已下五十三人，功臣大將尉遲敬德已下六十四人。墓在咸陽九峻山，大冢相望，皆無碑碣，今皆狐兔穴居，或崇或頹，或圮或夷矣。

劉褒趙若漣

崇安宋有劉褒，致政歸梅里，詩云：「去日春蠶吐素絲，歸乘寒橋剝金衣〔一〕。沙鷗不入鴛鴦侶，依舊滄浪繞釣磯。」又趙若漣築舍黃柏里，號梅花莊，詩云：「一間茅屋傍溪斜，三經荒於靖節家。但得鶴糧隨分足，更鋤明月種梅花。」並清絕，有出塵之趣。

校勘記

〔一〕「乘」，當作「來」。

張參政廉詩

宋末豐城王家村先生送張參政詩云：「一錢劉太守，也被一錢污。今日公歸去，半文錢也無。臨去受百紙，清哉杜大夫。今日公歸去，半張紙也無。清獻出蜀日，琴鶴與之俱。今日公歸去，琴和鶴也無。東山松載月，皎潔如水壺。今日公歸去，船中月也無。問公何所有，所有與人殊。只有一廉字，斯人百世無。」

唐詩人無子

唐詩人無子者，王維哭殷遥云：「慈母未及葬，一女才十齡。」耿湋哭張融云：「有家婦少，無子弔人稀。」賈島哭孟郊云：「寡妻無子息，破宅帶林泉。」張蠙哭李頻云：「素風無後裔，遺愛有生祠。」曹松云：「瘴中無子奠，嶺外一妻孀。」杜荀鶴哭方干云：「況有數篇關教化，更無餘慶及兒孫。」姚合哭賈島云：「有詩傳後世，無子過今生。」至於白居易、李賀無子，不待見於詩矣。

子夏勇

子夏以文學稱，未嘗以勇名。孟子曰：「北宮黝視刺萬乘之君，若刺褐夫〔一〕。」又云：「北宮黝似子夏。」何所証據？按，韓詩外傳：「子夏嘗與公孫悁論勇於衛靈公前。子夏有三勇，悁皆不若，故孟子以北宮黝似之。」此可以補朱註之所不及。

校勘記

〔一〕「夫」下原衍「人」字，紅筆删。

翁婦行

元季，永嘉翁子期娶妻兩月，兵亂，被擄入何將軍帳中，至京生二子。後子期役於京，乞食公侯家，偶至將軍宅。婦聞鄉音，正子期也，題詩一首云：「君居江北妾江東，半載鴛幃一旦空。葵萼有心終向日，楊花無力暫隨風。兩行怨淚殘燈下，萬里家山一夢中。鴻雁年年來此地，有書欲寄倩誰通。」詭以書托寄鄉中親故，將軍詧知之，捕子期。奏上，高皇帝發其緘，乃其妻詩也，憐而釋之，俾同還鄉。時四明烏斯道紀以詩云：「東甌兵亂夜深哭，嫁郎兩月他家宿。雙飛燕子在雕梁，何爲翻作野鴛鴦。十年鳳城悲遠道，暗惜花顔爲誰好。羽林將軍歡愛多，其如雝雝鳴雁何。劍戟門前日亭午，隔簾乞食精甌語。問之原是舊鸞交，過眼雲收轉愁苦。將軍閨房錦繡林，郎情自重千黄金。援琴作曲向郎道，恨郎不識琴中心。對詩寄人托郎去，正寄與郎郎不悟。豈期先得動天顔，花作丁香復如故。已爲將軍留兩兒，將軍未必無好妻。只恐清風嶺頭過，血痕尚有空巖詩。」清風嶺乃天台王烈婦事，斯道引之，不能無譏也。

德人

洪武八年，宋濂官禮部侍郎，封濂母陳氏、妻賈氏爲德人。見誥命。後無德人之稱。

張旭詩

唐張旭以草書名，未見有詩傳於世。偶讀弘治中顧宗伯清集，跋旭草書後載其咏柳一絶云：「濯濯烟條拂地垂，城邊樓畔結春思。請君細看風流意，未減靈和殿裏時。」一詩不見唐集，旭所自作也。

彭真人道德經註

閩縣城東五里有鳳丘山，宋紹興中真人彭耜脩煉於此。真人號鶴林，岩壁上朱晦翁大書「鶴林」二字勒之。白玉蟾常往來其間。耜著道德經集註十八卷、釋文一卷、雜説一卷，今世尠傳，惟道藏中有之。又玉蟾授鶴林丹經秘旨二卷，亦見道藏。耜乃吏部尚書演之子，墓在鳳丘。

太極祭煉

宋末義士鄭所南著心史，鐵函投吴承天寺井中。自勝國癸未至崇禎戊寅，閲三百五十六年，因大旱，僧浚井，始得之，楮墨猶新，吴中好事者梓而傳之。所南著作多逸弗傳，有太極祭煉法三卷，見於道藏。

千水千山

唐僧貫休投孟知祥詩：「一瓶一鉢垂垂老，千水千山得得來。」今本作「萬水千山」，不成對偶矣。各處詩話多載亦悞。

戲馬台

徐州舊有項羽戲馬台，今其址改爲昭烈廟。予伯兄惟和題詩云：「英雄千載説暗啞，此地曾經説五花。只有荒台留不得，依然香火屬劉家。」

大老虛心

萬曆丙午，予遊金陵。時孫月峰大司馬和趙心堂大司寇禱雨齋居詩誤押一「鼇」字韻，曹能始初在户部主事，正其誤。司馬公欣然改之，且爲詩謝之云：「一字我師良不謬，納交還恨宿緣遲。」司馬公登甲戌會元，能始是歲始生，實後生晚學。公虛心受益，足見大老襟度，予目擊之。今之後生學詩者，誰似公乎？無也！

千巖逸句

宋蕭德藻，號千巖，吾閩人也，長於詩，與楊萬里同時。今詩多不傳，唯劉後村詩話摘其佳句，無全篇也。曰「乾坤生長我，貧病怨尤誰」「湘妃危立凍蛟背，海月冷挂珊瑚枝」「醜怪驚人能嫵媚，斷魂只有曉寒知」「百千年蘚着枯樹，一兩點春供老枝」「稺子推窗窺過雁，數峰乘隙入西窗」「眼冷寒梢明數點，知他是雪是梅花」「秋陽直爲田家計，饒得漁村一抹紅」，亦斷金殘璧也。

四書文字假借

親當作新，身當作心，以自慊爲自謙，以慢也爲命也，以嗚呼爲於戲，以索隱爲素隱，以妻孥爲妻帑，以既廩爲既稟，以齋明爲齊明，以向也爲鄉也，以棠棣爲唐棣，以嗜災爲耆災，以避患爲辟患，以泰山爲太山，以伸指爲信指，以增益爲曾益，以徵韶爲徵昭，以忻然爲訢然，以秉彝爲秉夷，以向爲爲鄉謂，以向道爲鄉道，以均是爲鈞是，以脱冕爲税冕，以泰誓爲太誓，或假借，或傳寫訛誤也。

死有前定

延平嚴九岳第進士，授廣西南寧府推官，其地有九岳神祠。後歷部郎，陞岳州太守，未幾卒於任。松溪魏濬，號倉水，累官湖廣巡撫。途中見有蒼水神祠，未蒞任卒。吾鄉林憲濩，號古榕，第進士，授中書。奉使至廣東，憩行台，見後軒扁「古榕」二字，是夕卒。名號關於死生，異哉！

王元章題畫梅

予於建州見王元章畫照水梅花一軸，自題云：「朔風蕭蕭脱横木，石溜潺潺出空谷。荒郊野店少人行，獨有寒梅映寒淥。」「玉質粲粲無纖埃，春風不來花自開。平生清苦能自守，焉肯改色趨尊罍。」「我與梅花頗同調，相見相忘時索笑。冰霜歲晚愈精神，不比繁華易凋耗。」「長安多少騎馬郎，尋芳競集桃李場。東家買酒西家醉，引得世間蜂蝶忙。」畫法幽雅，書亦古勁，今存友人陳還之文學家。印章二，曰「會稽佳山水」，曰「方外司馬」。

文敏功德

建安楊文敏公歷任四朝，嘉謨必納其有功於閩省者：福建山無租稅，不封王藩，不選内豎，增廣文場解額也。公繇建寧府學出身，累官少傅，不忘所自，請於朝，本學教授每月加俸一石。天下公堂之案皆黑，公請設紅案，至今遵奉欽賜不易，匪獨勳在社稷也已。

宋御書閣

宋諸帝藏御筆，設六閣，太祖、太宗曰龍圖，真宗曰天章，仁宗曰寶文，神宗曰顯謨，哲宗曰徽猷，徽宗曰敷文；南渡設四閣，高宗曰煥章，孝宗曰華文，光宗曰寶謨，寧宗曰寶章，皆置學士直閣。我朝組有文淵閣，爲藏書之所。

仙霞石路

吾閩繇浦城往浙，必渡仙霞峻嶺，高三百六十級，凡二十八曲，長二十里。宋史浩師閣過此，始募甃石路，至今行者便之。

飛來石

會稽有飛來石，在禹穴之側，世傳自安息飛來，上有三索痕，唐宋多名賢題刻。韶州湞陽峽有飛來寺，相傳自外國飛來，飛至梅嶺，尚挂一角，後人就成之，名挂角寺。今俱存。杭州西湖有飛來峰。吾閩有昇山，相傳自會稽飛來者，唐周朴詩云：「神山自古道飛來，此是神功莫浪猜。氣色雖然離禹穴，峰巒猶自接天台。岩邊古樹泉銜落，頂上浮雲日照開。南望閩城塵世界，千秋萬古捲浮埃。」

月應井泉

山東日照縣近海，故名日照。湖廣有月過井，八月晦日，月從井底一過。金華浦江縣有月泉，視月盈虧以爲消長，自朔至望則增，自望至晦則減。

宋錢

宋太祖開寶改元，所鑄錢文曰「宋通元寶」，仁宗寶元改元，所鑄錢文曰「皇宋通寶」，以年號中有「寶」字，文不可重，故也。

米元章文稿

米元章效白樂天，藏其生平詩文稿於潤州鶴林寺，今不傳矣。近代編輯襄陽志林，所收甚寥寥也。

阮光祿車

世説云：「阮光祿在剡，曾有好車，借者無不皆給。有人葬母，意欲借而不敢言。阮後聞之，嘆曰：『吾有車而使人不敢借，何以車爲？』遂焚之。」別傳云：「光祿以疾築室會稽剡山。」然剡中非驅車之地，予不能解。

延陵季子墓

自古相傳孔子題延陵季子之墓十字。以史記世家考之，孔子歷列國，南不逾楚，未嘗過吴，不得親題季子之墓也。右秦少游引歐陽公之言。淳化法帖有孔子書篆，不止十字。

北辰

北極五星在紫微宮中，一名北辰，其紐星，天之極也。三辰迭運，極星不移，故曰居其所而衆星拱之。朱子語録云：「北辰是那中間無星處，些子不動，是天之樞紐。北辰無星，緣人要取此爲極，不可無箇記認，所以就其旁取一小星，謂之極星。或曰：『極星動否？』曰：『極星也動，只是近那辰後雖動而不覺。』」曹能始曰：「居其所猶云在箇中，而衆星拱之。拱未嘗言動，而居者亦未嘗言不動也。大抵天形北傾，故北極居中而常在天之北。」

莫愁

莫愁，郢州石城人，今郢有莫愁村，唐書樂志有石城樂，古詞云「莫愁在何處，莫愁石城西」是也。又有莫愁，洛陽人，梁武帝河中之歌曰「河中之水向東流，洛陽女兒名莫愁」「十五嫁爲盧家婦，十六生兒似阿侯。盧家蘭石桂爲梁，中有鬱金蘇合香」是也。沈佺期古意云「盧家少婦鬱金香」，李商隱云「不及盧家有莫愁」，用「洛陽女兒」故事也。金陵有莫愁湖，誤指石頭城爲石城，宋周美成金陵詞云「莫愁艇子曾繫」是也。

予曾賦佘宗漢納楚妃云「眉與石城山一色，自言生長莫愁村」，用郢州事；又賦金陵莫愁湖云「莫愁女兒非姓盧，艇子兩槳臨澄湖。澄湖流水古來有，莫愁容色今時無」，俱不指石城、洛陽事。兒子問莫愁故事，以此答之。

帆字仄聲

楊用脩詩話云：「帆字，符咸切，舟上幔也，又無泛切，使風也。舟幔則平聲，使風則去聲，蓋動静之異也。」劉熙釋名云：「隨風張幔曰帆。」註云：「去聲。」廣韻曰：「張布障風曰帆，音與梵同。」劉珊云〔一〕：「迴艫乘派水，舉帆逐分風。」張曲江詩云：「□鞍稅北渚，歸帆指南陲。」張燕公云：「離魂似無帆，常往帝鄉飛。」趙冬曦云：「帝城遲夢想〔二〕，歸帆滿□□〔三〕。」杜詩云：「浦帆晨初發。」包何云：「錦帆乘風轉，金裝照地新。」孟浩然云：「嶺北迴征帆，巴東問故人。」近蘇州刻孟詩，改征帆爲征棹，何仲默咲曰：「征帆改征棹，錦帆亦改錦棹，可乎？」蓋淺學妄改非誤也。㘽細味所引諸句，平仄通用，蓋帆是使風之物，無所分別。

校勘記

〔一〕「珊」，當作「删」。

〔二〕「遲」，當作「馳」。

〔三〕「歸帆滿□□」，當作「歸帆滿風飆」。

關中石刻

關中石刻在西安府文廟後明倫堂東偏，獨右軍聖教序踞諸刻上，另一亭覆之，餘悉列兩旁及東西廊下。石高大而列諸右者〔一〕，柳公權玄秘塔，唐僧夢英篆書偏旁帖及篆千字文，吴通微多寶塔碑；列諸左者，顔魯公家廟碑，史惟則大智禪師碑、御史台精舍碑。石小刻左者，懷素千文，智永真草千文；列右者，張旭草書，右軍薦福碑、草書心經，懷素聖母帖，魯公争坐位帖。蔡邕十三經分立東西兩行。明皇孝經另置一亭，亭北向，與聖教序相對，所鐫石四合豎之，如方□然，高丈餘，搨者非懸架不能及。虞世南廟堂碑在廟庭右，歐陽詢皇甫君碑在廟庭左。他如宋刻尚多，不復記。聖教搨者日衆，磨滅殊甚，陝人有持售不破損者，皆贋本也。草書心經，考孫仁跋，爲右軍筆。然三藏未取經時，心經未入中國，謂右軍謬矣，或謂唐駙馬鄭萬庚書爲近。蔡邕十三經，其真蹟魏武遷入許都，已付煨燼，傳者有歐、虞二體。自宋向拱鎮長安，摹搨三千本，民苦其勞，潛行鑱削。厥後韓縝脩灞橋，督促急，民磨碑石以供。罹此二厄，全本少矣。右見温陵諸葛羲闗遊筆諏，蓋天啓戊辰奉使輸餉入陜時也。

校勘記

〔一〕「右」，原作「石」，紅筆在原字上添筆改。

繫青牛樹

華陰西嶽廟有樹，在鐘鼓亭左，高丈餘，輪囷盤結，相傳爲老子繫青牛其下。頂無梢，澤若紫芝，壁立若石丈爪膚，色獨蒼然。自周至今千百餘載，況前此又不知其幾百年乎。右見筆諏。

唐雁塔題名

西安府城南八里有大雁塔，唐進士題名於此。登絶頂，見終南、驪山，悉收入望，沃野千里，真千古雄國也。諸葛羲詩云：「古塔崚嶒暮景深，異鄉異客並登臨。衣冠此日欣酬對，宮闕前朝幾陸沉。屺岵秋風遊子念，關山落日遠臣心。欲窮絶頂凌高興，且囑尊前酒慢斟。」

計然

史記貨殖傳，徐廣註云：「計然，范蠡師，名鈃。」裴駰曰：「葵丘濮上人〔一〕，姓辛，字文子。」李暹注傳曰：「計然子，范蠡師之，本受業於老子，録其遺言爲十二篇。」劉向録文字九篇〔二〕，唐志録十二篇，豈暹析之歟？顔籀以爲與孔子同時。漢書貨殖傳：「越王勾踐困於會稽，乃用范蠡、計然，遂報強吴。」孟康注曰：「姓計，名然，越臣也。」蔡謨曰：「計然者，范蠡所著書篇名耳，非人也。謂之計然者，所計而然也。」唐藝文志：「范子計然十五卷。」注云：「范蠡問，計然答，列於農家，而今不存矣。今世傳文子十二卷，有問道、問德於老子，別是一書。」然則文子即姓章，名鈃，號計然，皆不實也。意林云：「計然，蔡丘濮上人〔三〕，姓辛，名文子，其先晉國人。

校勘記

〔一〕「灘」，當作「濮」。

〔二〕「字」，當作「子」。

〔三〕「蔡」，當作「葵」。

柳子厚書

柳子厚書，世不多見，惟羅池廟有石刻，公手書也。字僅寸許，文曰：「龍城柳，神所守。驅厲鬼，出匕首。福四民，制九醜。元和十八年柳宗元書。」共二十七字而已。友人黄師先有搨本。

黄勉齋墓

吾閩大儒黄勉齋先生墓，在福州。出城北三十里，過長箕嶺，轉前洋，望見石碑，大書曰「有宋勉齋先生黄文肅公墓道」。正德丙子年，建陽裔孫黄瀶，以試事入省，尋公墓，記云：「墓道碑仆卧田間水圳邊。前有田家卓、范姓者，言此碑古有附郭，地步高闊，後來農夫侵鋤，致水淹没，泥融座欹，去春爲耕牛挨倒。前洋屯軍梁明一，其田佃也。離碑二里許，至高峰源，即先生當時高峰精舍舊址，今結茅屋三間，野人占居焉。乃延汀貧民，苦催科，據此耕耘寄食，非久處也。因挾流民，指引登山，彼曰：『此山幽僻，人跡罕到，不知孰爲賢墓。』但見蓬蒿滿目，嵐陰襲人，無從可入，只得小憩於斯。乃僱流民六七徒，剪芟荆棘，開導蹊徑，遍歷尋覓。自辰至申，抵深邃地方，見泉臺一區，封牽苔薛，殘碑汩没，題曰『黄文肅公勉齋墓』，磚甃、石甎、塋域、墓道依如也。山木無存，僅有附墓前朝古柯二章、古楓一章，俱連抱聳壑、參天蔽日，人莫敢斫，故存。始具衣冠肅奠，不勝感愴。夕投前洋，募石工，扶豎道旁仆碑，補葺墳壤，設酒集山鄰，分餽祭餘。於中擇吴記良者，年與銀米，付託看守。子孫科年禮宜謁墓，有志繼述者尚其勖諸。正德丙子九月朔日，瀗謹書。」㘞曾至先生墓道石碑庵，而碑立田中，字已半没泥土。正德至今又百餘年，不知墓上蓁蕪又何似也。予曾宿前洋梁氏樓，必明一之後昆也。今建郡數邑妄認先生爲祖者紛紛，皆無所據。建陽有瀗之孫枝甚微，無服子衿者。

陶靖節履歷

陶靖節先生，晉書本傳及昭明序文、陶南村爲作年譜，俱只述其仕彭澤已後事。㘞按新昌胡夢説方伯墨池浪語序曰：「新昌，古宜豐也，漢時與彭澤俱屬豫章永興，後始分廬江之潯陽、武昌之柴桑，置潯陽郡，屬江州，則宜豐於彭澤實鄰邑也。靖節，史稱侃之曾孫，而不知父回以平蘇峻功封康樂伯，食邑在今鈞義鄉。隆和元年大旱，回請免其采邑租入，人懷之，號其里爲『尚平懷德』。寧康元年，先生居秀溪，搆讀書堂於延禧觀側，建橋於山之石洞，憩焉。太元十八年，起爲江州祭酒，尋還柴桑，游南康，築室於上京。義熙元年，令彭澤八十餘日，解綬還武昌，奔程氏妹喪。四年出仕之後，歸休潯陽，時賦詩飲酒、登臨笑傲者居多。當時名流如檀道濟、王弘諸人，記其文行可以敦崇世教者，而於宜豐前一段略而弗傳，非特此也。其所葬地與其子儼等逸事，俱不書可知已。今洗筆池悉爲蛙黽之區，乃買田二十畝，買山一片，近先生祠堂，以志高山仰止之思云爾。」此篇可補史書之缺。㘭按世説，侃有十子，陶胡奴是第十子，靖節父回不知何派所出。

胡氏墨池

宋史孝義傳：「胡仲容者，新昌人，兄弟八人，五世同居，八百口共爨。太宗詔旌『孝義之門』，賜袍笏犀帶，以光私第。詣闕稱謝，又遇言國事，奏對語多曉暢大體，特授秘書省校書郎，遷大理寺評事。又建華林書院，積書萬卷，捐稻田八百石，以餼四方來學者，居之者數千人。内翰王禹偁、王冀公皆發迹其地。端拱元年，開洗墨池，稻田粟一夕盡黑，有司奏聞。天禧中，賜誥命，遷光禄寺丞，賜御書御札、白金祭器。司空李文正咏其事者七十餘家。子三人，皆進士及第。」是墨池者，實胡氏之瑞應也。華林流派甚遠，宋文定安國、教授瑗爲名儒，國朝忠安濙、司馬訓爲名臣，皆後裔也。今閩左方伯維霖，著作甚富，有曰墨池浪語者，實本諸祖德者也。

弇州史料

新昌胡夢説方伯云：「弇州史料，凡請弇州作傳志者，雖中才亦得附名，未請傳志者，雖蓋代勳名節義，亦所不載。後之耳食者，未可以此爲定案也。」然予爲之解曰：弇州原非史官，不過據其所聞者，未嘗極意蒐求，故名曰料。料者，以待後人取裁耳，方伯慮爲定案，乃至公之論也。

咏白雞冠花

七脩類稿載：「箕仙降乩，有人以鷄冠爲題，仙云：『鷄冠渾是胭脂染。』其人曰：『我要白者。』仙續云：『今日如何淺淡妝。只爲五更貪報曉，至今猶帶滿頭霜。』」按，此詩乃解學士大紳所作，刻集中。箕仙之説，好事傳訛也。

文皇購書

永樂四年四月，命禮部遣使購求遺書。文皇曰：「士人家稍有餘資，皆欲積書，況於朝廷，可闕乎？」遂召禮部尚書鄭賜，擇通知典籍者，四出購求，且曰：「書籍不可較價，唯其所欲與之，庶幾可得。凡人積金玉，亦欲遺子孫。金玉之利有限，書籍之利無窮也。」大言王言矣。賜，建安人。

永樂大典

永樂初，上諭解縉等脩文獻大成。上病其未備，復命姚廣孝及縉總其事重脩，學士王景、王達，祭酒胡儼，洗馬楊溥，儒士陳濟，侍講鄒輯等二十人副之，簡中外官及四方老儒充纂脩及繕寫之士，幾三千人。凡四年成，書凡二萬□千九百卷〔二〕，一萬一千一百本，賜名永樂大典，御製序文。後以卷帙繁，不及刊布而廢。」

校勘記

〔一〕「□千」，當作「二千」。

王百谷詩集

吴門王百谷先生，與閩人交最廣，又與孫子長督學交最善。自束髮爲諸生，至百谷歿，所往還詩詞最多。全集未能授梓，子長屢貽其書於其子，請行之，且訂其親賫至閩，更欲厚爲之地。及乙亥歲，攜集至，子長喜不勝也。然百谷生平詩文最繁，子長嘗云：「詩無一首不佳，無一首不妙。」而其子汰之又汰，自録僅八帙，付之子長。子長頓悔前盟略不加意，同時無不咎之，然已遠來，無賫回之理。而曹能始、陳磐生乃爲梓其詩。時予方客建州，莫揣其故，亦頗訝子長之食言。未幾，詩已竣工，予索而觀之，自始至終，絶無孫子長姓字，始憬然悟曰：「子長不刻，爲此故也，何咎之有？」噫！王郎不簡點至此，誠憒憒可咲也。厥父生平極周至，定不如是逗漏耳。予友邵武謝耳伯與予爲少年之交甚密，所往還詩文亦多。去年全集已授梓，厥嗣特至三山，乞予爲序，集中亦無予姓字。予竊笑曰：「此亦百谷故事也。」欣爲之序。而畀之序與子長各成其是而已。偶覽百谷詩，因憶舊事而記之。

黄河清

太祖渡江七年辛丑冬十一月，三門磧下黄河清，即位洪武之年復清。永樂二年冬十二月，三門磧下黄河復清，洞徹見底，光鑑眉髮。自河津播於晉絳，自韓城播於秦隴，觀者扶攜，項背相望。至三年正月，乃復其舊，實三旬有二日。時高麗、日本、安南、占城、暹羅、爪哇、西洋、琉球、真蠟、拂林、木邦、緬甸、波勒、迤北、凡良哈、女真野人、西番、哈梅朵耳、烏思尼巴、天竺諸夷，不約而至。實中國出聖人，故瑞應大來，震動天地，四夷咸賓。

永樂瑞應

永樂中，瑞應疊至，騶虞出於鈞許之神后山，孝陵龍潭山得神龜，神樂觀涌出醴泉，慶雲見於冶城，甘露降於鍾山，山東野蠶成繭，北京嘉禾屢生，河南、關隴瑞麥疊見。至於青鸞、白鶴、白鹿、白象、白兔、靈犀，在在貢獻。太平之盛，無踰此時。

楊補之畫梅

宋清江楊補之，所居有梅樹，大如數間屋，繁花古幹，日臨畫之。進之徽廟，徽廟戲曰村梅也，因署曰奉勅村梅。南渡後，宮中以其畫梅張之壁間，蜂蝶集其上，驚怪，求補之，已物故矣。

李後主詞

淳熙秘閣續帖有李後主詞云：「櫻桃落春歸去〔一〕，蝶翻輕粉雙飛。子規啼月小樓西，玉鈎誰捲，惆悵暮雲霏。　門巷寂寥人散後，望殘衰草淒迷。爐香閒裊鳳凰兒，空持裙帶，回首恨依依。」董玄宰集帖摹之，評曰：「其詞悽惋，真亡國之音也。」

校勘記

〔一〕「落」下當補「盡」。

解學士草書

解學士大紳工書學，行楷草書俱入神妙，自著學書法、書學詳説、草書評數篇。同時推轂饒介之、宋仲温、宋仲珩、俞紫芝、詹孟舉、杜叔循、揭平仲諸公，謂孟舉親受業於巎子山之門。大紳於書法極爲究心，嘗作草書歌云：「我生十載燈窗間，學書晝夜何曾閒？墨池磨竭滄海水，禿筆堆作須彌山。豪來酒傾八百斛，醉後顛狂隨所欲。手持兔穎任鋒鋩，掃破鸞箋千萬幅。一筆横，一筆直，金鎗豎地錐穿壁。白虹界破青旻天，鄭泉瀉下丹崖石〔一〕。一點大，一點小，夜半流星隨月走。飛空彈石上雲霄，出海驪珠燦斗牛。媚如扱花美女競新妝，勇如操戈勇士當戰場。動如彩鸞紫鳳争翱翔，勁如秋蛇春蚓各奔忙。態如濃雲千萬變，勢如晴空閃雷電。秋空排雲鴻雁飛，春江洶涌蛟龍戰。君不見，王右軍，當年曾作籠鵝人。丈夫有志亦如此，筆下自有鬼與神。」其自負亦不淺也，然世傳贋筆俗惡可厭。㓜向購得解公所書謝疊山菖蒲歌一卷，筆鋒圓勁，即子山、仲温莫能過矣。

校勘記

〔一〕「鄭」，當作「清」。

犉

犉，牝牛也，韻叶四寘，去聲。今多悮作特，犉韻無此字也。今世説本有「羸犉」，皆誤也。

澡豆

王敦尚武帝女舞陽公主，如厠畢，婢擎金澡盆盛水，瑠璃盛澡豆。澡豆，濯手之物也。王介甫嘗云：「天生黑於予，澡豆其如予何？」即今之香肥皂之屬。

支提洛伽

支提山天冠菩薩道場，見華嚴經五十三卷。善財童子參觀音菩薩於補陀洛伽山，見華嚴經七十四卷。名山之見經典，此二山最大，予皆參禮至其處。

食不語

凡人有咽、喉二孔，咽通氣，喉受食。咽爲氣管，言由兹出；喉爲茹府，食由兹入。咽、喉無并用也，故夫子食不語。

鄉試二十六名

延平府南平縣雲蓋里吴氏，永樂乙酉科吴恭中鄉試第二十六名，丁酉科吴寧亦中鄉試第二十六名，成化乙酉科吴珙又中鄉試第二十六名，皆屬酉年，亦異事也。恭、珙俱第進士。

勸人修福

建陽傅國珍，官嘉興太守，歸田奉佛，多行善事。勸人修福云：「勸君作福説無錢，有也説無；患難臨門損萬千，無也用有。四大名山好去遊，每嫌路遠；病倒床中睡半年，到有功夫。欲要與君説道緣，推不得閒；無常來請赴黄泉，忙裏要去。生門財勢死門福，貧福總一地獄。天堂論福不論富，宜覺向前修後福。金烏催兮玉兔速，人生好似風前燭。莫待臨期手脚忙，那時空對閻王哭。」

熠耀落霞

「熠耀宵行」，解者指爲螢火，非也。予友應子問，曾遊蜀川，夜間行，樹上有光如螢而不能飛。問之土人，云其名「放光蟲」，始悟「熠耀宵行」之義。又一日過南昌，有蟲如蝴蝶而大，問之土人，云其名「落霞」，始悟「落霞與孤鶩齊飛」之義，解者指爲鳥屬，亦非也。

荆釵

白樂天詩云：「緑窗貧家女，寂寞二十餘。荆釵不值錢，身上衣無珠。」今傳奇荆釵僞指王十朋，本此。古無荆釵之語。

頭面

閩人呼婦人首飾曰頭面。按，元朝婚姻行聘之禮，有表裏、頭面諸物，實夷語相傳不改也。

易卦聘啓

宋孫仲益聘啓用易經卦，云：「乾爲陽，坤爲陰，萃交而泰。震索男，巽索女，咸悦而隨。志貴合於同人，吉叶歸於有漸。聞令愛内正，得家人之義，必巽順而無違，而小兒事未諳幹蠱之能，徒困學而爲坎。荷謙光而與親比，在損帛而無過需。諒盟言不替於中孚，必受幣乃爲之悦豫。愧將意不加於豐厚，惟表忱無廢於恒儀。託蹇脩而致言，雖大有以何益。幸錫晉而無拒，實過蒙而見存。」

傀儡秃兒

傀儡之戲，始於漢陳平造木偶人，後世翻爲戲具。顔氏家訓曰：「或問：『傀儡名郭秃，有故實乎？』答曰：『風俗通云：前世有姓郭而病秃者，善滑稽調戲，故後人爲其像，呼爲郭秃也。』」今之提傀儡者，必有秃髮，作打渾語，令人解頤，亦沿襲古戲，至今不變耳。

空門快活歌

予以崇禎辛巳初秋至崇安，僑寓護國禪寺。主僧名真惠，號雲菴，年已九十又三，耳目聰明，精神矯健，猶喜作詩。出梵宫吟一卷相示，有空門快活歌一首云：「最勝兒，出家好，出家兩字人知少。慈門廣大若虚空，入者自然斷煩惱。住空門，號智叟，圓頂方袍穿衲襖。愚者嫌如脚下泥，賢人惜似懷中寶。出四流，入三寶，前生業障一時掃。若人省得這條路，勝似龍門登第早。這因緣，非小可，不耕不織常温飽。多是前生願力深，於今始得同魚鳥。不拘南北與東西，自在清閒能到老。居佛寺，住禪房，飛樓叠閣日争光。即此便成安樂國，何須更去問天堂。耳邊常聽彌陀佛，眼底頻觀大覺皇。遵六和，持五戒，出入金門無罣礙。三條椽下悟真機，七尺單中忘四大。高賢達士每相親，鳥道嶔崎從自在。捨凡倫，稱佛子，鉢降龍，錫伏虎，常爲生靈减罪苦。天莫管，地難收，五湖四海任優遊。處處逍遥還散誕，清風明月度春秋。出火宅，證真如，世間八法莫能拘。自從得入清凉地，榮辱皆忘樂有餘。不卑人，不自大，慈門平等無憎愛。寧分貴賤與寃親，一種婆心相敬待。垂一語，示一機，盡大地人難動移。怪石點頭呈實相，邪魔外道盡皈依。也無縈，也無絆，作個超光伶俐漢。紅塵跳出祖師關，不涉程途登彼岸。真釋子，大丈夫，不憚辛苦訪名師。窮玄竭妙方回首，始得聲名上祖圖。悟無爲，證實性，紹隆佛種繩慧命。統開大道要津門，直出三賢併十聖。住精藍，居寶地，恒依佛祖同□戲。從教地老與天荒，刦火毘荼難變置。恒住無爲實相中，何須更受菩提記。」

神童大書寺額

崇安縣城中護國寺，景泰三年有建昌府南城神童俞大有書「大雄殿」三字，徑二尺，端楷，有顔柳筆法，至今榜之殿上，時年九歲也。予於乾隆戊寅暮春之浦城，出郭三十里，有輪藏，中有經藏，如浮圖，金碧輝煌。八面皆鏤佛像，下雕神將推舉形，撥之旋轉如輪。匾額署「輪藏」二大字，作擘窠形，蒼勁異常，傍記爲「永樂十四年本處十四歲童作」也。

交關

閩人凡買田産之券曰交關。予按梁徐勉戒其子崧書云：「家間汝交關既定，吾不復言。」此二字亦有所本耳。

翰音

易中孚上九「翰音登於天」，注皆謂之鷄，後世遂以鷄爲翰音。按，漢書：「朱博拜相受策，有大聲如鍾鳴，帝問揚雄、李尋，對曰：『洪範所謂鼓妖者也。』」故序傳曰：「博之翰音，鼓妖先作。」然則鼓聲亦謂翰音。

鬱薁

豳風：「食鬱及薁。」按，毛詩義問曰：「鬱，實大如李，正赤，食之甜。」薁，本草曰：「郁李，或赤或白，大如李，可食，其味甘酸。」今閩地李種甚多，或赤白、粉紅，大小不等，當是鬱、薁之異其名耳，皆六月熟也。

饑饉

穀梁傳曰：「一穀不升謂之歉，二穀不升謂之饑，三穀不升謂之饉，四穀不升謂之康，五穀不升謂之大侵。」不升，不熟也。朱註謂「穀不熟曰饑，菜不熟曰饉」，非是。

駁馬

騮馬之赤曰駁，騮之有白處者也。易曰「乾爲駁馬」，駁亦馬之上色，故古者國君乘之。易註「駁馬，鋸牙而食虎豹」，則凶惡之獸，何以爲乾乎？

伐奄

四國，管、祭、商、奄也，書曰：「成王東伐淮夷，遂踐奄，將遷其君於蒲姑。」按，書序稱「成王踐奄」，則四國流言之日，周公但討而定之，未嘗滅其國，至成王始徙其君耳。孟子曰：「周公相成王，誅紂伐奄。」蓋奄本忠於商，爲周家叛國也。

魚軒

詩經采薇篇曰：「象弭魚服。」弭者，弓弰也，以象牙飾之。服者，受矢之器也，以魚皮飾之。陸璣詩疏曰：「東海有魚似猪，皮有斑文，爲弓鞬、矢箙。」左傳「歸夫人魚軒」，以魚皮飾車也。

岵屺

爾雅曰：「山多草木曰岵，無草木曰屺。」毛傳反言之。朱註因毛傳，不因爾雅，悞矣。

干

干，河干也，澗也。易云：「鴻漸於干。」韓詩□□註謂〔一〕：「墝角處，鴻栖泊近水，干即水濱也。」

校勘記

〔一〕「韓詩□□」，當作「韓詩外傳」。

離峰老人

道藏有離峰老人詩二卷，多談神仙丹訣，然亦多有佳句，如「山空木落鳥依樹，霜降水寒魚在淵」「已與沙歐盟蓼岸，更隨山鹿上烟蘿」「三竿日底齁齁睡，一曲人間踏踏歌」

「程程盡是長安路，在在無非廣漠鄉」「眼前便是夢中夢，覺後方知身外身」「修竹種成千萬箇，茅廬結就兩三間」「神如霄漢離籠鳥，身似江湖不繫舟」「鼎内鍊成千歲藥，性中消盡六根塵」「歲云暮矣能無感，君不歸兮可奈何」「數峰平地如圖畫，百鳥幽林自管絃」「甘肥適口全家樂，冤業臨頭一己償」「野馬已知窗日短，醯鷄肯向瓮天遊」。離峰無姓名、詩題，似金元時人也。

冠履

太公六韜曰：「冠雖弊，加於首；履雖新，履於地。」韓非子曰：「冠雖穿決，必載於上；履雖□□〔一〕，必踐之地。」語同而文增二字，則不逮矣。

校勘記

〔一〕「履雖□□」，當作「履雖五采」。

貧富

愼子曰：「家富則疏族聚，家貧則兄弟離。」曹攄詩云「富貴他人合，貧賤親戚離」本此。蘇秦曰：「貧賤則父母不子，富貴則親戚畏懼。」

溪毒

淮南子曰：「天下之物，莫凶於溪毒，良醫存之，有所用。」溪毒，即今之附子也。今醫多用附子殺人，是未睹淮南「莫凶溪毒」之語。

細腰

風俗通引梁冀傳曰：「趙王好大眉，人間皆半額；楚王好廣領，國人皆没項；齊王好細腰，後宫有餓死者。」他書俱云「楚王好細腰」，未知孰是。

如弦如鈎

漢桓帝時謡：「直如弦，死道邊；曲如鈎，反封侯。」梁冀欲立幼主，李固欲立清河王。

冀遂奏，固死獄中，曝屍路邊，時人哀之。「如弦」謂固，「如鈎」謂冀也。

避忌時日

今世俗忌，正、五、九不上任到官，相沿已久。按，風俗通云：「有茂才除蕭令，五月破日入舍視事，未幾表薦遷武陵令。應劭爲營陵令，正觸太歲，主簿勸劭東北上，不聽，未幾，遷太守。」今之爲官俱避正、五、九，而敗者亦多，時日不足信，可知矣。

二陸文

抱樸子：「嘗見二陸之文百卷，猶似未盡，方之他人，若江漢與潢汙也。」今世傳本不能十之二耳。

武夷古樟

武夷會真廟前有古樟一株，圍徑四十尺，盤拏參天，枝梢有藤緣之，亦徑尺圍，殆數千年物，可蔽數畝〔一〕。予目所見古樹，惟此爲最鉅也。

校勘記

〔一〕「畝」，原作「年」，紅筆改。

堯女

嘗讀杜光庭墉城集仙録：「堯乃舜再從祖也，堯之女乃舜之從祖姑也，堯不應以女聘舜。此史册相傳之誤耳。堯以二女娉配於舜，或取諸宮掖，或得諸民間，非堯女明矣。蓋焚書之後，史籍湮滅，伏生傳授或有舛誤也。」然孟子曰「妻帝之二女」，又曰「帝館甥於貳室」，真以爲堯女。光庭之説，又有一篇道理也。

遊月宮

唐明皇遊月宮，諸書皆謂羅公遠，然真人葉法善傳云：「八月望夜，與帝遊月宮，聆月中天樂，問其曲名，曰紫雲。帝素知音律，記其聲，遂著樂府，更其名霓裳羽衣。自月宮還，過潞州，俯視城郭悄然，而月色如晝，因請帝以玉笛奏曲。時笛尚在寢殿中，真人遣神人取之，不頃而至。既奏曲，投金錢於城中而還。旬日，潞州奏，八月望夜有天樂臨城，兼獲金錢。帝嘗移仗上陽宮觀燈，召真人觀於樓下。真人曰：『彩燈之盛固無比矣，然西涼府今夕之燈不亞於此。』帝欲往觀，真人請帝瞑目，俄頃即至，以所隨如意貰酒。及回，復請帝瞑目，頃之已在樓下，而歌舞未終。」

卧龍文集

新安馬大壯，博雅士也，家有諸葛武侯卧龍文集六卷，凡七十六篇，而出師二表不與焉。其首篇論將權，而其間治國之理具備。近張紹和編梓七十二家文集，收武侯文寥寥，惜未睹此耳。馬氏既歿，不知此書尚存乎否。

谷音

元季清江杜本，字伯原，不受元聘，僑隱武夷之平川，故址猶存。所著有谷音一卷，托名二十三人，無名者五人，計詩百首，倣烏有先生、無是公之例，其詞氣似出一手，乃伯原自作也。嘉靖中，涿郡田憲使汝麟始得其集，淮海孫太史應鰲□而傳之。近蘭溪章元逸重刻焉〔二〕，多奇警之句。伯原更有清江碧嶂集，軼弗傳矣。

校勘記

〔一〕「元」，當作「无」。

名諱見二卷

生曰名，死曰諱，今人稱人曰尊諱，實弗考也。

書丹

古之碑碣書丹，必擇有書名者親筆，故古刻之存於今者，恒以書傳，而不以文傳。千福寺之碑，以顔魯公傳，而岑勛之名闇汐矣。道因法師碑，以歐陽通傳，而李儼之名不著矣。六一公作文，必乞蔡端明書，欲因書以傳文也。今人立碑，不求名筆，借銜顯者，失古人之意也。

有美堂記

莆中囊山寺〔一〕，有蔡端明書有美堂記刻石，正德中黄伯固先生記之，今未知存否。

校勘記

〔一〕「囊」，原作「襄」，據紅筆眉批改。紅筆眉批：「襄山寺乃囊山寺之誤。」

神詩酬答

嘉靖中六合陳松，字晚翠，少爲諸生，窮無所依。嘗游商洛，山行夜宿古神祠中，四壁蕭寂，惟銀杏一株覆簷，爲詩告神曰：「窮人捉筆而窮神，爾我不親誰是親。除却清風與明月，眼前都是有讐人。」俄就寢，夜分神出，荅松詩曰：「園中果皆落，獨坐空山久。何以共長宵，慙無一樽酒。」松寤而異之。馬之駿爲作傳，述松生平甚詳。

少年登第

李文正東陽年十七登進士，太倉陸太常釴與之同榜，有詩云：「金羈細馬出明光，碧色羅衣錦繡香。行過玉河三百騎，少年争説李東陽。」

孟浩然逸詩

孟浩然若耶溪泛舟六言□□〔一〕：「舟泊有詩垂釣，舟行不廢閒吟。沿山寺寺□木〔二〕，枕水家家竹林。鴛鴦晝飛溪静，鴝鵒夜轉林深。忽聞風動月落，起看波間月沉。」見紹興府志，孟集不載。

校勘記

〔一〕「六言□□」，當作「六言古詩」。

〔二〕「□木」，當作「花木」。

顧放夫

顧况，號通翁，而不知其字。按，會稽石傘峰有顧况銘，宋元峰詩曰〔一〕「一篇清絶放夫銘」，乃知放夫爲况字也。

校勘記

〔一〕「峰」，當作「絳」。

鷓鴣杜宇

國朝桑民懌詩云：「鷓鴣道我行不得，杜宇勸人歸去休。」對偶甚□。吴中林若撫病其俚俗，予未敢爲然。

執金吾

漢制「執金吾」，吾，棒也，以銅爲之，黄金塗兩末，謂之金吾。御史大夫、司棣校尉亦得執焉〔一〕。郡守、都尉、縣長之類，皆以木爲吾，用以夾車，謂之車輻。右見崔豹古今註。今制，官府前導皆有棒，乃金吾遺意也，使人傳呼，令行者止、坐者起也。

校勘記

〔一〕「司棣校尉」，當作「司隶校尉」。

柏梁詩重韻已見四卷

漢柏梁台詩僅二十六句，兩用時韻，兩用來韻，兩用材韻，兩用哉韻，三用治韻，三用之韻，其間不重韻者唯十二句而已。

讀書箴

正統戊辰探花岳正讀書箴云：「莫高匪天，書括其玄。莫厚匪地，書載其理。莫大匪道，書盡其奧。惟不讀書，遂成頑愚。涵養德性，變化氣質。惟書斯功，惟讀斯力。勉之勉之，開卷有益。戒之戒之，不學無術。」

牛鼎

太史公鄒衍傳曰：「伊尹負鼎而勉湯以王，百里奚飯牛車下而繆公以霸。」鄒衍其言雖不軌，倘亦有牛鼎之意乎。牛鼎，指飯牛負鼎也，註引「函牛之鼎」，甚無謂矣。

閩城碑刻

閩城内外古人石刻尚存者，唐李陽冰華嚴岩篆，庾承宣石塔寺碑，林同穎堅牢塔碑，王偶書王審知德政碑，宋錢昱忠懿王廟碑，蔡襄書劉蒙伯墓碑、南台沙合橋碑、東台廟碑、造潘渡橋碑，皆書法端整，猶可搨印。至於鼓山、烏石山，唐、宋名蹟尤多，不能悉載。

歇後

梁吴均少年子詩云：「不道參差菜，誰論窈窕淑。」雖用經語，大似歇後，亦詩病也。

四君不知人

四君好客而不知人。孟嘗君不識馮驩，平原不識毛遂及薛君、毛公，春申不信木英，信陵不知虞卿，烏足稱□鑒耶？

項纏

項伯，籍之季父，名纏。見史記年表。

財色

文帝賜鄧通銅山，武帝寵韓嫣，金丸爲彈，哀帝貴董賢，賜以珠襦玉匣，皆不善終。財色不可恃也如此。

宰相奪情

按宋史，乾德丁卯冬十二月癸酉，趙普以母喪去位，丙子起復。宋太祖是時天下已定，非金華紛争之日，自癸酉至丙子，僅四日而止。綱目惡之，削而不書，蓋曰普未嘗有母也，又何誅焉。我國家成化丙戌宰輔李賢三月丁憂，五月起復；萬曆丁丑宰輔張居正丁憂，尋起復；崇禎戊寅宰輔楊嗣昌丁憂，尋起復，皆奪情視事，同時疏糾紛紛，俱被謫杖。李，河南人；張、楊，湖廣人。

木瓜

木瓜，詩序：「美齊桓公也。衛有狄難，出處於漕，桓救而封之，遺之車馬器服。衛人思之，欲厚報之，而作是詩。」朱註以爲「相贈答之詞」，又註「木瓜爲楙瓜，實如小瓜」。

海鹽鄭瑞簡云：「今人以木爲果者，瓜桃李一也。言人以無用之物投我，尚思厚報之，況齊有大造於我乎？」解「木瓜」桃李，乃古所未聞者也。

重卦

伏羲畫八卦既成，而又重之作六十四卦，後世謂文王重之，非也。若無六十四卦，何以卜筮？朱子註易，八卦之上各加八□〔一〕，未嘗謂文王所加也，蓋唐虞時即有「龜筮協從」之説矣。

校勘記

〔一〕「八□」，當作「八卦」。

志趣

孔門三子言志，皆是妄想，獨曾晳只對眼前光景快樂，故夫子與之。予有一友，終日只言欲登科甲，戴紗帽，坐官堂。一友遇風日佳，則必尋樂地歌咏。志趣不同，即孔門應不能免俗。若顏子居陋巷，不改其樂，又在曾皙之上矣。故佛家要人斷妄想爲第一義。

閔子騫

百行以孝爲先。孔門弟子皆以名呼，獨閔子騫呼以字，乃夫子勸孝之微意寓焉。

憂患

無憂者，其唯文王乎？作易者，其有憂患乎？文王囚羑里，時年八十有八而繫彖。故孔子序九卦，皆反身脩德以處憂患之事，非文王自罹憂患也。文王自然無憂耳，故卜筮者要明於憂患而已。

黃鐵白金

銀曰白金，銅曰黃鐵。按□刑罰鍰傳〔一〕，黃鐵即罰銅也。

校勘記

〔一〕「□」，當作「書」。

丘中有麻

友人孫子長以詩贈胡茂生女史，押麻字韻。胡答以詩云：「最憐林下吟餘草，敢謂丘中賦有麻。」讀詩經者泥朱註，謂婦人望其所與私者而不來，故作是詩，爲其有淫想。予解之曰：「按詩序：『莊王不明，賢人放逐，國人思之，故賦丘中有麻。』茂生引此，以況子長之在林下未仕用也〔一〕。」子長聞之曰：「朱註甚妙，詩序不足據也。」可謂善謔。

校勘記

〔一〕「長」，紅筆補。

鐵冠顛仙

洪武初，有鐵冠道人，姓張，名中，字景和，臨川人；□顛仙，不知其名，建昌皆言休咎，甚驗。有聖人出，遂有異人生同時，自後不見有異人乎。又有張三丰，名君實，遼東懿州人，事亦詭異。永樂初，有袁珙，字廷玉，鄞人，相法尤奇，子忠徹，能傳父術。今鄞人無有能相者。

風災

閩地近海，多颶風，數年□定一發，未甚爲災。崇禎己卯八月十六日，福清至莆田江口，吹倒石牌坊二十餘座，松柏摧折無算。越辛巳七月之朔酉時，風起省城，南門城樓、北門城樓、貢院明遠樓，至公堂巡撫衙前坊牌及布司、按司坊表、府中頭門，一時傾塌，而南街張襄敏、西街馬恭敏及各坊表倒壞六七座。西湖樓閣亭榭，洪山、萬安、桐口橋屋蕩折無遺，平遠亭榭無一存者，城上敵樓、串屋十壞七八。各鄉荔枝樹摧折數千株，松柏不計其數。海上漁船覆没，死者□□人，亦無可考。上至閩清，下至福清，則恬然□□。成化十九年癸卯六月庚辰日，大風雨，拔木壞屋，公署民廬盡壞，城上敵樓頹毁一空。福州九縣同日官私船漂没無筭，死者千餘人。成化癸卯至崇禎辛巳，計一百六十年，風災莫此爲甚。

張世傑文天祥

宋張弘範，張世傑兄弟也，一爲元伐宋，一奉宋抗元。文天祥，文□兄弟也〔一〕，一附元，一死宋。同氣便有異同，是故周公忠周，管蔡事殷，各成其是。

校勘記

〔一〕「文□」，當作「文璧」。

杜鵑

五代耶律德光入洛陽，聞杜鵑，問李崧曰：「此何聲也？」崧以杜鵑對。然則五代時已有之矣。邵康節於天津橋聞之，不足駭也，豈未聞前事乎？閩地向無杜鵑，今亦有之。

石鼎聯句

韓文公與軒轅彌明聯句，或疑退之所撰，未必有是人也。□□□軒，淳熙□守靜江，奏疏云：「臣領州有唐帝□〔二〕，□城二十里曰堯山〔三〕，有唐衡嶽道士彌明詩刻。」則知石鼎聯句有其人，非寓言也。

校勘記

〔一〕「唐帝□」，當作「唐帝祠」。

〔二〕「□城」，當作「去城」。

咏蜀佳句

宋楊文公億咏成都云：「漫傳西漢祠神馬，已見南陽起卧龍。」錢思公惟演云：「雨經蜀市應和酒，琴到臨邛别寄聲。」劉子儀云：「杜鵑有恨花如血，諸葛遺靈柏半燒。」皆學西崑體而佳者，無宋人習氣。

金山

金山詩，以唐張祐爲最〔一〕，宋則王荆公七律也：「天末海門横北固，煙中沙岸似西興。已無舩舫猶聞笛，遠有樓臺衹見燈。山月入松金破碎，江風吹水雪崩騰。飄然欲作乘桴計，一到扶桑恨未能。」又揚蟠云〔二〕：「試上蓬萊第幾洲，長雲漠漠鳥飛愁。海山亂點當軒出，江水中分繞檻流。天遠樓臺横北固，夜深燈火見揚州。迴船却望金陵月，獨倚牙旗坐□□〔三〕。」□傑作。

校勘記

〔一〕「祐」，當作「祜」。

〔二〕「揚」，當作「楊」。

〔三〕「坐□□」，當作「坐浪頭」。

老少

經鋤堂雜志云：「少年輕歲月，不解早謀身。晚歲而無益，低眉向世人。」又云：「可憐八九十，齒墮□眸昏〔一〕。朝露貪名利，夕陽憂子孫。」予每引以自勖，且以勖子孫云。

校勘記

〔一〕「□眸昏」，當作「雙眸昏」。

唐詩失實

以本朝人記本朝事，往往多失實。洪容齋考唐明皇五王，至天寶時無一存者；貴妃三年始入宫。而元稹連昌宫詞云「百官隊仗避岐薛，楊氏諸姨車鬥風」，李商隱云「夜半宴歸宫□永〔一〕，薛王沈醉壽王醒」，皆失之也。耳目之近且如此，况後世久遠乎？

校勘記

〔一〕「宫□」，當作「宫漏」。

文侯師子夏

魏文侯即梁惠王也，史稱「師卜子夏」。然子夏少孔子四十八歲，孔子卒時，子夏年才二十八歲。文侯去孔子卒七十五年始爲侯，子夏當百有餘歲矣。豈其然乎？

魏受禪碑合五卷

㶿按歐陽文忠□□□□□此碑爲梁鵠書，顔真卿以爲鍾繇。□□□獻帝受禪年月與漢、魏二帝紀皆謬，史官失考，獨此碑爲是。按，漢獻受禪至邵文莊毁碑之時，計千三百年，又是鍾繇所書，毁之不亦重可惜哉？詞之矯誣，古今莫不唾棄。若不惜書法之工，先朝久已毀之矣，況歐公糾正年月，全賴此文。今無考証，不亦重可惜哉？

賈生惜誓

楚詞載賈誼惜誓一篇，洪□祖定爲誼作〔一〕。□史記、漢書只載吊屈□□□□〔二〕，而無此篇。且誼死時年僅三十三，首句云「惜予年老而日衰」，又云「壽冉冉而日衰」，豈三十之年可稱老乎？又云「賢者之逢亂世」，漢文之時可稱亂世乎？必非誼作也。予友張紹和編梓七十二家文集，附遺事集評，未曾闡明此篇，予爲表而訂其謁焉。賈生著作甚多，不必加以蛇足。

校勘記

〔一〕「洪□祖」，當作「洪興祖」。

〔二〕「吊屈□□□□」，當作「吊屈原賦並序」。

致身録

建文君出亡事□□餘□□疑匪定。及史仲彬致身録一出，海□□□翻□□，始知出亡實録，而革除君臣生死之際了然矣。

松梅丸

醫書有松香、烏梅二物煉爲丸，服可長生。吾鄉林太守春澤，自中年即服之，享壽百有四歲。子少司徒應亮，壽八十八。孫少司空如楚，享壽八十三。司徒弟封監丞，享壽八十四。服食之驗，予所目睹者。

贈謚

國朝位三品始得□□〔一〕，惟陳獻章以簡討謚文恭，胡居仁以布衣謚文敬。理學從祀，又不以爵位爲重矣。至於前代范平以邑長謚文正，庾詵以隱士謚貞節，徐積以教授謚節孝，林逋、尹□以處士謚和靖〔二〕，又國朝所無者也。

校勘記

〔一〕「始得□□」，當作「始得贈謚」。

〔二〕「尹□」，當作「尹焞」。

唐皇后履

米元章畫唐太宗文德皇后遺履圖，左方跋：「□唐文德皇后遺履〔一〕，以丹羽織成，前後金葉裁雲爲飾，長尺，底向□□□□〔二〕，□有兩繫〔三〕，首綴二珠，蓋古之岐頭履□〔四〕。□□□□□書〔五〕。」今圖在嘉興姚叔祥家，陳眉公爲之跋。

校勘記

〔一〕「□」，當作「右」。

〔二〕「底向□□□□」，當作「底向上三寸許」。

〔三〕「□有兩繫」，當作「中有兩繫」。

〔四〕「岐頭履□」，當作「岐頭履也」。

〔五〕「□□□□□書」，當作「臣米芾圖並書」。

温飛卿書

温庭筠，字飛卿，眉公跋飛卿書謂：「本名岐，□□彦博之裔。有字學，與顔平原抗行。當時温李齊名，書苑載義山，不載飛卿，幸不幸如此。」

三代遺書

陳眉公見聞録引丹鉛總録、雙槐感抄云〔一〕：「秦始皇遣徐福入海，求□□□□珍寶圖史，至海島，得平原、大澤，正王□□〔二〕，今□其種也〔三〕。」始皇三十四年始下焚書之詔，故司馬光倭刀歌曰：「徐福行時書未焚，逸書百篇今尚存。」乞乘小西飛封欵之便及纂脩正史之時，一搜遺籍。然日本之國雖曰倭夷，邇來極重文墨。吾閩通倭者年來盡收中國之書入其地，十三經、二十一史充海舶，每部得價數百金，其他類書亦稱是，然□倭夷亦多讀書人也。吾閩走其國者如騖，若果有三代遺籍入□□□□□哉。第通倭者歲以數千計，皆□識丁□□誰知此者？必如楊升庵、王雙槐、陳眉公輩至彼國，庶不入寶山空手回耳。雖然，即得之，人亦爲僞書也。

校勘記

〔一〕「感」，當作「歲」。

〔二〕「正王□□」，當作「止王不來」。

〔三〕「今□」，當作「今倭」。

權賢妃詩

國初王蒙宮詞云：「南風吹斷采蓮歌，夜雨新添太液波。水殿雲廊三十六，不如何處月明多。」永樂初賢妃權氏詩云：「忽聞天外玉簫聲，花底徐行獨自聽。三十六宮秋一色，不知何處月偏明。」世争傳誦，不免踏□□□□永樂八年，侍上征虜，薨於臨城。

賬友

陳眉公爲友人斂賑疏云：「少推囊橐之餘，一□縉紳之後。與其極饌宴客，孰若垂盻同袍；與其捨藥施僧，孰若熱心寒士。嗟呼！人生未遇，如望穀於石田；長者好施，若取毛於牛股。所謂敝而無憾，予實望焉；若云愛莫能助，愚不敢請。」此數言，可爲末俗之針。

朝雲墓

眉公太平清話云：「唐功臣墳墓，無子孫者不許砍伐，委所在長吏巡察。宋朝墳墓，至今衛樵採者亦數家。」予曾至惠州，惠州有西湖，湖上朝雲墓在焉，石碣後人所立，其傍無數家衛樵採者。此好事之談也。

造屋買田歌

元至正時釋子道原，號覺隱，又號畤埒公，能詩畫。有歌云：「莫造屋，莫造屋，何用經年興土木。造屋人在堂，賣屋人在腹。不知造時榮，但見賣時辱。莫造屋，莫造屋，世運由來反覆多，興廢但分遲與速。」又云：「莫買田，莫買地，買田買地增家□〔一〕。西陌東阡恣併兼，不知户役隨田至。大男小女日夜忙，帶鎖擔枷了官事。莫買田，莫買地，生前將爲子孫謀，身後翻爲子孫累。」右二歌，實警世之格言也，宜三復之。

校勘記

〔一〕「家□」，當作「家計」。

萸菊

唐中宗九日幸臨渭亭，與群臣賦詩，多萸菊屬對。帝曰：「長房萸草熟，彭澤菊初收。」韋安石曰：「金風飄菊蕊，玉露泫萸枝。」蕭至忠曰：「寵極萸房遍，恩深菊酎餘。」趙伯彦曰：「簪挂丹蕊〔一〕，杯涵紫菊花。」盧藏用曰：「萸依佩裹發，菊向酒邊開。」李乂曰：「捧篋萸香遍，稱觴菊氣濃。」于經野曰：「桂筵羅玉俎，菊醴滋方尊。」皆有六朝風韻。然茱萸一名「解邪翁」，菊一名「延壽客」，予謂可爲的對，若曰「菊□延壽客，萸佩辟邪翁」，亦新巧也。

校勘記

〔一〕「丹」下當補「萸」。

除夜歌

唐王諲除夜云：「今歲今宵盡，明年明日催。寒隨一夜去，春逐五更來。氣色空中改，容顏暗裏回。風光人不覺，已著後園梅。」孟浩然云：「迢遞□巴路〔一〕，羈危萬里身。亂山殘雪夜，孤燭異鄉人。漸與骨月遠，轉於奴僕親。那堪正漂泊，明日又逢春。」載升倫云〔二〕：「旅館誰相問，寒燈獨可親。一年將盡夜，萬里未歸人。寥落悲前事，支離笑此身。愁顏與衰鬢，明日又逢春。」六朝人無作除夕詩者，惟上巳、七夕、九日最多也。

校勘記

〔一〕「□巴」，當作「三巴」。

〔二〕「載升倫」，當作「戴叔倫」。

硯北

諸生以几案面南，人坐硯之北。段成式書云：「杯宴之餘，常居硯北。」晁以道云：「干戈難出牆東客，疾病猶存硯北身。」元陸友人著硯北雜志二卷〔一〕。

校勘記

〔一〕「人」，當作「仁」。

蟾蜍

相馬經有「隆顙跌目，蹄如累麴」之語，伯樂之子執以求馬。出見大蟾蜍，謂其父曰：「得一馬，略與相同。」伯樂知其子之愚，咲曰：「此馬跳，不堪御也。」韓文公訓子讀書詩云：「飛黃騰踏去，不復顧蟾蜍。」用此事也。

天台金錢

天台石梁下有潭，深□不測，龍神栖焉，禱雨無不應。宋太宗時賜金銀錢，永鎮此潭。至寧宗嘉泰間，丁令尹禱雨，錢忽出現，仍投入潭，縣志載還錢記。迄今天啓丁卯五百餘年，縣令胡接輝步禱，土人報得金錢三枚於潭旁沙土中，即丁令所還故物。錢圍圓六寸，面鑄「太平通寶」四字，背蓮花佛像，移貯郡庫中。胡令，盧陵人，後官南道御史。近聞有貪守利其金，持去矣。

書籍箴

蘭溪胡孝廉元瑞，性喜聚書，罄産求購。所著筆叢、詩藪，傳布海内。其父官雲南少參，號公泉，名僖，病之，乃作書籍點景箴曰：「爲善最樂，此外讀書。世人貪著，務在多儲。汗牛充棟，蠹魚難除。或千萬卷，或數十車。恣意博涉，秘閣借居。吾羨且笑，何自苦諸？書厨武庫，心力空虚。人不識字，馬牛襟裾。務博取勝，何異樗蒲？得魚忘筌，書籍土苴。五經堂奥，諸史屋廬。理既該括，文足發攄。學庸語孟，尺度權輿。韋編三絶，孔子勤渠。精而不泛，百代師儒。」然前輩只以取科名爲讀書，其「得魚忘筌，書籍土苴」，豈足以箴元瑞哉？㘈近至蘭溪，元瑞已殁三十餘年，詢其藏書，已盡散失矣，惜哉！

一貫

夫子告曾子「一貫」之旨，朱註謂「一理以貫萬事」，殊未透也。故聖人之道，堯、舜曰：「惟精惟一。」子思曰：「天地之道，可一言而盡也。其爲物不貳，則其生物不測。」聖人惟一，故能精能貫，而其變化莫測。此一字，即太極也。太極本無極，即「上天之載，無聲無臭」是也。聖賢相傳，惟此一字，至於老氏亦曰：「天得一以清，地得一以寧，萬物得一以生，侯王得一以爲天下正。」詩曰：「上帝臨汝，勿貳爾心。」佛以一大事因緣出現於世，故曰萬法歸一。孟子曰：「夫道，一而已矣。」無他岐焉，此夫子「一貫」之旨也。

黄姑

黄姑，河鼓也，牽牛星也。李後主詩云：「迢迢牽牛星，杳在河之陽。粲粲黄姑女，耿耿遥相望。」則誤黄姑爲織女矣。

詩兩句連三字

木蘭詞云：「軍書十二卷，卷卷有爺名。」白樂天云：「新詩三十軸，軸軸金石聲。」有所本也。

杜句倒用

杜秋興有「香稻啄殘鸚鵡粒，碧梧棲老鳳凰枝」之句，註解者俱謂少陵倒用句法，非也。蓋香稻之粒乃鸚鵡啄殘之粒，碧梧之枝乃鳳凰棲老之枝，甚是直截，何曾倒用？

宿猿洞題刻

宋寶元初，閩縣湛俞，字仲謨，登進士，累官屯田郎中，志潔行廉，年五十即挂冠歸隱於烏石山之宿猿洞，三召不起。熙甯初，運使張徽字伯常知州事，程師孟字公闢時往訪之，所倡和諸詩勒之石壁。師孟與伯常會宿猿洞詩云：「雙塔和雲宿翠屏，時有神光塔、石塔。夢魂千萬到禪扃。還教畫手添新意，一簇林猿伴二星。」張徽和云：「月上高臺雲滿屏，洞門休喚夕猿扃。巍冠不整跏趺坐，秋楮斕斑數點星。」徽又倡云：「洞天虛寂翠屏欹，心跡蕭然萬物齊。無奈宿猿嫌宿客，夜深猶擁亂雲蹄。」師孟和云：「更深應是枕雙欹，思得臯夔事業齊。終爲清時難退隱，出山甘被百禽啼。」師孟又倡云：「□感無心縉紳〔一〕，十年不起臥龍身。一朝黄紙除書下，八郡衣冠盡望塵。」熙甯九年十一月也，越二年正旦又會宿猿洞詩云：「夜半春歸曉始驚，鬱然佳氣入山亭。千門喜慶逢元日，一座光華照使星。難得同時傳壽斝，合將新句勒詩屏。漁郎莫□遊人道〔二〕，洞户而今盡不扃。」徽和云：「入林休顧曉猿驚，壽酒交持石外亭。刺史尊崇上卿月，主人高隱少微星。只因避雨投松蓋，屢爲障風夾檜屏。已下缺第七句、末句四字。限岩扃〔三〕。」運判集和云：「曉來人意缺二字。驚〔四〕，缺。有三元缺二字。亭〔五〕。凍酒點唇浮白蟻，穠桃迷眼落紅星。地名小西神仙窟，天設湘陰水墨屏。□籍□誇洞庭記〔六〕，移文休勒北山扃。」師孟又宿猿餞仲謨云：「洞口車輪欲去時，江山風物動光輝。不須猿鶴相驚怨，自是□王未放歸〔七〕。」又書仲謨先人功德院云：「高門餘慶本光山，不幸流離五代間。今日太平家可樂，郎君富貴錦衣還。」熙寧二年八月也。右詩十首皆勒岩壁，字畫徑三四寸，端楷莊重。師孟又篆「宿猿洞」三字，徑三尺，效李斯體。怪石林立，仲謨括爲二十五景。不知何年廢爲叢冢，其詩尚存，予昔同謝在杭尋故址而録之。噫！昔賢高隱之地，歷有名公題刻，委之藁里杇槨之間，不能禁復，實吾鄉先輩之不好事也。予見杭州西湖之□有方家峪〔八〕，宋時有岩洞可遊，後亦廢爲叢冢。萬曆中，鄉紳虞德園、葛屺瞻倡議復其舊蹟，今遊屐雜遝，無復白骨纍纍，種樹創菴，增湖上一景。予因筆之，以俟後之君子知虞、葛二先生可也。

校勘記

〔一〕「□」，當作「永」。「心」下當補「鑾」。全句當作「永感無心鑾縉紳」。

〔二〕「□」，當作「向」。

〔三〕按原注，「限岩扃」前缺十一字，兩句補足當作「笑語林猿能解意，往來應不限岩扃」。

〔四〕「意」，當作「語」。

〔五〕句首缺字當作「空」。

〔六〕「□籍□夸」，當作「蘊籍莫夸」。

〔七〕「□王」，當作「君王」。

〔八〕「□」，當作「南」。

漳州女鬼

漳州城西有栖霞山，陳參戎文煬別業也，樓對古丘，甘棠茂密，人跡罕至。昔年林文穆釪、顏户部茂猷、盧吏部化鰲讀書山下，或傳其遇仙，秘不肯言。陳吏部天□□年見其祭金小姐墓文並詩二首云：「寶鏡塵埋十六年，覓得仙郎會宿緣。天台流水無人到，暗記當時種玉田。」又云：「松陰十里月溶溶，人在烟霞第幾重。攜手野間清露濕，惜□愁聞遠寺□。」□金小姐詩也。□□「漳州府」三字，歸報參戎，乃□□□□□□□豎表，儼然有字兩行。知府錢古訓子婦梁氏□隨□□葺之，同林生輩致牲□祭焉。蓋自稱金□□□字半文也。考郡志，知府餘姚人，洪武廿七年仕，名宦有□□百五十年矣。參戎爲文紀之，一時好事者□□□絶句，不能悉載。再考紹興志，古訓洪武甲戌進士，志爲立傳，亦名臣也。

圖書在版編目（CIP）數據

筆精　續筆精 /（明）徐𤊹著；曾垂超點校. -- 福州：福建人民出版社，2024.8

（八閩文庫．要籍選刊）

ISBN 978-7-211-09363-2

Ⅰ．①筆…　Ⅱ．①徐…　②曾…　Ⅲ．①考據學－研究－中國－明代　Ⅳ．①K092.48

中國國家版本館 CIP 數據核字 (2024) 第 101172 號

筆精　續筆精

作　　者：［明］徐𤊹　著　曾垂超　點校
責任編輯：林　頂
助理編輯：張　園
裝幀設計：張志偉
美術編輯：陳培亮
責任校對：李雪瑩
出版發行：福建人民出版社
電　　話：0591-87533169（發行部）
網　　址：http://www.fjpph.com
電子郵箱：fjpph7221@126.com
地　　址：福建省福州市東水路 76 號
經　　銷：福建新華發行（集團）有限責任公司
印刷裝訂：雅昌文化（集團）有限公司
地　　址：深圳市南山區深雲路 19 號
電　　話：0755-86083235
開　　本：890 毫米 ×1240 毫米　1/32
印　　張：19.75
字　　數：356 千字
版　　次：2024 年 8 月第 1 版第 1 次印刷
書　　號：ISBN 978-7-211-09363-2
定　　價：88.00 元